HISTOIRE D'ESPAGNE

Oa
168
A

A LA MÊME LIBRAIRIE

HISTOIRE DE HENRI IV. 1 vol. in-12.
HISTOIRE DE LOUIS XII. 1 vol. in-12
HISTOIRE DE SAINT LOUIS. 1 vol. in-12.
HISTOIRE DE FRANÇOIS Ier. 1 vol. in-12.
HISTOIRE DE PHILIPPE-AUGUSTE. 1 vol. in-12.
HISTOIRE DE LOUIS XIV. 1 vol. in-12.
HISTOIRE DU GRAND CONDÉ. 1 vol. in-12.
HISTOIRE DE MARIE-ANTOINETTE. 1 vol. in-12.
HISTOIRE DE LA RÉVOLUTION FRANÇAISE. 1 v. in-12.
HISTOIRE DE NAPOLÉON. 1 vol. in-12.
HISTOIRE DE THÉODOSE-LE-GRAND. 1 vol. in-12.
HISTOIRE DE GODEFROI DE BOUILLON. 1 vol. in-12.
HISTOIRE DE PIERRE D'AUBUSSON. 1 vol. in-12.
HISTOIRE DE JEANNE D'ARC. 1 vol. in-12.
HISTOIRE DE CHRISTOPHE COLOMB. 1 vol. in-12.
HISTOIRE DE BAYARD. 1 vol. in-12.
HISTOIRE DE CRILLON. 1 vol. in-12.
HISTOIRE DE DU GUESCLIN. 1 vol. in-12.
HISTOIRE DE TURENNE. 1 vol. in-12.
HISTOIRE DE VAUBAN. 1 vol. in-12.
HISTOIRE DE STANISLAS, roi de Pologne. 1 vol. in-12.
HISTOIRE DU BAS-EMPIRE. 2 vol. in-12.
HISTOIRE DU MOYEN-AGE. 1 vol. in-12.
HISTOIRE D'ANGLETERRE. 1 vol. in-12.
HISTOIRE DE RUSSIE. 1 vol. in-12.
HISTOIRE DES SOLITAIRES D'ORIENT. 1 vol. in-12.
HISTOIRE DE SAINTE MONIQUE. 1 vol. in-12.
HISTOIRE DE SAINT FRANÇOIS D'ASSISE. 1 vol. in-12.
HISTOIRE DU CARDINAL DE BÉRULLE. 1 vol. in-12.
HISTOIRE DE BOSSUET. 1 vol. in-12.
HISTOIRE DE FÉNELON. 1 vol. in-12.
HISTOIRE DU PONTIFICAT DE PIE VI. 1 vol. in-12.
HISTOIRE DU PONTIFICAT DE PIE VII. 1 vol. in-12.

Vous auriez mieux fait de m'avertir que je suis ici, que de me dire où il est.

HISTOIRE D'ESPAGNE

DEPUIS LES TEMPS LES PLUS RECULÉS, JUSQU'A NOS JOURS

Par l'auteur de l'histoire de Russie.

DEUXIÈME ÉDITION.

LILLE

L. LEFORT, IMPRIMEUR-LIBRAIRE.

1852
1851

PROPRIÉTÉ DE

HISTOIRE D'ESPAGNE

CHAPITRE PREMIER.

Description de l'Espagne. — Premiers habitants. — Etablissement des Phéniciens et des Grecs dans la Péninsule. — Domination des Carthaginois. — L'Espagne sous les Romains. — Période commençant à une époque indéterminée et finissant au commencement du cinquième siècle.

La Péninsule ibérique, qui comprend l'Espagne et le Portugal, est la partie la plus occidentale de l'Europe méridionale. Cette vaste presqu'île, embrassée par les deux mers, l'Océan atlantique et la Méditerranée, a six cent trente lieues environ de circonférence. L'Espagne, proprement dite, est comprise entre le 37° 57' et 43° 44' de latitude septentrionale, et entre les 8° 20' et 21° de longitude orientale du méridien de l'île de Fer; elle a ainsi cent quatre-vingt-quinze lieues du nord au sud, du cap Ortégal au détroit de Gibraltar, et deux cent vingt lieues de l'est à l'ouest, du cap Finistère au cap Creus. La superficie de ce territoire est de dix-huit mille huit cent quatre-vingt-dix lieues carrées, et forme la vingt-troisième partie de la surface entière de l'Europe. Ses frontières du côté du Portugal ont cent soixante-trois lieues d'étendue, et cent quinze lieues du côté de la France, par laquelle elle se rattache au continent européen.

Le sol généralement montueux et élevé de l'Espagne se partage en deux versants généraux : le plus considérable est incliné vers le sud-ouest et envoie ses eaux dans l'Océan ; l'autre se dirige vers l'est et porte les siennes à la Méditerranée. Les nombreuses chaînes qui coupent le territoire se rattachent toutes à la grande barrière des Pyrénées qui sépare l'Espagne de la France. Une première chaîne se prolonge à l'ouest au travers des provinces cantabres, et est connue sous la dénomination de montagnes des Asturies. De cette chaîne, il s'en détache, vers les sources de l'Ebre, une autre qui traverse toute la Péninsule et forme la ligne générale de faîte entre les deux versants que nous venons d'indiquer. Celle-ci se subdivise en plusieurs branches, auxquelles sont données les dénominations très-multipliées de Sierras (monts), de Oca, de Moncayo, d'Alcaraz, etc. Des ramifications secondaires séparent les divers bassins des fleuves ; telles sont la Sierra-Morena ou montagne noire, qui forme la limite entre les eaux de la Guadiana et du Guadalquivir ; la Sierra-Nevada, ainsi nommée parce que son sommet est toujours couvert de neiges, qui sépare les eaux du Guadalquivir de celles qui coulent au sud dans la Méditerranée ; la Sierra de Ronda, qui va se terminer au promontoire élevé, dont on avait fait jadis une des colonnes d'Hercule.

Les cours d'eaux les plus importants qui arrosent ce magnifique territoire sont, parmi ceux qui se jettent dans l'Océan, la Guadiana, qui a cent quarante lieues de développement, et le Tage, qui a cent vingt lieues de cours en Espagne seulement ; viennent ensuite le Guadalquivir, le Duero, le Minho et le Xénil ; ces deux derniers affluents du Guadalquivir. Parmi ceux qui se jettent dans la Méditerranée, nous nommerons l'Ebre, qui a cent trente lieues de cours ; la Ségura, qui en a cent ; le Xucar et la Cinca, affluents de l'Ebre ; ces dix fleuves ou rivières forment ensemble un cours d'environ huit cent soixante-dix lieues ; mais la plupart, profondément encaissés et très-rapides, sont rarement navigables dans leur partie supérieure.

Le sol de l'Espagne est, dans une partie assez considérable de sa surface, sec et aride ; mais plusieurs provinces, telles que la Catalogne, l'Andalousie et le royaume de Valence, présentent le spectacle d'une admirable fécondité. Là croissent, en pleine terre, indépendamment des céréales, la vigne, le mûrier, l'olivier, l'oranger, le citronnier, le cotonnier, la canne à sucre, le nopal à cochenille, etc. ; mais l'ignorance apathique dans laquelle est encore plongée la population des campagnes, l'empêche de tirer de la terre sur laquelle elle est placée, tout le parti possible.

Les géographes divisent habituellement l'Espagne en quinze grandes provinces, dont quelques-unes ont titre de royaume ; ce sont : la Biscaye, le royaume de Navarre, la Vieille-Castille, la Nouvelle-Castille, le royaume d'Arragon, la Catalogne, les royaumes de Valence, de Mayorque, de Murcie, de Grenade, l'Andalousie, l'Estramadure, le royaume de Léon, la principauté des Asturies, qui donne son nom à l'héritier de la couronne, et la Galice. Ces divisions, quoique surannées, survivront encore long-temps aux nouvelles circonscriptions administratives ou judiciaires adoptées dans ces derniers temps ; comme celles-ci ne sont peut-être pas encore fixées d'une manière bien définitive, nous nous abstiendrons de les donner ici. Les institutions nouvelles ont principalement pour but d'effacer les anciennes distinctions propres à chaque province, et de composer un caractère national identique, en opérant une sorte de fusion entre les portions principales de la population. Mais il faudra sans doute un grand nombre d'années encore, avant que cette fusion puisse réellement s'accomplir; car nulle part, peut-être, les races diverses qui ont servi à peupler un pays ne portent encore des traits aussi distincts. L'Arragonais, le Catalan, le Castillan, l'Andalous, forment à bien des égards des peuples différents, dont les écrivains étrangers ont souvent confondu les mœurs et le caractère. Sur les montagnes de la Biscaye et de la Navarre, on retrouve un peuple indomptable, que ses mœurs, sa langue e ses usages ont séquestré du monde entier, que cet isolement a rendu étranger aux bouleversements des empires, et laissé stationnaire au milieu des progrès de la civilisation; ce sont les Basques, ces descendants des Cantabres, si funestes aux armes de Rome. Sur le littoral de la Méditerranée, dans ces fertiles plaines qui unissent Grenade, Murcie, Cordoue, Valence et Séville, on retrouve les traces du sang africain, et de cette race maure qui pendant huit cents ans occupa cette contrée. Ici c'est le laborieux cultivateur de l'Estramadure, là l'impétueux miquelet de la Catalogne; ailleurs le robuste Galicien, ou le pétulant Andalous, d'un côté, tout le flegme des nations septentrionales, toute la taciturnité musulmane: de l'autre, toute la vivacité française et la légèreté gasconne.

Divers noms ont été imposés à l'Espagne par les anciens. Ils l'ont tour-à-tour appelée *Tarsis*, d'un nom de ville, de montagne ou de rivière qui nous est inconnu, *Ibérie*, de l'*Ibère*, l'*Ebre*, un des plus grands fleuves qui l'arrosent; *Hespérie*, région de l'occident, à cause de sa position à l'égard de la Grèce et de l'Italie; enfin *Hispania*, *Espagne*, *Espana*, d'un mot phénicien ou carthaginois, dont l'étymologie a donné lieu à lui seul, à de volumimineuses dissertations [1]. Les historiens ne sont pas plus d'accord sur la population primitive de ce vaste pays. Seulement les plus judicieux, d'accord avec la raison, la tradition et nos livres sacrés, reconnaissent que l'Espagne a été peuplée dans l'origine par une race venue de l'Asie, cet antique berceau du genre humain. Cette race est probablement la même que celle à laquelle les plus anciens historiens donnent le nom d'Ibères, et dont les restes, demeurés purs d'alliage étranger, se retrouvent encore sous le nom de Basques, dans les ravins des Pyrénées. A une époque que l'histoire n'atteint pas, les Celtes, habitants de la Gaule méridionale, vinrent troubler les Ibères dans leur paisible possession de la Péninsule. Les deux peuples luttèrent long-temps; mais trop égaux sans doute en forces pour que l'un pût écraser ou chasser l'autre, après de longues guerres, ils s'accordèrent enfin pour se partager le pays, et finirent par se mêler ensemble par des alliances, et ne former, sur quelques points, qu'une seule et même nation sous le nom de Celtibères.

Tous ces peuples se divisaient en un grand nombre de tribus; nous ne parlerons que des cinq plus puissantes, qui ont acquis une importance historique; c'étaient les Cantabres, les Astures, les Gallaïciens, les Vascans et les Lusitains.

Les Phéniciens, attirés par la douce température, la fécondité des terres et la richesse des mines de l'Espagne, vinrent, plus de mille ans avant l'ère chrétienne, fonder des établissements sur ses côtes. Parmi ces établissements, celui de Gadès ou de Cadix ne tarda pas à prendre une grande importance, et à exercer une sorte de suprématie sur tous les autres, dont les principaux étaient *Malaca* (Malaga) et *Cordoba* (Cordoue), *Isbilia* (plus tard Hispalis et Séville), sur le Bétis (le Guadalquivir).

La domination des Phéniciens s'étendit sur toute la côte, et même dans l'intérieur du pays habité par les Turdetani,

[1] Voir l'hist. d'Espagne par M. Rosseeuw St-Hilaire, t. 1, p. 27.

c'est-à-dire dans tout le sud-ouest de la Péninsule; mais leur commerce pénétra plus avant dans l'intérieur des terres, et parvint même jusqu'aux Pyrénées, dont les mines furent exploitées par eux. Avec le commerce, les arts, les lettres, les mœurs, le culte des dieux de la Phénicie, se répandirent sur le littoral du sud, et s'introduisirent dans une grande partie de la Péninsule.

Bientôt les Grecs suivirent l'exemple des Phéniciens et vinrent fonder en Espagne quelques colonies. La plus ancienne est celle de *Rhodas* (Rosas), non loin du cap Creus en Catalogne, fondée vers l'an 900 ans avant Jésus-Christ, par des Rhodiens, qui peuplèrent aussi, à ce que l'on croit, les îles *Gymnésiennes* (Majorque et Minorque). Les Phocéens, qui avaient bâti Marseille dans la Gaule, établirent un comptoir ou *marché*, Emporion, sur la côte de Catalogne, dont le nom s'est conservé dans celui de la ville d'Ampurias. Ils s'emparèrent ensuite de Rosas sur les Rhodiens, et allèrent fonder trois colonies aux environs du fleuve Xucar, dans le pays de Valence.

Du reste, il paraît que si les établissements des Grecs étaient vus d'un œil jaloux par les Phéniciens, il n'en résulta aucune collision entre les deux peuples. Les Phéniciens, contents de leur domination dans la Bétique, laissèrent paisiblement les Grecs s'installer dans les autres parties du littoral de la Péninsule. Mais bientôt un autre peuple, qui n'était lui-même qu'une colonie de Phéniciens, voulut avoir sa part des richesses de l'Espagne et y établir sa domination. Carthage, fille de Tyr, mais fille ingrate, détruisit elle-même la domination phénicienne en Espagne pour s'en emparer.

Dans le sixième siècle (avant Jésus-Christ), la colonie phénicienne de Gadès se trouvait en guerre avec les indigènes, jaloux de sa prospérité. Elle appela à son secours les Carthaginois, qui s'empressèrent d'envoyer des secours aux Gaditains et les aidèrent à vaincre leurs ennemis. Mais Carthage n'obligeait pas gratis, elle se fit céder par les Gaditains la petite île appelée aujourd'hui *Santi Petri*, et, le pied une fois posé sur le sol de la Péninsule, elle ne tarda pas à étendre de là sa domination sur toute la côte de la Bétique, et à attirer à elle le monopole du commerce de toute l'Espagne.

Vers le troisième siècle avant l'ère chrétienne, la première guerre punique força les Carthaginois à retirer leurs troupes de la Bétique pour les employer en Afrique et en Sicile. L'Espagne put enfin respirer; mais ce repos ne fut pas de longue durée. Contrainte de céder aux armes de Rome, chassée des îles de la Méditerranée entre l'Italie et l'Afrique, Carthage voulut regagner en Espagne ce qu'elle avait perdu en Sicile, et s'y préparer un champ de bataille contre Rome. L'an 237 avant Jésus-Christ, Amilcar-Barca, après avoir fait jurer à son fils Annibal, âgé de neuf ans, une haine éternelle au peuple romain, débarqua à Gadès à la tête d'une nombreuse armée. Il reprit une à une les premières possessions de Carthage, et les agrandit par des conquêtes jusqu'à *Barcelone*, qui doit son nom à ce chef carthaginois. Maître de tout le midi et d'une partie de l'ouest de l'Espagne, il voulut pénétrer dans l'intérieur; mais il fut battu au passage de la Guadiana et se noya dans le fleuve.

Asdrubal, frère d'Amilcar, fut chargé par le sénat de Carthage de le remplacer. Le nouveau général soumit plusieurs villes de la Celtibérie aux environs de l'Ebre; son humanité lui concilia l'affection des vaincus, et pour achever de les gagner, il épousa une Espagnole, appartenant à une des familles les plus illustres et les plus influentes du pays. Asdrubal, pendant son administration, qui dura dix ans, sut maintenir la tranquillité dans l'Espagne conquise; c'est à lui qu'est due la fondation de Carthagène, dont le nom seul (nouvelle Carthage), annonçait l'empire qu'elle était destinée à exercer.

Les colonies grecques, effrayées de l'agrandissement rapide de ces puissants voisins, recherchèrent contre eux l'alliance de Rome, qui saisit avec empressement ce prétexte d'intervenir dans les affaires de la Péninsule. Le sénat de Rome fit proposer à Carthage de borner ses conquêtes à la rive droite de l'Ebre, et de respecter les peuples de la Péninsule qui étaient devenus les alliés du peuple romain. Cette proposition équivalait à une déclaration de guerre; mais Carthage, encore toute meurtrie des coups de sa rivale, n'osa résister ouvertement; les négociations traînèrent en longueur, et pendant ce temps-là, Asdrubal fut assassiné par l'esclave d'un prince espagnol qu'il avait fait périr dans les tourments.

Annibal, qui touchait à peine à sa vingt-cinquième année, fut élu par l'armée, et le sénat confirma l'élection. Venu en Espagne dès l'âge de neuf ans, il s'y était déjà formé aux périls de la guerre par seize ans de combats. La révolte d'une grande partie des peuples de la Péninsule lui fournit aussitôt une occasion d'attester la précoce maturité de son génie et de ses talents militaires. En peu de temps il soumit les Olcades, tribu qui habitait près du Tage supérieur, le plateau central de l'Espagne. L'année suivante, il poussa plus loin encore, franchit la chaîne de montagnes qui sépare le bassin du Tage de celui du Duero, et s'empara d'*Arbucala* (Arevalo) et de *Salmantica* (Salamanque). Dans cette campagne, il eut à lutter contre une résistance opiniâtre et terrible des indigènes, et il ne parvint à en triompher que par les ressources ingénieuses de son esprit, et par la discipline de son armée. Maître enfin de la Péninsule, il la parcourut dans tous les sens, sans rencontrer nulle part de résistance sérieuse.

Annibal nourrissait des desseins plus vastes; il songeait à Rome et se souvenait du serment qu'il avait fait dans son enfance. Ses victoires d'Espagne n'étaient à ses yeux que les moyens et les préludes de son expédition future au-delà des Alpes. L'Espagne soumise lui donnait du renom, de l'or et d'excellents soldats. Il ne tarda pas à engager cette grande querelle en attaquant Sagonte, alliée des

Romains. Sur le fondement d'une contestation émue entre cette ville et quelques alliés de Carthage, Annibal proposa sa médiation qui fut rejetée, et dans une seule nuit cette ville fut investie de tous les préparatifs d'un siège formidable. Vainement elle recourut à l'assistance des Romains, ceux-ci voulurent négocier à leur tour, il n'était plus temps; Annibal et Carthage avaient résolu de combattre. Soutenus d'abord par l'espoir d'être secourus, les Sagontins se virent enfin livrés à leurs propres forces. Durant huit mois de siège, ils épuisèrent tout ce qu'il peut y avoir dans la nature humaine de constance, de valeur et de magnanimité. Enfin quand le dernier assaut eut été donné à la ville, quand les murs, minés de toutes parts, eurent ouvert de larges brèches aux assaillants, les assiégés, trop peu nombreux pour les défendre toutes, se retirèrent au centre de la cité, dans une enceinte qu'ils fortifièrent, et où ils enfermèrent avec eux leurs familles et leurs biens, décidés à résister tant qu'il resterait debout dans Sagonte un homme et un pan de muraille. Retranchés dans ce dernier asile, ils se défendirent avec un acharnement incroyable. Les horreurs de la famine ne purent même dompter leur opiniâtre résolution. Quand les vivres enfin leur manquèrent, ils résolurent de mourir les armes à la main. Après avoir allumé un vaste bûcher, où ils jetèrent leur or, leur argent et leurs effets les plus précieux, pour ne pas les laisser tomber aux mains des Carthaginois, ils attendirent la nuit et firent contre le camp ennemi une sortie désespérée. Ils périrent jusqu'aux derniers, mais après avoir immolé une foule innombrable de Carthaginois, qui ne durent qu'à la supériorité du nombre, une coûteuse victoire.

Quand les femmes de Sagonte eurent vu, du haut de leurs murailles en ruines, les derniers de leurs défenseurs tomber sous le fer ennemi, elles tuèrent leurs enfants, les jetèrent dans le bûcher allumé par leurs maris, et s'y précipitèrent elles-mêmes. Ainsi périt, après huit mois de siège, l'immortelle Sagonte, victime de sa constance et de sa loyauté, et ne laissant pour trophée au vainqueur qu'un monceau de cendres et de cadavres. Ce drame sanglant de la chute de Sagonte, un des épisodes les plus sombres de ces guerres antiques, nous représente l'Espagne tout entière avec sa patience héroïque et sa force indomptable de résistance. En fait de souffrances noblement supportées, le glorieux siège de Sagonte n'a qu'un pendant dans l'antiquité : c'est celui de Numance, espagnole comme elle, et victime de l'ambition romaine, comme Sagonte de la perfidie carthaginoise. Ainsi se perpétue, à tous les âges de l'histoire d'Espagne, ce dur et patient génie de la race ibérique; et Sagonte, après vingt siècles, se retrouve encore dans la moderne Saragosse, s'ensevelissant sous ses ruines fumantes plutôt que de se rendre [1].

La nouvelle du désastre de Sagonte excita le remords et le trouble au milieu du sénat romain, qui n'a jamais pu se laver de la honte d'avoir abandonné cette alliée fidèle. Une satisfaction fut demandée à Carthage; elle fut refusée avec arrogance. Alors s'alluma cette deuxième guerre punique dont l'issue devait être si funeste aux Carthaginois.

Annibal, après avoir fait passer dans l'Afrique un corps de quinze mille Espagnols pour la préserver des attaques de Rome, et laissé en Espagne un égal nombre de troupes africaines, sous les ordres de son frère Asdrubal, se dirigea vers l'Italie avec une armée de cent mille hommes, espagnols et carthaginois. Rome de son côté avait compris que c'était en Espagne qu'il lui fallait se défendre contre Annibal et que Carthagène était le chemin de Carthage. Ainsi, tandis qu'Annibal s'apprêtait à franchir les Alpes, Cnéius Scipion débarquait avec quelques légions à Ampurias, sur les côtes de la Catalogne. Le général romain trouva partout des alliés de Rome dans les ennemis de Carthage. Deux armées et une flotte carthaginoise furent

[1] Rosseeuw St-Hilaire, Hist. d'Espagne, t. 1. p. 76.

tour-à-tour défaites par lui, et sa douceur et sa loyauté, qui contrastaient si heureusement avec l'humeur impérieuse et hautaine des Carthaginois, lui concilièrent toutes les peuplades ibériques, dont la neutralité eût suffi pour le perdre en peu de temps. Toute la côte orientale, depuis les Pyrénées jusque près de Carthagène, fut bientôt au pouvoir de Scipion. Mais, après sept ans de succès, la fortune de Cnéius parut l'abandonner. Les Celtibériens, qui l'avaient puissamment secondé jusque-là, se laissèrent gagner par Asdrubal et quittèrent les drapeaux romains. Cette défection fut pour Rome le signal d'une suite de désastres successifs. Publius Scipion, qui était venu avec une flotte et des soldats au secours de son frère, périt dans une bataille, et, quelques jours après, Cnéius succomba avec son armée dans une seconde défaite plus complète encore 211 ans avant Jésus-Christ.

En vain Lucius Martius entreprit-il de rétablir l'honneur des armes romaines et de venger la mort de ses chefs. En vain ses premiers succès dépassaient-ils les espérances que dans de pareilles conjonctures il était permis de former, le sénat ne lui confirma point le commandement. Claudius Néron, nommé propréteur, vint lui succéder; mais il se fit battre honteusement par Asdrubal, après l'avoir laissé échapper des défilés des Pierres noires, près de Jaen, où le général carthaginois s'était imprudemment engagé. Le sénat n'osant plus nommer lui-même un général pour commander en Espagne, chargea de ce choix difficile l'assemblée générale du peuple. Tandis qu'on délibérait dans les comices, un jeune homme s'avança au milieu de l'assemblée et demanda à se charger d'une mission si difficile. Ce jeune homme était Publius Cornelius Scipion, depuis surnommé l'*Africain*. Sa proposition fut accueillie avec enthousiasme, et son nom parut au peuple romain un présage de victoire.

Le jeune général ne démentit pas les espérances qu'il avait fait concevoir; son audace fut couronnée de succès.

En entrant en Espagne, il marcha à grandes journées vers Carthagène, et bientôt cette opulente cité, le boulevard de la puissance carthaginoise, qui avait résisté aux deux premiers Scipions, succomba sous la fortune du troisième. Asdrubal, complètement battu près de *Becula*, aujourd'hui Caslona en Andalousie, s'enfuit vers les Pyrénées, abandonnant enfin les belles contrées de l'Espagne méridionale. Publius Cornélius, dès lors sans rival, détruisit les restes de la domination carthaginoise par cinq ans de victoires, et acheva sa conquête par les séductions d'une générosité, que les peuples de la Péninsule n'avaient point encore vu pratiquer avec cette grace majestueuse qui distinguait le plus célèbre des Scipions. Il acquit à sa patrie l'amitié de Massinissa et de quelques autres chefs, jusque-là inflexibles ennemis du nom romain. Cependant quelques villes refusèrent de se soumettre au vainqueur, et l'on cite entre autres *Astapa*, aujourd'hui Estepa, qui renouvela l'exemple de Sagonte, et périt tout entière plutôt que de se rendre.

Scipion fut remplacé en Espagne par des préteurs dont l'administration arbitraire excita bientôt un soulèvement général. Pendant quatorze ans il fallut combattre contre les Espagnols révoltés. Les Lusitaniens, conduits par Viriates, homme plein d'énergie et d'audace, soutinrent presque seuls cette lutte sanglante, et obtinrent une paix honorable qui consacrait leur indépendance et la possession du territoire qu'ils occupaient alors (151 ans avant Jésus-Christ.) Mais Rome, qui parlait tant de la perfidie carthaginoise, ne tarda pas à violer un traité qu'elle regardait comme déshonorant pour elle. Elle fit envahir subitement la Lusitanie, et en pleine paix, par le proconsul Servilius Cépion. Viriates fut assassiné par ses propres lieutenants, corrompus par les offres du proconsul. Les Lusitaniens n'en coururent pas moins aux armes, mais ils avaient perdu le chef qui savait les conduire à la victoire. Battus, dispersés dans plusieurs rencontres, ils abandonnèrent leurs champs ravagés et leurs cités réduites en cendres, pour se retirer dans les montagnes, où la servitude ne pouvait aller les chercher.

Pendant l'insurrection des Lusitaniens, une partie de la Celtibérie s'était soulevée, enflammée par cet exemple. Numance, alliée des Romains, eut le malheur de donner asile à quelques Celtibériens fugitifs ; cet acte d'humanité lui fut imputé à crime de rébellion, et le consul Quintus Fulvius Nobilior investit avec toutes ses forces cette cité fameuse, dont on assigne la place non loin de Soria. Fulvius, après d'inutiles tentatives pour s'emparer de cette ville, fut contraint, par les succès toujours croissants des Lusitaniens, de reporter contre ces derniers tous les efforts de ses armes. Numance respira jusqu'au moment où, après la guerre de Lusitanie, Quintus Pompéius Rufus obtint le gouvernement de l'Espagne citérieure. Ce consul se présenta avec trente mille hommes devant Numance, qui ne renfermait que huit mille guerriers. Après un an d'une résistance opiniâtre, Q. Rufus se vit réduit à leur proposer une paix honorable ; mais le sénat et le peuple romain n'ayant pas voulu la ratifier, la guerre recommença avec plus de vigueur sous le consul Popilius, successeur de Rufus. Popilius fut repoussé et battu dans plusieurs sorties avec une telle perte de ses meilleures troupes, que la terreur superstitieuse des Romains attribua à l'intervention de quelque divinité ennemie, ce malheureux évènement. Caius Hostilius Mancinus, successeur de Popilius, fut encore plus maltraité. Après avoir perdu une bataille, il leva le siège pendant la nuit et prit honteusement la fuite. Les Numantins se mirent à sa poursuite, massacrèrent toute l'arrière-garde romaine, et forcèrent le reste de l'armée à capituler. Rome refusa de sanctionner ce traité, et donna des ordres pour pousser la guerre avec vigueur ; mais, malgré ces résolutions du sénat, la terreur que Numance inspirait était telle que les successeurs de Mancinus craignirent d'approcher de ses remparts.

Son nom, déclaré funeste, n'était plus prononcé; toutes les fois qu'il en était question, on ne le désignait que par les mots de *Terror imperii*, *la terreur de l'empire*. Une quatrième armée fut décrétée pour aller reprendre le siège, sous le commandement de Scipion Emilien. Ce nouveau général suivit une tactique différente de ses prédécesseurs. Quoiqu'il eût une armée de soixante mille hommes, au lieu d'attaquer les Numantius à force ouverte, il dévasta les campagnes environnantes et intercepta toutes les communications, afin de les réduire par la famine. Après avoir fait des prodiges de valeur, les Numantins, affaiblis par tant de combats et par les horreurs de la faim, résolurent de s'ouvrir un passage à travers les lignes ennemies ou de périr en combattant. Presque tous succombèrent dans ce dernier combat, et ceux qui survécurent s'entretuèrent plutôt que de se rendre (235 ans avant Jésus-Christ).

La chute de Numance fut le signal de la soumission du reste de l'Espagne. Les seuls habitants du nord furent redevables à leur pauvreté et à l'aspérité de leurs montagnes d'un reste d'indépendance. La Péninsule forma dès lors une province romaine, divisée d'abord en Espagne citérieure et ultérieure; puis, plus tard, sous Octave, en Tarragonaise, Lusitanie et Bétique.

La guerre de Numance fut suivie de quarante ans de paix. A l'époque des guerres civiles de Sylla et de Marius, Sertorius, qui avait embrassé le parti de ce dernier, souleva l'Espagne en sa faveur, en promettant à ses peuples, accablés par la tyrannie des proconsuls de Rome, l'indépendance de leur patrie. En haine de Rome et de Sylla, l'Espagne adopta Sertorius, Romain lui-même; mais qui haïssait assez Sylla pour avoir droit de cité dans la Péninsule.

Sertorius, entouré d'une foule de Romains, mécontents ou proscrits, établit la discipline romaine parmi ses troupes, il forma dans l'Espagne une espèce de république, sur le modèle de la république romaine; il choisit les principaux de la province dont il composa un sénat; il créa des préteurs, des tribuns, des édiles, ouvrit des écoles publiques, et manifesta enfin, par toutes ses démarches, l'intention formelle d'opposer à la dominatrice du monde une rivale digne de la combattre. La superstition lui servit à éblouir la multitude; une biche blanche, qu'il prétendait lui avoir été donnée par Diane et qui le suivait dans la mêlée, devint aux yeux du peuple l'intermédiaire de ses relations avec les immortels. La biche de Sertorius fut bientôt connue et révérée de toute l'Espagne.

Sylla, cependant, maître de Rome, à force de cruautés, voyait d'un œil inquiet cette puissance rivale qui s'élevait menaçante pour Rome et pour lui. Il envoya en Espagne Metellus et le jeune Cneius Pompée. Toute la tactique des lieutenants de Sylla échoua d'abord contre la valeur sauvage des troupes espagnoles et le génie de Sertorius. Mais à force de combattre ils apprirent à vaincre, et Pompée, cet écolier de Sylla, que Sertorius affectait de mépriser, devint en peu de temps un rival capable de se mesurer avec lui. La guerre continua alors avec une alternative de succès et de revers pour les deux partis; Sertorius vit battre l'un après l'autre ses lieutenants, et lui-même, dans un engagement avec Pompée, ne dut qu'à sa valeur désespérée son salut d'abord et bientôt la victoire; Pompée, légèrement blessé, eut peine à s'échapper en laissant vingt mille des siens sur le champ de bataille.

La malheureuse Péninsule, théâtre de cette lutte acharnée, saccagée tour-à-tour par Sertorius et par les Romains qui cherchaient à l'affamer, n'offrait plus que des champs dévastés et des villes en ruines. Enfin Metellus, désespérant de réduire son ennemie par la puissance des armes, mit à prix la tête de Sertorius, et fit publier à son de trompe qu'il donnerait cent talents (cinq cent cinquante mille francs) et vingt mille arpents de terre à celui qui la lui apporterait.

Dès ce moment les jours de Sertorius furent empoisonnés par la défiance ; mais il redoutait plus, et avec raison, les proscrits romains qui l'entouraient, que les indigènes dont il appréciait la loyauté. En effet, ce fut Perpenna, son propre lieutenant, qui le frappa d'un coup de poignard au milieu d'un festin (73 ans avant Jésus-Christ). L'Espagne comprit que sa liberté venait de mourir avec lui : car elle pleura sa perte comme elle avait pleuré celle de Viriates, et maudit Perpenna et les lâches instruments de sa trahison.

Le premier châtiment du crime de Perpenna fut de se trouver porté sur le testament de Sertorius comme son principal héritier. Elu pour son successeur, l'armée ne marcha qu'avec horreur sous ses ordres. Il fut fait prisonnier par Pompée et exécuté avec ses complices.

La mort de Sertorius fut le signal de la soumission de l'Espagne.

Une fois Octave paisible possesseur de l'empire, l'Espagne suivit le destin du monde. Octave divisa, comme nous l'avons dit, la Péninsule en trois provinces : la Tarragonaise, la Bétique et la Lusitanie, abandonnant au sénat la plus docile de toutes, la Bétique, et se réservant les deux autres comme un aliment et un prétexte pour la guerre. Octave ne dédaigna pas de faire lui-même une expédition en Espagne, pour pousser avec plus de vigueur la guerre cantabre, qui occupait seule toutes les forces des Romains dans la Péninsule. Cette lutte inégale de toutes les forces de Rome avec quelques pauvres peuplades bloquées dans leurs montagnes, entre la Gaule et l'Espagne asservie, dura plusieurs années. Là, comme dans ces terribles sièges, qu'on ne rencontre que dans l'histoire de la Péninsule, la mort seule mit un terme à la résistance. Comme à Numance, comme à Sagonte, les femmes égorgèrent leurs enfants, et les vaincus s'entretuèrent ou cherchèrent dans les rangs des Romains un trépas plus glorieux.

A peine les vainqueurs se furent-ils retirés, que le peu

d'indigènes astures et cantabres, qui avaient survécu à la perte de leur liberté, se soulevèrent de nouveau. Rome les attaqua encore une fois, et les deux partis, également las de la guerre, se résignèrent par une convention tacite, l'un à n'être jamais complètement libre, l'autre à se contenter de quelques marques d'une précaire soumission. Les Cantabres, refoulés dans leurs montagnes, consentirent enfin à laisser en paix la plaine, irrévocablement soumise au joug de Rome, et la Péninsule, devenue la plus paisible, comme elle était la plus riche des provinces de l'empire, jouit enfin d'un bonheur relatif et d'un repos qu'elle avait achetés par assez de misères [1].

L'Espagne soumise adopta la religion et les mœurs des Romains; la langue latine envahit rapidement toute la Péninsule, à l'exception du voisinage des Pyrénées, où se conserva et se conserve encore le *basque*, dont on ne saurait révoquer en doute l'antiquité et l'extension primitive, puisque les noms des villes, des fleuves, des montagnes, et des pays connus en Espagne dans les temps les plus reculés en dérivent presque toujours. Le latin qu'on parlait dans la Péninsule n'avait ni l'harmonie ni le charme de celui de Rome; Cicéron lui trouvait quelque chose de gras et de sauvage dans la prononciation. Il est même très-probable qu'il ne fut jamais assez familier aux indigènes pour leur faire oublier l'ancien idiome; ils les mêlaient ensemble, et ce mélange de mots a sans doute donné naissance à la langue espagnole, enrichie plus tard d'un grand nombre de mots arabes.

Il n'entre pas dans notre plan de tracer le tableau de l'administration intérieure de l'Espagne sous les Romains. Ce système d'administration, uniformément despotique, était le même pour toutes les provinces de l'empire; son étude n'offrirait donc rien de spécial pour la Péninsule.

Sous la domination romaine, l'Espagne s'embellit d'une foule de monuments remarquables. Parmi les construc-

[1] Rosseeuw St-Hilaire, Hist. d'Espagne, t. I, p. 122.

tions gigantesques dues à cette époque, on distingue le pont d'Alcantara, sur le Tage ; les aqueducs que Sertorius fit construire pour Evora ; les ruines du palais d'Auguste ; celles du cirque et de l'amphithéâtre de Tarragone ; les débris d'un superbe portique à Talavera ; l'amphithéâtre qu'on voit à Murviedro (vieux mur, l'ancienne Sagonte) et qui pouvait contenir douze mille spectateurs ; enfin divers tombeaux et plusieurs voies romaines. Les maîtres du monde, en introduisant l'affreux spectacle des arènes, accoutumèrent insensiblement la vue à se repaître de sang, et c'est à eux que les Espagnols doivent l'usage de ces combats de taureaux, dont ils se montrent si avides et dont l'idée seule nous révolte.

L'Espagne eut part aux hautes destinées de l'empire. Entre ses enfants qui brillèrent dans la carrière des honneurs, nous trouvons les deux Cornelius Balbus, l'un consul, l'autre triomphateur ; et les empereurs Trajan, Adrien [1], Marc-Aurèle, Maxime et Thédose. Parmi les écrivains et les poètes dont la langue romaine lui fut redevable, s'offrent en première ligne les deux Sénèque, Lucain, Martial, Florus, Quintilien, Silius-Italicus, Columelle et Pomponius Mela.

Pendant cette longue paix, qui dura plusieurs siècles pour l'Espagne, le christianisme pénétra dans la Péninsule comme dans tout le reste de l'empire romain. Une ancienne tradition raconte que l'apôtre saint Jacques vint prêcher l'évangile en Espagne : telle est l'origine de la vénération que tous les peuples de la Péninsule ont conservé pour ce grand apôtre, qu'ils ont pris pour leur patron et qu'ils honorent d'un culte particulier dans la ville de Compostelle. Mais si réellement saint Jacques a jeté les fondements du christianisme dans ce pays, il paraît qu'il n'y fit que peu de disciples car ceux qui lui en donnent le plus n'en comptent que neuf. Il n'est guère possible de

[1] Sous le règne d'Adrien, la Lusitanie fut divisée en deux provinces, la Galice et la Carthaginoise.

suivre les progrès du christianisme en Espagne, pendant les premiers siècles de l'ère chrétienne; ce qu'il y a de certain, c'est qu'au temps des persécutions de Maximilien et de Dioclétien, la plus grande partie des Espagnols étaient chrétiens, et que ceux qui souffrirent le martyre pour la foi furent, comme partout ailleurs, la cause de nouvelles conversions.

Constantin ayant transféré le siège de son empire à Bysance, changea la forme du gouvernement, c'est-à-dire l'administration dans tout l'empire romain. L'Occident fut partagé en deux préfectures, dont l'une avait pour son département les Gaules, l'Angleterre, l'Espagne, la Mauritanie tingitane et les îles Baléares. L'Espagne fut gouvernée par des légats consulaires et par un vicaire, sous l'autorité du préfet, qui résidait ordinairement dans les Gaules.

CHAPITRE II.

Depuis l'invasion des Barbares. — Etablissement de la monarchie des Goths, jusqu'à sa chute.

PÉRIODE DE TROIS CENT DEUX ANS, DE 410 A 712.

Ce ne fut que vers le commencement du cinquième siècle que le repos de l'Espagne fut de nouveau troublé par les causes qui préparaient la chute du vieil empire dont elle faisait partie. Sous les règnes des deux faibles enfants, successeurs du premier Théodose, les Goths, les Vandales, les Suèves, les Alains, appelés, dit-on, par les ambitions rivales de Stilicon et de Rufin, débordèrent sur toutes les extrémités de l'empire. Les plus belles contrées de l'Europe devinrent le patrimoine de ces peuplades à demi sauvages. L'Espagne fut ravagée par le fer, le feu, la famine et la peste. Les dévastateurs, rassasiés de carnage, songèrent enfin à se partager leurs conquêtes; la Lusitanie échut aux Alains, la Galice aux Suèves, Grenade et la Bétique aux Vandales [1].

Les Goths, sous la conduite d'Alaric, s'étaient précipités sur l'Italie, et trois fois ils avaient mis Rome à contribution ou au pillage. C'en était fait peut-être dès

[1] C'est de là que cette province a pris le nom de *Vandalicia*, d'où l'on a fait Andalousie.

lors du faible empire d'Occident, si la mort n'eût surpris Alaric à Cosenza en Calabre.

EMPIRE GOTHIQUE.

1. ATAULPHE. 410-415.

Ataulphe, élu successeur d'Alaric, son beau-frère, quitta l'Italie, emmenant avec lui Placidie, sœur de l'empereur Honorius, dont il fit bientôt son épouse. Il alla s'établir dans la Gaule du sud, dont les habitants reconnurent facilement son autorité. Ataulphe ne séjourna pas long-temps dans son nouvel empire. Après une tentative inutile pour enlever Marseille aux Romains, il franchit les Pyrénées et s'empara de la Catalogne (412). Il pénétra ensuite dans l'intérieur, et pendant trois ans il fit une guerre acharnée aux Vandales. Les conseils de Placidie, d'accord avec ceux de la politique, l'engagèrent à s'appuyer de l'alliance romaine pour effectuer la conquête de l'Espagne. Les dissensions qui régnaient entre les barbares, maîtres du pays, semblaient rendre ce projet d'une exécution facile; mais au moment où il songeait à le réaliser, il fut assassiné par un de ses serviteurs qui voulait venger la mort d'un seigneur goth, son ancien maître, tué par Ataulphe (415).

2. SIGERIC. 415.

L'armée élut pour roi Sigeric. Pour mieux s'assurer le trône, il fit mourir les six enfants d'Ataulphe, et força sa veuve Placidie à marcher pieds nus devant son cheval, dans les rues de Barcelone. Ces cruautés révoltèrent les Goths qui l'assassinèrent le septième jour de son règne

3. WALLIA. 415-419.

Wallia, beau-frère d'Ataulphe, fut élu après la mort de Sigeric. Il remit à l'empereur Honorius la princesse

Placidie qu'il avait toujours traitée avec honneur, et s'engagea à soumettre, pour le compte de l'empire, les Suèves, les Vandales et les Alains. Ces derniers furent entièrement anéantis, et les débris de leur race se confondent désormais avec les Vandales. Ceux-ci, vaincus à leur tour, allèrent dans la Galice demander un asile aux Suèves. Wallia allait poursuivre en Galice le cours de ses succès, quand les Suèves se reconnurent tributaires de l'empire. Honorius crut devoir récompenser les succès de Wallia par le don de la seconde Aquitaine, qui comprenait les villes de Bordeaux, Périgueux, Angoulême, Agen, Saintes et Poitiers. L'importante ville de Toulouse, avec une portion de la première Narbonnaise y fut annexée; mais Narbonne resta aux Romains avec tout le littoral. Wallia établit le siège de son empire à Toulouse, où il mourut de maladie peu de temps après (419).

4. THÉODORIC Ier RÈGNE A TOULOUSE. 419-451.

Les Goths, après la mort de Wallia, semblent abandonner l'Espagne pour ne s'occuper que d'étendre leur empire dans la Gaule. Nous ne les suivrons pas dans les guerres qu'ils eurent à soutenir dans ce pays contre les Romains, les Burgondes ou les Francs, et qui sont étrangères à l'histoire d'Espagne.

Les Vandales, que nous avons vus réfugiés en Galice, quittèrent bientôt ce pays, pour retourner dans leurs anciennes possessions de la Bétique ou de la *Vandalousie*; ils battirent les Romains commandés par Castinus et s'emparèrent des îles Baléares, de Carthagène et de Séville. Bientôt appelés par Boniface, gouverneur de l'Afrique, pour le soutenir dans sa révolte contre l'empire, les Vandales s'embarquent au nombre de quatre-vingt mille, sous la conduite de Genséric et vont soumettre la Mauritanie et Carthage (427).

Les Suèves, délivrés de ce redoutable voisinage, commencèrent à étendre leur domination en Espagne et s'emparèrent de la Lusitanie et de la Bétique, que les Vandales venaient d'abandonner. Bientôt Rechila, leur roi, agrandit encore ses conquêtes, enleva Séville aux Romains et étendit sa domination sur trois des cinq provinces de l'Espagne, la Bétique, la Lusitanie et la Carthaginoise.

Pendant ce temps-là Théodoric avait continué d'agrandir ses domaines de la Gaule : mais la crainte que lui inspira pour son propre empire les ravages d'Attila, *le fléau de Dieu*, le détermina à unir ses armes à celles des Romains pour repousser le redoutable conquérant. Théodoric, avec ses deux fils aînés, Thorismond et Théodoric, joint au général romain Aëtius, attaque les Huns qui assiégeaient Orléans, les défait et oblige Attila de prendre la fuite. Il prit encore une part brillante à la bataille décisive des champs *Catalauniques;* mais, après avoir contribué à la victoire, il perdit la vie au milieu de son triomphe (451).

5. THORISMOND RÈGNE A TOULOUSE. 451-453.

Thorismond, fils aîné de Théodoric, fut élu roi par l'armée des Goths, le lendemain de la bataille, après que la cérémonie des funérailles de son père fut achevée. Aussitôt il marcha vers Toulouse, par le conseil d'Aëtius, qui voulait se défaire de lui et s'emparer seul des riches dépouilles des Huns. Après deux ans d'un règne insignifiant, il mourut à Toulouse assassiné par deux de ses frères.

6. THÉODORIC II RÈGNE A TOULOUSE. 453-466.

Théodoric II, frère et meurtrier de Thorismond, lui succéda. Son règne fut rempli presque tout entier par des guerres contre les Suèves, entreprises à l'instigation de l'empereur Avitus, son allié. Il gagna sur eux une grande bataille près d'Astorga, sur le fleuve *Urbicus* (Orbega

456). Réchiaire, roi des Suèves, fugitif et blessé, fut pris et mis à mort par Théodoric. La nation des Suèves, presque anéantie par la bataille d'Orbega, se réfugie au fond de la Galice. Théodoric, rappelé en Gaule par la mort d'Avitus, laisse respirer les Suèves qui, reprenant courage en l'absence de leur ennemi, recommencent de nouveau leurs excursions, en se partageant sous deux rois, Maldras et Rémismond. Théodoric cependant s'empare, par la trahison d'un gouverneur romain, de Narbonne, la clé des Pyrénées. Mais il fut moins heureux auprès d'Arles, dont Egidius le força de lever le siège. Après avoir perdu encore une bataille près de Toulouse contre le même Egidius, Théodoric tourna son ambition du côté de l'Espagne et chercha à conquérir la Bétique et la Lusitanie. Il acheta même la paix avec les Suèves, en donnant sa fille en mariage à Rémismond, devenu leur seul roi.

Théodoric, qui devait le trône à un fratricide, le perdit par un crime semblable. Il fut assassiné par son frère Euric, après un règne de treize ans (466).

7. EURIC RÈGNE A TOULOUSE ET A ARLES. 466-485.

Monté sur le trône par un crime, Euric fut cependant un grand homme et gouverna avec autant de sagesse que d'équité. Il comprit d'abord que les temps étaient venus pour la race des Goths, trop pressés jusqu'ici dans leur étroit royaume d'Aquitaine, de s'agrandir en deçà comme au-delà des Pyrénées et de fonder, au lieu de cette monarchie vassale, un empire indépendant. Aucun obstacle ne put le détourner de ce dessein gigantesque. Il descendit des Pyrénées et soumit tout-à-tour l'Aragon, la Navarre, le pays de Valence et le reste du territoire espagnol, à l'exception de la Galice, qui demeura opiniâtrément sous la domination des Suèves. En même temps ses armées victorieuses s'avançaient vers le nord de la Gaule, et se promenaient librement jusqu'à la Loire.

Une seule gloire manquait à Euric, c'était celle de législateur, et il voulut aussi la mériter. Paisiblement établi dans la cité d'Arles, qui devint le siège de l'empire des Goths, il recueillit pour la première fois, dans un code écrit, les coutumes traditionnelles qui régissaient cette nation Cette collection, malheureusement perdue, aurait sans doute jeté un jour tout nouveau sur le droit gothique primitif, dont la substance a passé dans le *forum judicum*, si connu dans la Péninsule et surtout dans l'Aragon, sous le nom de *Fuero Jugo*. Euric mourut à Arles sur la fin de l'année 484, ou au commencement de 485.

On reproche à Euric qui était arien, ainsi que ses prédécesseurs, d'avoir persécuté les catholiques de ses états. Cependant il ne fit pas mourir les évêques orthodoxes, mais il défendit qu'on en substituât d'autres à ceux qui mouraient ; de sorte que, faute de pasteurs et de prêtres, les églises demeurèrent fermées et les peuples privés d'instruction et de sacrements.

8. ALARIC II RÈGNE A ARLES ET A TOULOUSE. 485-506.

Alaric II, fils d'Euric, lui succéda. Ce prince, en 490, secourut Théodoric, roi des Goths d'Italie ou Ostrogoths, et en 493 il épousa sa fille [1]. Alaric, à l'exemple de son père, persécuta les évêques catholiques, et sa conduite à leur égard le rendit odieux aux peuples de la Gaule. Clovis, roi des Francs, nouvellement converti à la foi, voulut tout ensemble satisfaire son ambition et montrer son zèle pour sa religion en attaquant Alaric. L'armée des Francs

---

[1] La nation des Goths habitait depuis quatre siècles avant l'ère chrétienne les bords du Danube. Ceux qui occupaient la rive droite ou occidentale étaient appelés Visigoths (Goths de l'ouest) ; ceux de la rive opposée s'appelaient Goths de l'Orient, ou Ost-Goths, Ostrogoths. Ceux qui avaient suivi Alaric et Ataulphe en Italie, puis en Gaule et en Espagne, étaient Visigoths ; ceux qui vinrent plus tard, sous la conduite de Théodoric, attaquer Odoacre et les Hérules, étaient Ostrogoths.

passa la Loire, s'empara de la Touraine et marcha vers Poitiers. Alaric, retranché sous les murs de cette ville, voulait attendre les secours de son beau-père; mais ses soldats le forcèrent à livrer la bataille. Il la perdit avec la vie, à Vouillé près de Poitiers (506). Clovis poursuivit ses succès, et en peu de temps toute la Gaule gothique lui resta soumise. Ainsi finit le royaume de Toulouse, après avoir subsisté quatre-vingt-neuf ans, à compter depuis l'an 419, que Wallia y établit le siège de son empire, jusqu'en 508 que Clovis entra victorieux dans cette ville.

9 GÉSALRIC. 507.

Les Goths, réfugiés au-delà des Pyrénées, élurent pour roi Gésalric, fils naturel d'Alaric, au préjudice d'Amalaric, fils légitime. Théodoric le Grand, roi des Ostrogoths d'Italie, mécontent de l'exclusion de son petit-fils, défait Gésalric par ses généraux. Gésalric passe en Afrique, revient en Espagne avec l'appui des Vandales, livre aux environs de Barcelone une seconde bataille, où il trouve à la fois le terme de ses espérances et de sa vie

10. AMALARIC RÈGNE A NARBONNE. 507-531.

Théodoric fit reconnaître sans peine son petit-fils Amalaric pour roi des Visigoths, ou plutôt il régna sous le nom de ce prince encore enfant, dont il confia la tutelle à Theudis, qui fut également chargé de la régence pendant toute la vie de Théodoric. A la mort de ce prince, arrivée en 526, Amalaric prit en main les rênes du gouvernement et épousa cette même année Clotilde, fille de Clovis, roi des Francs, princesse aussi zélée pour la foi catholique, qu'Amalaric l'était pour l'arianisme. Ce prince n'épargna ni caresses, ni menaces, ni violences, pour lui faire adopter ses erreurs. Clotilde fut inébranlable. Enfin, après avoir beaucoup souffert, elle prit le parti de porter ses plaintes à ses frères, et envoya au roi Childebert un mouchoir teint de son sang. Childebert indigné se met à la tête d'une armée, marche droit à Narbonne, défait Amalaric, qui fut tué selon les uns à Narbonne, selon d'autres en Espagne (décembre 531). En lui finit la maison de Théodoric I, qui avait donné six rois aux Goths.

11. THEUDIS RÈGNE A BARCELONE. 531-548.

Après la mort d'Amalaric, la royauté qui avait été héréditaire depuis Théodoric I redevint élective comme elle l'était autrefois. Theudis, qui avait long-temps gouverné la nation en qualité de régent, fut élu roi, et transféra le siège du gouvernement au-delà des Pyrénées. Il repoussa les Francs et refusa ses secours aux Vandales d'Afrique. Plus tard, il y passa pour tenter d'enlever Ceuta aux Romains et échoua complètement. De retour en Espagne, il fut poignardé dans son palais à Barcelone par un de ses sujets qui contrefaisait le fou. Il pardonna avant d'expirer à son assassin et défendit de le punir.

12. THEUDISÈLE. 548-550.

Un des généraux de Theudis, nommé Theudisèle, fut proclamé roi. Il ne régna que dix-huit mois et fut assassiné à Séville au milieu d'un festin.

13. AGILA RÈGNE A MÉRIDA. 550-554.

Agila fut élevé sur le trône par les chefs de la conspiration à laquelle Theudisèle venait de succomber. Son règne ne fut ni plus paisible ni plus heureux que celui de son prédécesseur. Plusieurs seigneurs se révoltent, prennent les armes, entraînent les habitants de Cordoue, marchent contre Agila et le défont. Les rebelles mettent ensuite Athanagilde à leur tête; celui-ci a recours à l'empereur Justinien, qui lui envoie une flotte commandée par le patrice Libère. Agila est défait et mis à mort, l'an 554, de concert entre les deux partis, qui se réunissent dans le choix d'Athanagilde pour roi. Agila faisait son séjour ordinaire à Mérida. Du temps de ce prince, le roi des Suèves se convertit à la foi catholique, par les soins de saint Martin, fondateur de l'abbaye de Dumes.

14. ATHANAGILDE RÈGNE A TOLÈDE. 554-567.

Athanagilde, après son élection, transféra son siège à Tolède, qui devint la capitale du royaume des Goths d'Espagne, prérogative qu'elle a conservée jusqu'à la destruction de cette monarchie. Athanagilde, plus heureux que la plupart de ses prédécesseurs, mourut de mort naturelle à Tolède, l'an 367, après treize ans de règne. Il laissa deux filles, qui toutes deux épousèrent des rois francs. Gassuinde, l'aînée, fut mariée à Chilpéric, et la cadette, Brunehaut, si fameuse dans notre histoire, à Sigebert, roi d'Austrasie.

15. LIUVA Ier RÈGNE A NARBONNE. 567-572.

Liuva, gouverneur de la Narbonnaise ou Septimanie, fut élu à Narbonne par les peuples de son gouvernement pour successeur d'Athanagilde. Le choix des peuples de Septimanie détermina celui des Goths d'Espagne, qui depuis la mort d'Athanagilde étaient partagés, et tous se réunirent en faveur de Liuva. Il établit sa résidence à Narbonne, qui devint une seconde fois la capitale du royaume des Visigoths. Un an ou deux après son élection, il s'associa son frère Leuvigilde et lui céda l'Espagne, ne se réservant que la Septimanie. Liuva mourut à Narbonne en 572, après cinq ans de règne.

16. LEUVIGILDE RÈGNE EN ESPAGNE. 572-586.

Leuvigilde, associé au trône par Liuva, réunit après la mort de son frère toute la domination des Visigoths, tant au-delà qu'en deçà des Pyrénées, ou l'Espagne proprement dite et la Septimanie. Il épousa en secondes noces Gassuinthe, veuve du roi Athanagilde et mère de Brunehaut. Cette alliance avec une femme dont le crédit, les richesses et l'ambition étaient extrêmes, lui ramena les mécontents et affermit la couronne sur sa tête. Alors il s'associa ses deux fils, Hermenégilde et Recarède, qu'il avait eus de sa première femme Théodosie, et les fit déclarer ses héritiers, du consentement de la nation.

Leuvigilde profita des circonstances malheureuses où se trouvait l'empire d'Orient pour chasser les Grecs qui occupaient encore, au nom de l'empire romain, quelques parties de l'Espagne. Il leur enleva Cordoue avec plusieurs autres places et les resserra ainsi du côté de la mer. Les persécutions qu'il faisait subir aux catholiques excitèrent quelques soulèvements dans l'Aragon ; Leugivilde les apaisa bientôt par la force des armes ; il pénétra ensuite dans la Galice, à dessein de la saccager et d'en dépouiller Mir, roi des Suèves, qui protégeait ouvertement les catholiques persécutés par le roi visigoth. Mir, à force de soumission, parvint à éloigner l'orage qui le menaçait.

Leuvigilde, après avoir pacifié ses états, s'appliqua à faire jouir le royaume des avantages de la paix ; il rétablit les villes ruinées et en fonda de nouvelles. Ce fut alors que pour inspirer plus de respect à ses peuples il prit le sceptre, la couronne, le manteau et les autres marques de la dignité royale. Avant lui les rois goths vivaient dans une grande simplicité et ne portaient aucun signe qui les distinguât de leurs sujets.

Pour affermir encore l'autorité dans sa famille, il fit épouser à son fils Hermenégilde, Igonde, fille de Sigebert et de Brunehaut ; mais cette alliance fut l'occasion de grands troubles dans le royaume et dans la famille de Leuvigilde. Ingonde était zélée catholique ; arrivée à la cour de Tolède, elle eut à souffrir d'indignes traitements de la part de son beau-père et de son aïeule Gassuinthe, qui voulaient la forcer à embrasser l'arianisme. Hémenégilde, pour soustraire sa femme aux persécutions de la reine, l'enleva de la cour et l'emmena en Andalousie, dont le gouvernement lui avait été cédé par son père. Bientôt Hermenégilde, pressé par les prières de sa pieuse épouse et éclairé par les instructions de saint Léandre, évêque de Séville, renonça à l'erreur et embrassa la foi catholique. Leuvigilde, instruit du changement de son fils, le rappela à la cour. Au lieu d'obéir, ce jeune prince fit un traité avec les Grecs et prit les armes ; mais trahi par le gouverneur grec, que Leuvigilde avait corrompu à force d'argent, il tomba bientôt entre les mains de son père qui le fit jeter dans un cachot à Tarragone, où il fut mis à mort pour n'avoir pas voulu recevoir la communion d'un évêque arien. C'est ainsi qu'il expia par le martyre, l'an 584 ou 585, le crime de sa rébellion. Ingonde, son épouse, tomba au pouvoir des Grecs, à qui Leuvigilde ne put l'arracher. Elle fut conduite en Sicile et mourut en allant à Constantinople.

En 585 Leuvigilde, profitant des troubles qui régnaient parmi les Suèves, attaqua les divers partis successivement, les défit, et en moins de trois mois conquit toutes leurs possessions et les réunit à ses états. Ainsi finit la domination des Suèves qui avait subsisté en Espagne cent quarante-six ans. Ce fut la dernière de ses expéditions. Son zèle pour l'arianisme, qui porta Leuvigilde à faire mourir son propre fils, ternit beaucoup la gloire de son règne ; car il peut passer d'ailleurs pour un des plus grands rois qu'aient eus les Visigoths, soit pour les expéditions militaires, soit pour l'administration de ses états. Cependant, sur la fin de sa vie, ce prince était bien revenu de ses préjugés contre les catholiques ; il avait rappelé les évêques, rendu les biens à ceux qu'il avait dépouillés ; enfin on croit qu'il mourut catholique (586).

17. RÉCARÈDE Ier 586-601.

Récarède, associé à la couronne dès le règne de son père, fut proclamé roi aux applaudissements de la nation. Depuis long-temps ce prince professait secrètement la religion catholique, mais la crainte de son père, et le sort d'Herménigilde l'avaient sans doute empêché de confesser publiquement sa foi. Dès qu'il se vit seul maître du trône, il convoqua une assemblée générale de tous les évêques catholiques et ariens, et de tous les grands de ses états, et là il abjura solennellement l'arianisme, après avoir exposé avec force les raisons qui lui faisaient prendre ce parti ; il invita ensuite les Goths à suivre son exemple, déclarant toutefois qu'il laissait à tous ses sujets la liberté de conscience. Ce discours fut reçu avec acclamation, et sa conversion fut suivie de celle de la plupart des évêques et des seigneurs de sa nation. Cette révolution dans la religion, que Récarède prépara avec sagesse et qu'il exécuta avec courage, lui gagna l'affection des Espagnols et des Suèves, qui depuis long-temps désiraient un roi catholique.

Dans le troisième concile de Tolède, tenu en 589 et où se trouvaient le roi, les évêques et tous les grands, l'hérésie d'Arius fut solennellement anathématisée. Ainsi c'est depuis ce concile que l'on doit compter la réunion de l'Espagne gothique à l'Eglise. On ne se contenta pas dans cette assemblée de proscrire les doctrines d'Arius, on fit des lois et des règlements pour l'administration civile. C'est à partir de cette époque, que les conciles devinrent en Espagne de véritables assemblées délibérantes, où les évêques partagèrent avec le roi et les grands le pouvoir législatif.

Cette même année, les Visigoths, conduits par le duc Claude; remportèrent une grande victoire sur l'armée du roi Gontran, commandée par le duc Boson, et se rendirent ensuite maîtres de Carcassonne. Depuis cette bataille, Gontran, qui avait toujours refusé la paix à Récarède, le laissa en repos, et les rois francs, ses successeurs, imitèrent son exemple; de sorte que les Goths restèrent paisibles possesseurs de la Septimanie jusqu'à l'invasion des Sarrasins.

Récarède mourut à Tolède, vers le mois de juin de l'an 601. Son mérite universellement reconnu le fit regretter de tous ses sujets.

18. LIUVA II. 601-603.

Liuva, fils naturel de Récarède, succéda à son père et régna à peine deux ans. Vitéric, l'un des principaux seigneurs des Visigoths, excita une révolte contre lui, se saisit de sa personne et le fit mourir, l'an 603.

19. VITÉRIC. 603-610.

Vitéric se fit élire roi par la nation. Après avoir joui sept ans du fruit de son crime, il fut assassiné l'an 610 au milieu d'un grand repas.

20. GONDEMAR. 610-612.

Gondemar, l'un des conjurés qui firent périr Vitéric lui succéda. Son règne, qui ne dura que deux ans, n'offre rien de remarquable qu'une expédition heureuse contre les Vascons. Il mourut au retour de cette expédition.

21. SISEBUT. 612-620.

Sisebut, recommandable par toutes sortes de bonnes qualités, par la piété, par la valeur, par la clémence, par l'amour de la justice et même des lettres et de l'éloquence, fut élu roi au mois de février 612. Il mit tous ses soins à faire régner la paix et la justice dans ses états, pendant les huit années qu'il occupa le trône. On le blâme néanmoins d'avoir publié une loi pour contraindre les Juifs à se faire baptiser, sous peine de mort, ce qui fit beaucoup de prosélytes et occasionna un grand nombre de fausses conversions. Saint Isidore, qui rend d'ailleurs justice aux vertus de Sisebut, condamne dans cette circonstance la conduite de ce prince « qui, dit-il, n'agit pas dans son zèle pieux selon la sagesse, et qui contraignit par la violence ce qu'il fallait persuader par le raisonnement. »

Sisebut, dans une expédition qu'il dirigea en personne contre les Grecs, qui possédaient encore tout le littoral à l'est du détroit jusqu'à Valence et le sud du Portugal, les vainquit deux fois en bataille rangée. L'empereur Héraclius abandonna alors ces possessions lointaines qu'il ne pouvait plus garder et les céda à Sisebut, à l'exception de quelques villes dans les Algarves. Ainsi les Goths se trouvèrent seuls maîtres de toute la Péninsule. Sous son règne, la marine des Goths commença à prendre quelque importance; on lui attribue la conquête de Ceuta et de Tanger en Afrique, que les Espagnols possédèrent jusqu'à la conquête arabe. Sisebut mourut empoisonné, suivant quelques historiens, ou selon d'autres, des suites d'une médecine trop violente (sur la fin de l'an 620 ou au commencement de 621).

22. RÉCARÈDE II. 621.

Récarède II, fils et successeur de Sisebut, mérite à peine d'être compté parmi les rois goths; il ne survécut que trois mois à son père.

SUINTILA. 621-631.

La réputation de sagesse et de valeur que Suintila s'était acquise, sous le règne de Sisebut, détermina les grands du royaume à lui mettre la couronne sur la tête, et, durant plusieurs années, il ne démentit pas l'opinion avantageuse qu'on avait sur son compte. Il acheva d'expulser les Grecs de l'Espagne et repoussa les incursions des Vascons ou Cantabres, qu'il força de bâtir une ville destinée à servir de barrière contre leurs invasions à venir. Cette place, nommée *Oligito*, est aujourd'hui Olite en Navarre.

Suintila, se croyant sans doute solidement établi sur le trône, songea à le rendre héréditaire dans sa famille ; il associa à l'empire son fils Ricimer, et laissa prendre à sa femme Théodore et à son frère Geila une trop large part du pouvoir. Bientôt les vertus du monarque, corrompues par la prospérité, firent place aux vices opposés, et la haine remplaça dans tous les cœurs le respect et l'affection qu'il avait jusque-là inspirés. Des conspirations se formèrent ; elles furent découvertes et réprimées avec une rigueur qui irrita encore la haine de ses ennemis.

Sisenand, d'une noble famille des Goths, mettant à profit cette disposition des esprits, leva l'étendard de la révolte, après avoir toutefois obtenu des secours de Dagobert, roi des Francs, en lui promettant en retour un vase en or pesant cinq cents livres, que le roi Thorismond avait reçu du patrice Aëtius, en mémoire de la victoire de Châlons. Sisenand, secondé par l'armée des Francs, souleva la Septimanie ; Suintila marcha à sa rencontre jusqu'à Saragosse ; mais son armée l'abandonna et les Francs entrèrent sans obstacle à Saragosse. Suintila fut aussitôt déposé et Sisenand proclamé roi et reconnu par toute la nation, en dépit de cette honteuse investiture qu'il recevait de l'étranger (621).

24. SISENAND. 631-636.

Les Francs reprirent la route de la Gaule, et Sisenand, fidèle à sa promesse, envoya à Dagobert le riche joyau qu'il avait promis pour prix de sa couronne. Mais les Goths, qui tenaient à ce trophée populaire, reprirent de force le présent d'Aëtius, que Sisenand remplaça par deux cent mille *solidi*. L'histoire ne dit pas quel fut le sort de Suintila et de son fils après leur déposition.

Sisenand, pour s'affermir sur le trône, convoqua en 633 un concile national à Tolède. Là il fut de nouveau proclamé, et Suintila, déclaré indigne, fut excommunié avec toute sa famille.

Après cinq ans d'un règne assez tranquille, Sisenand mourut paisiblement à Tolède (636).

25. CHINTILA. 636-640.

Chintila fut élu pour lui succéder. Le cinquième concile de Tolède, tenu la même année, confirma son élection et prononça excommunication contre quiconque oserait prétendre au trône, *s'il n'était issu de l'illustre sang des Goths*. Ce concile est l'époque du droit d'élection conféré à l'assemblée des grands, composée d'évêques et de seigneurs. Chintila ne régna que trois ans et huit mois. Il mourut à Tolède, laissant la couronne à Tulca, son fils, qu'il avait fait élire dans un concile avant sa mort.

26. TULCA OU TULGA. 640-642.

Tulca, bien jeune encore, n'avait pas les rudes vertus nécessaires pour tenir en bride cette race indocile des Goths. Un des grands, Chindaswinth, vieux guerrier de noble race, que quelques historiens prétendent fils du roi Suintila, s'empara du jeune roi, lui fit couper les cheveux et le força à se faire moine (642).

27. CHINDASWINTH. 642-653.

Chindaswinth fut proclamé par une partie des grands; il réprima par la terreur ceux qui formèrent des complots contre lui; il rechercha même et punit ceux qui avaient pris part aux révoltes sous ses prédécesseurs depuis quarante ans, oubliant que lui-même, coupable du même crime, n'avait que le succès pour excuse. Enfin sûr d'un pouvoir qu'il avait affermi par la crainte, il songea à le faire reconnaître et légitimer par un concile national qu'il assembla en 646 à Tolède. Trois ans après, il associa à l'empire, du consentement des grands et du clergé, son fils Receswinth. Chindaswinth vécut encore trois ans, prenant peu de part aux affaires, à cause de son grand âge. Il mourut enfin en 653, à l'âge de quatre-vingt-dix ans.

28. RECESWINTH. 653.-672.

Le règne de Receswinth fut le plus long que l'on rencontre dans les annales des rois goths; il dura vingt-quatre ans, à compter de l'année qu'il fut associé au trône; ce fut aussi l'un des plus paisibles et des plus heureux de l'histoire gothique et le moins fertile en évènements; car ce pieux et bon roi eut, comme Antonin, le rare privilège de ne pas fournir de matériaux à l'histoire. Sous ce règne, l'autorité des consuls s'accrut considérablement; le droit d'élection leur fut de nouveau confirmé, et le roi s'obligea à ne lever d'impôts que du consentement et à la volonté de la nation, représentée par les conciles. En vertu de ces restrictions mises à l'autorité royale, tout devait se régler et recevoir la sanction législative dans les conciles nationaux, à la pluralité des voix. Ainsi les conciles ont été des sortes d'assemblées représentatives dans la monarchie des Goths d'Espagne.

« Receswinth, dit Lucas de Muy, était si doux et si humble de cœur, qu'il avait l'air d'un sujet au milieu de ses sujets. » Il mourut à Gerticos, près de Salamanque, en 672.

29. WAMBA. 652-680.

Les grands, assemblés autour du lit de mort de Receswinth, à Gerticos, élurent à l'unanimité Wamba, noble goth, d'un âge déjà mûr et que ses vertus désignaient à leur choix. Wamba refusa obstinément cet honneur, et ne céda enfin qu'aux prières et aux larmes des grands qui le conjurèrent de l'accepter. L'un d'eux même alla jusqu'à le menacer de son épée, en lui disant : « Choisis ce glaive ou la couronne. » Le 19 septembre suivant il fut sacré à Tolède par l'archevêque de cette ville.

A peine était-il monté au pouvoir, que les Vascons et les peuples de la Septimanie se soulevèrent contre lui. Wamba marcha en personne contre les Vascons et envoya dans la Gaule une armée commandée par Paul, grec d'origine, resté sans doute en Espagne après l'expulsion de ses compatriotes. Mais, tandis qu'il était occupé de soumettre les Vascons, il apprend que Paul vient se joindre aux rebelles. Aussitôt il traverse les Pyrénées, prend Narbonne et Nîmes, s'empare du traître, et, maître de sa vie, se contente de l'enfermer pour le reste de ses jours.

Rentré vainqueur dans ses états, Wamba s'occupa de règlements et de lois pour l'administration de son royaume. C'est pendant ce règne, le dernier qui brille encore de quelque gloire, que les Arabes ou Sarrasins, venus d'Orient en Afrique, parurent pour la première fois sur les côtes d'Espagne qu'ils devaient bientôt conquérir. Ils traversèrent le détroit de Gibraltar avec deux cent soixante et dix barques, et tentèrent une descente du côté d'Algésiras ; mais Wamba, instruit d'avance de leurs projets, attaqua leur flotte, la détruisit presque tout entière et à peine quelques petits bâtiments purent-ils repasser la mer. Ainsi la conquête musulmane, avant même de toucher le sol espagnol, débuta par une défaite et laissa à Wamba l'honneur d'avoir retardé de trente ans l'asservissement de sa patrie.

Tandis que Wamba exerçait avec sagesse et même avec gloire l'autorité royale, une trame sourdement ourdie vint le précipiter du trône. Le comte Ervige, fils d'Andabaste, grec d'origine, fit prendre au roi un puissant narcotique, qui le jeta dans un sommeil léthargique et le priva de tout sentiment; dans cet état, on se hâta de lui couper la barbe et les cheveux et de le revêtir, selon la coutume, d'un habit de pénitent. Wamba, qui s'était endormi roi, fut bien étonné de se réveiller moine et pénitent; il prit son parti et se détermina à aller accomplir dans un monastère la pénitence qu'il n'avait pas demandée. Avant son départ, il sollicita les grands d'élire Ervige, dont il ignorait l'infâme trahison (680). Wamba mourut dans son cloître le 4 novembre 683.

30. ERVIGE. 680-687.

Ervige, appuyé du crédit et des créatures de Wamba, fut élu roi sans opposition; mais bientôt sa perfidie fut connue et indigna toute la nation. Ervige, pour prévenir les suites du mécontentement général, se hâta de convoquer le douzième concile de Tolède, afin de faire confirmer son élection, bien sûr que quand les évêques se seraient déclarés pour lui, aucun Goth ne serait assez hardi pour lui contester la couronne. A force de soumissions et de bassesses, il parvint à gagner les membres du concile [1]; et pour apaiser le parti de Wamba, il donna sa fille en mariage à Egiza, neveu du roi détrôné, avec promesse de le faire son successeur. Cet expédient et l'approbation du concile réunirent les esprits et assurèrent la paix à la monarchie.

Le treizième concile de Tolède, tenu sous le règne de ce prince, déclare que le roi ne pourra, sous peine d'être excommunié, dégrader, ni condamner à une peine quelconque un évêque ou un palatin; mais que si quelqu'un d'entre eux se trouve coupable, son procès lui sera fait par les évêques et les palatins assemblés qui le jugeront

---

[1] Coram sacerdotibus humo prostratus, *dit la chronique*, cum lacrymis et gemitibus pro se interveniendum Domino postulavit.

et le puniront conformément aux lois du royaume. Ainsi le jugement par les pairs se trouve établi dans le code de la monarchie gothique.

Ervige mourut à Tolède le 15 novembre 687 : la veille de sa mort, il abdiqua la couronne, du consentement des évêques et des palatins, en faveur de son gendre Egiza. C'est sous le règne d'Ervige que s'opéra complètement la fusion entre la nation conquérante avec la nation conquise.

31. EGIZA. 687-701.

Egiza, désigné roi par Ervige, fut confirmé par toute la nation et sacré le 24 novembre suivant. Il ne fut pas plus tôt sur le trône qu'il répudia Cixilane, fille d'Ervige, et prit une autre femme. Sisebut, archevêque de Tolède, parent de Cixilane, conspira contre le roi, pour venger l'affront qu'il avait fait à cette princesse. Egiza convoqua aussitôt un concile qui déposa Sisebut et le fit enfermer dans un monastère. Le reste de son règne, qui dura quatorze ans, fut assez tranquille. En 698, il associa à la couronne son fils Vitiza, du consentement de la nation, et, pour l'accoutumer à régner par lui-même, il lui céda tout ce qui composait le royaume des Suèves; le jeune roi établit sa cour à Tuy, ville de Galice, alors riche et puissante. Egiza mourut trois ans après avoir assuré le trône à son fils (701).

32. VITIZA. 701-710.

A la nouvelle de la mort de son père, Vitiza accourut à Tolède et s'y fit sacrer le 15 novembre. Ce prince donna d'abord de grandes espérances à ses peuples, par sa bonté, sa libéralité, sa clémence et toutes les vertus en un mot qui pouvaient faire croire à un règne heureux et tranquille. Mais ces beaux commencements ne durèrent pas, et le reste de sa vie, Vitiza ne fut plus qu'un tyran cruel, avare, impie et débauché. Ces excès indignèrent la nation et excitèrent plusieurs soulèvements qui furent réprimés par la vigilance du ministre de Vitiza. Le duc Théodefrède, père de Rodrigue, le dernier roi des Goths, auteur d'une de ces conspirations, fut relégué à Cordoue, après avoir eu les yeux crevés.

Pendant ce temps-là, les Arabes enlevaient Tanger aux Espagnols, échouaient devant Ceuta, défendue par le comte Julien, et débarquaient en Andalousie, d'où ils retournaient en Afrique, chargés de dépouilles et pleins de mépris pour les Goths, qui ne firent pas la moindre résistance ; ces expéditions animèrent leur courage et la conquête de l'Espagne fut décidée.

Enfin Rodrigue, fils du duc Théodefrède, résolut de venger son père et de détrôner le tyran. Il eut bientôt un parti nombreux qui le proclama roi et l'aida à renverser Vitiza.

33ᵉ ET DERNIER ROI GOTH D'ESPAGNE.

RODRIGUE. 710-712.

Rodrigue fut reconnu roi par la plus grande partie des grands. Les auteurs varient sur le sort qu'éprouva Vitiza ; l'opinion la plus commune est que Rodrigue lui fit subir le même traitement qu'il avait fait à son père et le relégua à Cordoue, où il mourut peu de temps après. La même obscurité enveloppe le règne de Rodrigue et les causes qui amenèrent la révolution dont nous allons parler. La critique sévère des modernes relègue au rang des fables les prétendus outrages que le roi Rodrigue aurait faits à la fille du comte Julien, outrages qui auraient déterminé celui-ci à trahir sa patrie et à la livrer aux Arabes. Ce qui paraît beaucoup plus vrai, c'est que la trahison du comte Julien fut la suite d'une vaste conjuration tramée par les fils et par les frères de Vitiza ; que le comte Julien, gouverneur de Ceuta, ainsi que beaucoup d'autres seigneurs goths, entrèrent dans le complot ; mais que, n'ayant pu former en Espagne une ligue assez forte pour détrôner Rodrigue, ils prirent le parti d'implorer le secours des Sarrasins d'Afrique. Musa ou Monsa commandait dans ce pays pour le calife Valid, souverain de Damas. Ils s'adressèrent à ce gouverneur, lui offrant une partie de l'Espagne, dont le reste appartiendrait à un des fils de Vitiza. Depuis long-temps les Arabes jetaient un œil d'envie sur ces belles plaines de l'Espagne, voisines de la mer, objet constant de la cupidité de tous les peuples qui les ont connues. L'espérance de faire une aussi belle conquête, et la gloire d'être le premier, parmi les Arabes, qui portât les armes des califes en Europe, excitèrent toute l'ambition de Musa ; il n'eut garde de refuser les offres et les conditions du comte Julien et des conjurés, bien résolu de rompre le traité s'il se voyait jamais en possession de l'Espagne. Cependant il n'osa rien conclure sans en avoir fait part auparavant au calife Valid. Ce prince lui ordonna d'armer quelques vaisseaux, montés d'un petit nombre de soldats, pour tenter une reconnaissance et éprouver ainsi la bonne foi du comte Julien et de ses complices. Aussitôt Musa fit équiper quatre vaisseaux montés par quatre cents hommes, sous la conduite de Tarif-ben-Malik.

A peine les Arabes eurent-ils abordé en Espagne, que les vassaux du comte Julien allèrent à leur rencontre ; ils leur servirent de guides et les aidèrent à ravager les terres et à piller les habitations. Après avoir parcouru une assez grande étendue de terrain sans rencontrer d'obstacles, les Arabes remirent à la voile et retournèrent en Afrique.

Ces premiers succès encouragèrent Musa. Il fit donc armer une flotte plus considérable, chargée de sept mille hommes, tant infanterie que cavalerie, dont il donna le commandement à Tarik-ben-Ziad-ben-Abdallah, officier d'un rare mérite, qui avait servi avec distinction sous Musa, dans les guerres d'Afrique. La flotte vint mouiller au pied du mont Calpé et soumit Héraclée, ville située sur cette montagne. Les soldats de Tarik donnèrent alors au mont Calpé le nom de *Djebel Tarik* (montagne de Tarik), d'où l'on a fait Gibraltar.

Après s'être rendu maître de cette importante position, Tarik marcha vers Algésiras, qui n'opposa qu'une faible résistance. Il rencontra un corps de troupes espagnoles commandées par Sanche, parent du roi Rodrigue. Les soldats chrétiens soutinrent à peine la vue des Arabes et s'enfuirent honteusement, après avoir abandonné leur général, qui périt du moins en combattant glorieusement. Tarik, maître de la campagne, poursuivit ses avantages et ravagea toute l'Andalousie.

La défaite de Sanche consterna Rodrigue et toute sa cour; le désir d'effacer la honte de la dernière bataille et plus encore la crainte de perdre une couronne qui chancelait déjà sur sa tête, réveillèrent ce prince de l'engourdissement où il semblait plongé. Il fait un appel aux armes à toute la nation, et bientôt il se voit à la tête d'une armée de cent mille hommes. Cependant Tarik, qui n'avait que sept mille hommes à opposer à des forces si supérieures, se hâta de demander des renforts à Musa. Celui-ci lui envoya douze mille hommes, auxquels se joignirent les troupes que le comte Julien avait levées dans les villes de sa dépendance. Toutes ces troupes ne formaient guère que le tiers de l'armée chrétienne; mais ces Arabes, endurcis aux fatigues de la guerre, étaient habitués à vaincre et à ne pas compter leurs ennemis, et de plus ils étaient encore animés par l'enthousiasme fanatique ordinaire aux nouveaux sectaires et par l'appât d'un riche butin.

Le 11 novembre 712, les deux armées se rencontrèrent sur les bords du Guadalète, non loin de Xérès de la Frontera, le combat fut long et acharné; Rodrigue déploya un courage digne d'un meilleur sort. Long-temps la victoire fut balancée; enfin la défection des fils de Vitiza, qui, au fort de la mêlée, quittèrent les rangs de l'armée chrétienne, avec tous leurs partisans et se joignirent aux ennemis, décida du sort de cette journée. Cette défection jeta le découragement parmi les Goths, qui prirent aussitôt la fuite. Rodrigue fit des efforts inouis pour les rallier ; ce prince infortuné voyant la déroute entière de son armée, et craignant de tomber entre les mains de ses ennemis, fut obligé lui-même de prendre la fuite ; mais il se noya en passant la rivière de Guadalète. D'autres prétendent qu'il survécut à ce désastre et qu'il se retira dans une solitude, où il passa le reste de ses jours dans la pénitence et dans l'obscurité. C'est ce que semblerait attester une inscription trouvée deux cents ans après sur un tombeau aux environs de Viseu en Portugal ; on y lisait ces mots : « *Ci gît Rodrigue, dernier roi des Goths.* »

Cette bataille mémorable de Xérès ou de Guadalète mit fin au royaume des Goths, qui avait duré près de trois cents ans, depuis l'établissement de leur domination à Toulouse, en 419.

CHAPITRE III.

Depuis la conquête arabe et la fondation du royaume des Asturies jusqu'à la première réunion des royaumes de Castille et de Léon.

PÉRIODE DE TROIS CENT VINGT-CINQ ANS, DE **712** A **1037**.

Les Arabes, qui vont jouer un rôle si important en Espagne, étaient encore animés de toute la ferveur que leur avait inspirée leur prophète Mahomet. Devenus conquérants, presqu'aussitôt qu'ils eurent embrassé l'islamisme, ils s'étaient emparés, en moins de vingt ans, de l'Arabie, de la Palestine, de la Syrie, de l'Egypte et de la plus grande partie de la Perse. Sous le calife Osman, troisième successeur de Mahomet, les Arabes entreprirent la conquête de l'Afrique, ou du moins de la partie de cette contrée qui avait appartenu à l'empire romain, c'est-à-dire l'ancien royaume de Carthage, la Numidie et les deux Mauritanies (la première Mauritanie appelée *Césarienne* comprenait à peu près l'Algérie actuelle, et la seconde, appelée *Tigitane*, forme aujourd'hui l'empire de Maroc). La conquête de cette contrée, commencée en 647 (an 27 de l'Hégire), fut achevée avant la fin du septième siècle, sous le calife Valid, par Musa qui devait aussi soumettre l'Espagne aux califes. Après la bataille de Xérès, Tarik profita rapidement de ses succès? Séville, Cordoue et toute l'Andalousie se soumirent ; une nouvelle armée de Goths fut vaincue et dissipée, et la terreur se répandit dans tout le royaume.

Muza, ne voulant pas laisser à son lieutenant toute la gloire d'une si belle conquête, ne tarda pas à venir en personne, suivi d'un nouvel essaim de Maures pour la continuer [1]. Le petit nombre d'habitants qui parvinrent à se soustraire à l'esclavage ou à la mort, ne trouvèrent un asile sûr que dans les cavernes des montagnes les plus inaccessibles. Enfin cinq ans s'étaient écoulés à peine depuis le débarquement de Tarik, que toute l'Espagne fut courbée sous le joug musulman, à l'exception de quelques cantons stériles des Asturies, de la Cantabrie (Aragon) et de la Navarre, que les Maures ne purent ou ne voulurent pas occuper.

Sous les successeurs de Musa, les Maures, continuant leurs conquêtes, franchirent les Pyrénées et s'emparèrent de toutes les possessions qu'avaient eues les Goths dans la Gaule et qui comprenaient le Roussillon et une partie du Languedoc.

ROIS D'ESPAGNE DEPUIS L'INVASION DES MAURES.

PÉLAGE Ier ROI DES ASTURIES. 718-737.

Tandis que le vice-roi d'Espagne Alhahor se préparait à la conquête de la Gaule, gouvernée alors par les descendants dégénérés de Clovis, ou plutôt par les maires du palais, les Goths réfugiés dans les Asturies élurent pour roi Pélage, prince du sang royal, échappé, dit-on, au désastre de Xérès [2].

[1] On a donné ordinairement le nom de *Maures* aux arabes venus d'Afrique en Espagne, parce qu'ils sortaient de la Mauritanie.

[2] Tout le commencement de cette histoire, et même celle des premiers siècles qui ont suivi la destruction de la monarchie des

Le bruit de ce mouvement de la population asturienne et de l'acte d'indépendance qu'elle venait de faire en se donnant un roi, se répandit bientôt parmi les Arabes. Zama, qui verait de succéder à Alhahor dans le gouvernement de l'Afrique musulmane, ne jugeant point ce mouvement assez important pour l'occuper lui-même, chargea un de ses lieutenants, nommé Askhaman, de le réprimer et de contraindre les rebelles à payer tribut. Pélage, averti de l'approche de l'armée musulmane, retrancha sa petite troupe dans un défilé du mont Auséba et se mit lui-même, avec deux cents hommes, en embuscade dans une caverne nommée Covadunga. Les Arabes n'hésitèrent pas à s'engager dans cette gorge, où un petit nombre d'hommes pouvait suffire à mettre en déroute toute une armée. Celle d'Askhaman fut écrasée, et lui-même périt en combattant (719).

Zama ne songea point à venger la mort de son lieutenant. Un plus vaste dessein occupait alors sa pensée ; il voulait achever de soumettre la Septimanie et pousser ses conquêtes dans toute la Gaule. Il appela tous les fidèles à la guerre sainte *(el djihed)* ; et bientôt, à la tête d'une armée innombrable, il franchit les Pyrénées. Narbonne ne put d'abord résister à ses armes ; elle se rendit après vingt-huit jours de siège. Béziers, Maguelonne, Agatha furent rapidement soumises, et Zama porta jusqu'au-delà du Rhône la terreur des armes musulmanes. Après une excursion en Provence, il remonta vers la Bourgogne, prit et saccagea plusieurs villes et revint triomphant vers Narbonne, chargé de dépouilles et suivi de nombreux captifs.

Goths par les Sarrasins est très-obscur. Plusieurs principautés, avec le nom fastueux de royaume, s'élèvent à côté les unes des autres, se mêlent, se divisent de nouveau, et s'unissent enfin à de moins nombreuses et de plus vastes agrégations politiques. Nous suivrons la chronologie des rois des Asturies, de Léon et de Castille, comme étant celle de la monarchie la plus ancienne et la principale de l'Espagne, en ayant soin de faire connaître sommairement l'histoire des autres royaumes contemporains.

Il tourna ensuite ses armes vers l'Aquitaine et vint mettre le siège devant Toulouse. Eudes, duc d'Aquitaine, guerrier hardi et bon administrateur, accourut à la défense de sa capitale avec une armée considérable. Le 11 mai 721, une bataille sanglante s'engagea sous les murs de Toulouse; Zama y perdit la vie et les deux tiers de son armée restèrent sur le champ de bataille [1]. Le reste fut rallié par Abdérame, l'un des chefs qui s'étaient le plus distingués dans le combat, et ce général parvint à les ramener vers Narbonne, malgré la poursuite active du duc Eudes. A Narbonne, les Arabes reconnurent Abdérame pour leur *émir* ou chef, mais ce choix ne fut pas confirmé par le gouverneur d'Afrique, qui avait l'Espagne sous sa dépendance. Il nomma à ce poste Ambessa ou Ambiza, homme généralement estimé pour sa prudence et sa valeur.

Pour venger la défaite de Toulouse, Ambessa envoya plusieurs corps au-delà des Pyrénées; mais ils cherchèrent en vain à recouvrer les places dont les Arabes avaient été expulsés. Narbonne seule leur restait; c'était la place d'armes des musulmans et leur centre d'opération. Dans les diverses courses qu'ils firent à l'est, ces détachements eurent presque toujours le dessous. Enfin Ambessa résolut de se mettre lui-même à la tête d'une expédition. Il attaqua et enleva d'assaut Carcassonne, qui avait résisté jusqu'alors. Il se dirigea ensuite sur Nîmes, qui capitula; puis, remontant la vallée du Rhône, il prit Lyon : et, suivant le cours de la Saône jusqu'en Bourgogne, il prit et pilla Autun (22 août 725). Il revint ensuite chargé de dépouilles et satisfait d'avoir couru et reconnu ainsi le pays. Mais cette incursion en Bourgogne lui fut fatale. Dans un des nombreux combats qu'il eut à livrer, il avait été blessé

---

[1] Paul Diacre, qui éérivait sous Charlemagne, porte le nombre des Sarrasins tués à la bataille de Toulouse trois cent soixante-quinze mille; nous n'avons pas besoin de relever l'exagération de ce chiffre.

plusieurs fois et il mourut, avant d'arriver à Narbonne, des suites de ses blessures.

Trois émirs ou gouverneurs administrèrent successivement l'Espagne jusqu'en 729; aucun d'eux ne fit rien qui mérite de fixer l'attention de l'histoire. Enfin, Abdérame, celui que l'armée avait déjà voulu nommer émir après la bataille de Toulouse, fut élevé à cette dignité par Mohammed, plénipotentiaire du calife Hescham (729).

Abdérame (Abd-el-Rhaman), prit à tâche, dès son entrée au pouvoir, de disposer toutes choses pour la conquête de la *grande terre* au-delà des Pyrénées (c'était ainsi que les Arabes désignaient la Gaule). Au commencement de l'année 732, Abdérame traversa les Pyrénées, entra dans la Novempopulanie, et s'avança dans les états d'Eudes d'Aquitaine par les Vallées du Bigorre et du Béarn. Son immense armée se répandit comme un torrent dévastateur dans toute cette contrée. Oleron, Aire, Bazas, furent saccagées; Bordeaux, qui essaya de résister, fut emporté et pillé. Eudes, avec une armée nombreuse d'Aquitains, tenta d'arrêter l'armée musulmane sur les bords de la Dordogne; il fut complètement défait, et les Sarrasins se virent maîtres de toute l'Aquitaine. Ils poursuivirent leurs ravages et marchèrent en avant sans trouver de résistance jusqu'à Poitiers. Ils prirent et brulèrent un des faubourgs qui était ouvert; mais l'enceinte fortifiée de la ville résista à leurs attaques. Abdérame laissa un corps suffisant de troupes autour de Poitiers et marcha ensuite vers Tours. Il atteignit enfin ce fertile bassin de la Loire, qui offrait une si grasse proie à ses soldats, gorgés de butin. Déjà, suivant quelques historiens, l'armée musulmane avait pillé les faubourgs de Tours et se préparait à donner l'assaut à la ville, excité par l'appât des immenses richesses enfermées dans l'église de Saint-Martin, lorsqu'Abdérame apprit que Charles Martel s'avançait à marches forcées avec la nombreuse armée des Francs. Il fallut s'apprêter à combattre ce nouvel ennemi. Les deux armées ne tardèrent pas à se rencontrer, les uns disent dans les environs de Tours, les autres auprès de Poitiers. Les Sarrasins furent entièrement défaits et Abdérame trouva la mort sur le champ de bataille, où restèrent, suivant les historiens du temps, trois cent soixante-quinze mille des siens (octobre 732).

Cette journée, si glorieuse pour Charles Martel, marqua le terme de l'agrandissement des Arabes en Occident et jeta le découragement chez les Arabes d'Espagne. Cependant Abdelméleck, successeur d'Abdérame, s'efforça de rassurer les croyants, de ranimer leur ardeur, et les pressa de se porter, sans perdre de temps, au secours des provinces menacées au-delà des Pyrénées; plusieurs corps passèrent les monts, sous la conduite des meilleurs chefs restés en Espagne. Mais la déroute de Poitiers avait partout relevé le courage des chrétiens; les généraux d'Abdelméleck furent battus près d'Avignon, et lui-même, voulant aller à leur secours, éprouva dans les Pyrénées un échec qui le força de revenir sur ses pas. Ce revers lui enleva la confiance des Arabes, et le gouverneur de l'Afrique lui retira le commandement qu'il confia à son propre frère Okbah.

Le nouvel émir se disposait à passer les Pyrénées, lorsqu'il fut tout-à-coup rappelé en Afrique par la nouvelle d'une formidable révolte des Berbères, qui y mettait en péril la puissance du calife (737).

Tandis que les Arabes cherchaient à étendre leur domination dans la Gaule et à l'affermir dans l'Afrique, ils la croyaient inébranlablement établie en Espagne et ils ne s'apercevaient pas qu'au milieu des montagnes des Asturies se formait le noyau d'une puissance, destinée à combattre la leur et à en triompher. La victoire de Pélage à Covadunga avait étendu au loin son crédit et sa renommée. Une foule de chrétiens, de toutes les parties de l'Espagne musulmane, accoururent dans les Asturies pour y trouver un asile; une retraite contre l'envahissement de l'islamisme et pour y professer publiquement leur croyance au milieu de leurs frères, chrétiens comme eux. C'est ainsi que le premier noyau de la population des Asturies se grossit peu à peu par des agrégations successives de Goths et d'Espagnols, qui se retiraient des provinces occupées par les musulmans.

La paix que les Arabes laissèrent à Pélage, peut-être par mépris, plus sûrement parce que ce pays ne leur paraissait pas valoir la peine d'être conquis, fut employée par lui à organiser son nouveau peuple. Telle fut l'humble, mais glorieuse origine de la monarchie catholique en Espagne.

Après un règne de dix-neuf ans, Pélage mourut le 18 septembre 737; son corps fut inhumé dans l'église de Sainte-Eulalie, qu'il avait fait bâtir. Sa mémoire est restée chère aux Espagnols dont il a relevé et fondé de nouveau la monarchie.

FAVILA. 737-739.

Favila, fils de Pélage, fut proclamé roi à la place de son père.

Dans l'Espagne musulmane, Okbah fit enfermer son prédécesseur Abdelméleck, qui avait étrangement abusé de son pouvoir.

Pampelune est abandonnée par les Arabes; les chrétiens s'y établissent.

Après un règne de deux ans, Favila fut tué à la chasse par un ours. C'était un prince faible, inappliqué et d'un génie très-borné.

ALPHONSE Ier DIT LE CATHOLIQUE. 739-757.

Alphonse, gendre de Pélage, fut élu roi par les seigneurs.

Sous son règne, commencèrent entre les musulmans ces guerres civiles qui furent si favorables aux chrétiens. Okbah, après avoir terminé la guerre des Berbères en Afrique, revint en Espagne qu'il administra avec sagesse ; mais il mourut bientôt, et Abdelméleck fut tiré de prison et replacé à la tête du gouvernement. Les Berbères se soulevèrent de nouveau en Afrique et en Espagne ; Abdelméleck remporta deux victoires sur les rebelles ; mais il fut victime d'une révolte de ses propres troupes, qui le massacrèrent dans son palais de Cordoue (742). L'Espagne, après sa mort, resta deux ans sans gouverneur.

Alphonse sut profiter de toutes ces guerres civiles pour étendre les limites de ses états. En 742 il enleva aux Sarrasins la meilleure partie de la Galice ; en 743 il s'empara d'Astorga, et l'année suivante de Léon, de Sardagna, etc., et de tous les pays situés près des montagnes. Enfin, l'an 746 et 747, il chassa entièrement les infidèles de la Galice et de toutes les villes de Léon et de Castille.

Les dissensions des musulmans favorisaient singulièrement les succès des chrétiens, et il n'est pas douteux que si la guerre civile eût déchiré plus long-temps les contrées occupées par les Arabes, ceux-ci se seraient vus bientôt chassés de l'Espagne en aussi peu de temps qu'ils en avaient mis à la conquérir. Mais une révolution qui éclata alors dans le califat vint changer la face des choses, et réunir sous une même autorité toutes les fractions divisées de l'Espagne mahométane.

Les Arabes d'Espagne avaient toujours été fort attachés aux califes Ommiades. Ils regardaient les Abassides comme des usurpateurs et ils plaignaient le sort des malheureux Ommiades, victimes de l'ambition de leurs rivaux. Ils n'eurent pas plus tôt appris qu'un prince Ommiade, Abdérame, seul échappé au massacre de sa famille et dernier rejeton de cette illustre maison, s'était réfugié en Afrique, que les vœux de tous les Arabes se tournèrent de son côté. Ils lui députèrent les principaux chefs des tribus pour l'inviter à se rendre en Espagne et pour lui jurer en leur nom une obéissance et une fidélité à toute épreuve. Après quelques moments d'hésitation, Abdérame partit pour l'Espagne et y arriva dans le mois d'août 755. Malaca, Sidonia, Séville, lui ouvrirent leurs portes et embrassèrent son parti. Ce prince, débarqué seul en Andalousie, se vit bientôt à la tête d'une armée assez forte pour achever de soumettre l'Espagne. Toutefois, il ne parvint pas à terminer cette entreprise sans rencontrer une forte résistance. Iousef-el-Fahri, gouverneur de l'Espagne pour le calife Abasside, voulut s'opposer à ses progrès; mais il fut battu sur les bords du Guadalquivir (756). Cordoue et toute l'Andalousie reconnaissent Abdérame pour leur souverain. L'année suivante, Iousef assiégé dans Grenade est contraint de lui promettre obéissance et fidélité : mais cette soumission dure peu. Il se révolta en 758; battu et poursuivi par Abdérame, il est obligé de se réfugier à Tolède dont les habitants lui coupent la tête et l'envoient au vainqueur, dans la crainte d'être punis comme partisans de sa rébellion. Cette mort ayant affermi la couronne sur la tête d'Abdérame, il prend le titre d'*Emir-et-Mouménim*, dont on a fait le mot Miramolin, c'est-à-dire suprême seigneur des croyants.

Quelque temps avant cet évènement, Alphonse I était mort, sans savoir qui, du calife de Damas ou de l'Emir-el-Mouménim, allait rester maître de l'Espagne.

FROILA Ier ROI D'OVIÉDO. 757-768.

ABDÉRAME Ier A CORDOUE.

Froila, fils d'Alphonse, est élu d'un consentement unanime roi des Asturies. La première année de son règne, il rappela les évêques dispersés par l'invasion du mahométisme, et, de concert avec eux, il fit des règlements pour rétablir la discipline ecclésiastique, que le malheur des temps avait fort relâchée.

Abdérame, délivré d'Yousef, établit le siège de son empire à Cordoue, qu'il s'efforça d'embellir en y construisant des palais, des mosquées et des jardins magnifiques. La grande mosquée, qu'il fit commencer, fait encore aujourd'hui l'admiration des voyageurs. On y entrait par vingt-quatre portes de bronze et quatre mille sept cents lampes y brûlaient toutes les nuits. La partie de l'édifice qui est encore debout a six cents pieds de long sur deux cent cinquante de large, vingt-neuf nefs dans sa longueur, dix-neuf dans sa largeur, enfin plus de trois cents colonnes de marbre, de jaspe, d'albâtre, et ce n'est là, disent les antiquaires, que la moitié du monument. Les arts et les sciences suivaient la rapide progression des richesses ; l'agriculture et le commerce étaient protégés ; en un mot, la civilisation et toutes ses conséquences avaient suivi en Espagne le premier des souverains ommiades. Le règne d'Abdérame ne fut qu'une longue suite de prospérités, et l'Espagne musulmane fut à jamais détachée du grand empire des Arabes.

Pendant ce temps-là, la monarchie fondée par Pélage faisait peu de progrès sous les quatre ou cinq rois qui se succédèrent pendant le règne d'Abdérame I. L'histoire de Froïla et de ses successeurs immédiats est fort obscure, et nous en allons raconter rapidement les faits principaux et qui sont le moins contestés.

Froïla passe pour avoir fondé, non loin de l'ancien *Lucus asturum*, la cité d'Oviédo, il y établit, dit-on, un évêché et une église nouvelle à côté de celle que deux saints personnages, Fromestanus et son neveu Maximus, véritables fondateurs, y avaient élevée au saint martyr Vincent. La délicieuse position d'Oviédo y attira bientôt des habitants, et c'est ainsi que se peupla peu à peu la future capitale de la royauté des Asturies.

Froïla était d'un caractère farouche et dur ; il remporta plusieurs avantages contre les Arabes ; mais ces succès, fort exagérés du reste par quelques historiens, furent souillés par la cruauté du vainqueur. Après avoir dompté les Vascons de la province d'Alava, il épousa une femme de cette nation, nommée Munina, dont il eut un fils du nom d'Alphonse, que nous verrons plus tard monté sur le trône.

Froïla poignarda lui-même dans son palais son frère Vimarano, qu'il soupçonnait de conspirer contre lui ; mais, peu de temps après, il fut assassiné à son tour, victime de la haine que ce crime avait soulevé (768).

AURÉLIO, ROI D'OVIÉDO. 768-774.

Le fils de Froïla étant trop jeune pour régner, et le droit de succession par ordre de primogéniture n'étant pas encore établi, le trône passa à Aurélio, son cousin germain. Ce roi a laissé peu de traces dans l'histoire ; nous savons seulement que pendant son règne, qui dura six ans, il fut constamment en paix avec les Maures. Il mourut en 774.

SILO, ROI D'OVIÉDO. 774-783.

Silo, gendre d'Alphonse I, fut élu par les grands du royaume. Son règne qui dura neuf ans n'offre aucun fait remarquable. Il mourut au commencement de l'an 783.

MAUREGAT, ROI D'OVIÉDO. 783-788.

La reine, veuve de Silo, avait fait proclamer Alphonse II, son neveu ; mais cette élection fut contestée par Mauregat, fils naturel d'Alphonse I. Alphonse, qui avait beaucoup de piété, ne voulant pas, pour conserver une couronne, entreprendre une guerre civile qui pouvait amener la destruction de la monarchie chrétienne, céda généreusement le sceptre à son compétiteur. On prétend que Mauregat, pour acheter la paix de l'Emir-al-Moumenim, Abdérame I, s'engagea à livrer aux Maures un tribut annuel de cent jeunes vierges chrétiennes. Cette accusation, fondée ou non, a flétri la mémoire de Mauregat, qui du reste régna paisiblement jusqu'à sa mort arrivée en 788.

Ce fut cette même année que Charlemagne, à la sollicitation des scheiks ou gouverneurs des provinces musulmanes situées entre l'Ebre et les Pyrénées, s'avança en Espagne à la tête d'une puissante armée, qui soumit tout le pays jusqu'à l'Ebre. Au retour de cette expédition, l'arrière-garde du roi Franc, fut attaquée et défaite dans la vallée de Roncevaux ; l'élite des paladins de Charlemagne et Roland son neveu restèrent sur le champ de bataille. Après la retraite des Francs, Abdérame fit rentrer ce même pays sous ses lois. Abdérame mourut cette même année à Mérida, en octobre 788, après avoir fait reconnaître pour son successeur, son fils aîné Haschem I ou Hakkham. De tous les souverains du temps d'Abdérame, Charlemagne seul l'effaça par la gloire des armes ; mais il ne put lui disputer celle d'avoir été le plus magnifique, le plus juste, le plus modéré et le plus généreux roi de son temps. Il instruisit, enrichit et embellit l'Espagne ; Cordoue lui dut son éclat, ses palais et ses mosquées. Fugitif, proscrit, sans argent, sans amis, sans ressources, il osa être roi et il le fut. Le courage, l'industrie, la prudence, l'activité et la douceur formaient son caractère ; c'est enfin le plus grand prince qu'ait eu l'Espagne sarrasine. Il faut observer que sous son règne l'Espagne se remplit de monuments magnifiques, de villes bien bâties et très-peuplées, de gens savants, d'artistes laborieux et éclairés.

BERMUDE Ier OU VÉRÉMOND, ROI D'OVIÉDO. 788-791.

HASCHEM Ier A CORDOUE.

Bermude 1, frère d'Aurélio, fut élu roi après la mort de Mauregat, au préjudice d'Alphonse. Il semble que les grands redoutaient de donner la couronne au fils du cruel Froïla, dans la crainte qu'il ne ressemblât à son père ou plutôt qu'il ne voulût venger sa mort. Bermude était diacre, et il paraît n'avoir accepté la couronne qu'à regret et pour la remettre à l'héritier légitime. En effet, après avoir régné trois ans, il déclara qu'il voulait rentrer dans l'état ecclésiastique, qu'il n'avait quitté que malgré lui, et il abdiqua en faveur de son cousin Alphonse. Bermude, avant d'être engagé dans les ordres sacrés, avait été marié et avait eu deux fils, Ramire et Garcie.

ALPHONSE II, DIT LE CHASTE ET LE VICTORIEUX.

791-842.

Alphonse II, fils de Froïla I, fut proclamé roi le 14 septembre 791. Pendant ce long et glorieux règne, le trône des souverains de Cordoue fut occupé successivement par Haschem, mort en 796; par Abdulassi-el-Hakkan, son fils, mort en 832 et par Abdérame II, fils de ce dernier. Ces descendants d'Abdérame I continuèrent glorieusement l'œuvre commencée par le fondateur de la monarchie de Cordoue; mais des guerres civiles continuelles arrêtèrent souvent leurs efforts et ne leur permirent pas d'étendre les frontières de l'empire musulman.

Les chrétiens surent profiter de ces divisions; Alphonse le chaste s'affranchit du tribut honteux, auquel ses prédécesseurs s'étaient soumis, et il battit une armée arabe, commandée par Mogaïth, qui avait tenté d'envahir la Galice et les Asturies.

Nous n'entrerons pas dans le détail des guerres plus ou moins heureuses qu'Alphonse eut à soutenir contre les descendants d'Abdérame. Les chroniques espagnoles et arabes offrent trop de contradictions pour que l'on puisse reconnaître la vérité, au milieu de leurs récits dénués de toutes preuves et souvent de toute vraisemblance Ce qu'on peut regarder comme certain, c'est qu'il remporta sur les Maures des avantages réels, qui justifient son surnom de *victorieux* et que sous son règne, de plus d'un demi-siècle, la monarchie chrétienne des Asturies s'établit définitivement dans la Galice, jusqu'au Minho; les *algarades* (c'était le nom donné aux incursions passagères des chrétiens sur les terres musulmanes), se changèrent de ce côté en occupation permanente, et tout le pays adjacent fut laissé en proie aux incursions alternatives des Arabes et des chrétiens.

On place, sous le règne d'Alphonse II (en 808 selon les uns, en 816 selon les autres), la découverte, à Compostelle, des reliques de l'apôtre saint Jacques le majeur. Alphonse fit construire, en l'honneur de ce saint, une église où le corps fut déposé, et au retour de chaque campagne, il l'enrichissait du butin qu'il avait fait sur les Arabes.

Sur la fin de 842, Alphonse II mourut dans un âge très-avancé, sans laisser de postérité.

RAMIRE Ier ROI D'OVIÉDO. 842-850.

ABDÉRAME II, ÉMIR-AL-MOUMÉNIM.

Ramire I, fils de Bermude, désigné successeur d'Alphonse, dès l'an 835, était absent lorsque le roi mourut. Népotien, principal officier du palais, profita de l'absence de Ramire et usurpa la couronne; mais, à l'approche de ce prince, Népotien est abandonné de ses troupes et prend la fuite; arrêté et conduit à Ramire, il fut relégué dans un monastère.

Ramire remporta quelques avantages sur les Maures, que les annales du temps attribuent à l'intercession de saint Jacques. Depuis lors, saint Jacques fut le protecteur des armées espagnoles; son nom devint leur cri de guerre, et les chrétiens lui donnèrent le surnom de *Matamoros* (destructeur de Maures).

Sous ce règne, les Normands apparaissent pour la première fois sur les côtes de la Péninsule, jusqu'ici à l'abri de leurs dévastations. Ramire repoussa ces nouveaux ennemis, qui allèrent porter leurs dévastations sur les côtes soumises aux Maures, depuis l'embouchure du Tage jusqu'à Séville. Ramire mourut au commencement de l'année 850, dans un âge très-avancé.

ORDOGNO Ier, ROI D'OVIÉDO. 850 866.

SOUVERAINS DE CORDOUE : **ABDÉRAME II**, mort en 852,

MAHOMET ou **MOHANMED Ier** son fils.

COMMENCEMENT DU ROYAUME DE NAVARRE :

GARCIE-XIMÉNÈS Ier, roi en 857.

Ordogno, proclamé roi et collègue de son père, dès l'an 847, lui succéda en 850. Le commencement de ce nouveau règne est célèbre par deux victoires remportées par Ordogno, la première sur ses sujets révoltés et l'autre sur les Sarrasins accourus au secours des rebelles.

Abdérame II mourut en 852. Ce prince s'était montré non moins magnifique que son aïeul Abdérame I; il fit de Cordoue une ville délicieuse; il en fit paver les rues et les places, nouveauté inconnue dans les autres villes d'Europe; Paris n'a été pavé que quatre siècles plus tard. Il détourna l'eau du Guadalquivir, et, par une infinité de canaux, il la distribua dans chaque maison particulière; enfin de magnifiques fontaines furent élevées dans les différents quartiers de cette capitale. Mais il fut loin de montrer pour les chrétiens la même tolérance que ses prédécesseurs; il publia contre eux des édits rigoureux ; entre autres un qui punissait de mort, sans forme de procès, tout chrétien qui parlerait mal du prophète Mahomet et de l'alcoran.

Mahomet I, l'aîné de ses fils et son successeur, hérita

de la haine de son père contre les chrétiens. Des guerres civiles occupèrent les premières années de son règne. Pendant ce temps-là, Ordogno, tranquille dans ses états, fortifiait ses places, entre autres Léon et Astorga, qu'il agrandit considérablement.

En 862, tandis que Mahomet assiégeait Mérida révoltée, Ordogno s'empara de Salamanque et de Corsa. L'année suivante, il fit reconnaître pour son successeur son fils Alphonse et lui fit prêter serment de fidélité. Ordogno mourut en 866, universellement regretté de ses sujets.

Ce fut pendant le règne d'Ordogno, que les comtes de Navarre se déclarèrent indépendants de l'Aquitaine et prirent le titre de roi. Le premier fut, dit-on, Garcie-Ximénès; d'autres prétendent que ce fut son fils Fortune, qui prit le premier ce titre.

ROI D'OVIÉDO, **ALPHONSE III**, DIT LE GRAND. 866-910.

SOUVERAINS DE CORDOUE : **MAHOMET Ier**, mort en 886;

ALMUNDAR, son fils mort en 889; **ABDALLAH**, son frère.

ROIS DE NAVARRE : **GARCIE-XIMENES**, mort en 880;

FORTUNE, DIT LE MOINE, son fils, abdique en 905;

SANCHE-GARCIE, son frère.

Alphonse n'avait que dix-huit ans quand la mort de son père l'appela au trône. Froïla, comte de Galice, crut pouvoir disputer le pouvoir à un prince si jeune ; il s'empara d'Oviédo et s'y fit proclamer roi ; mais il fut poignardé peu de temps après, et Alphonse recouvra la couronne, un instant tombée de sa tête.

Les trèves n'étaient presque que momentanées entre les chrétiens et les Sarrasins, et la guerre était perpétuelle. Au commencement de son règne, Alphonse profita d'une de ces trèves pour fortifier ses places et se mettre à l'abri d'une invasion, en même temps qu'il réduirait les révoltés de l'Alava. Bientôt il eut à résister aux attaques des musulmans qui tentèrent de pénétrer dans les Asturies, et deux fois il repoussa et tailla en pièces leurs armées. Mais il ne suffisait pas au caractère d'Alphonse de se tenir sur la défensive ; plein de ce courage et de cette confiance que donne la jeunesse, il voulut à son tour porter la guerre dans les états de son ennemi. Il pénétra dans la Lusitanie, ou le Portugal, et y répandit la terreur de ses armes. L'émir de Cordoue, intimidé par la perte de Coimbre, emportée d'assaut par les chrétiens, consentit à une nouvelle trève et laissa à Alphonse une grande partie du pays, qu'il venait de conquérir ou plutôt de ravager. Le roi fit rebâtir Orense, Porto, Lamego et Viseu et les repeupla de colonies chrétiennes (870).

Après l'expiration de la trève, nouvelle guerre, nouvelles victoires d'Alphonse, qui forcent Mahomet I à demander encore une trève de trois ans (875). Mais elle est bientôt rompue par l'assistance qu'Alphonse donna à Abdallah, qui s'était révolté contre le souverain de Cordoue et avait entraîné Saragosse dans son parti. Tandis que Mahomet fait assiéger Saragosse, Alphonse ravage la vieille Castille et la partie du Portugal restée aux musulmans.

C'est à cette époque (880) que Fortune, successeur de Garcie-Ximénès, prit définitivement le titre de roi de Navarre, que quelques historiens contestent à son père. En même temps, les comtes de Barcelonne, feudataires de la couronne de France, s'étant agrandis peu à peu aux dépens des musulmans, proclamaient leur indépendance.

Alphonse, maître de la vieille Castille, agrandit et peuple Burgos, qui devint une ville florissante et fut longtemps la capitale du royaume de Castille (884).

Après la mort de Mahomet I, souverain de Cordoue (886), son fils aîné Almundar est proclamé ; mais son règne de trois ans ne fut qu'une guerre civile continuelle et il mourut sans avoir pu la terminer (889). Son frère Abdallah lui succéda, et par sa sagesse, plus encore que par la force de ses armes, il apaisa bientôt la révolte.

Les chrétiens n'étaient guère plus soumis à leurs souverains que les musulmans, et les dernières années du neuvième siècle furent presqu'entièrement employées par Alphonse à apaiser des révoltes et des conspirations.

En 899, Alphonse fit consacrer l'église de Saint-Jacques de Compostelle par dix-neuf évêques, tous ses sujets.

Au commencement du dixième siècle, Alphonse fit fortifier de colonies chrétiennes les villes de Zamora, Toro, Simencas et Duerras. Abdallah, inquiet et jaloux des succès de ce prince, appela à son secours les Maures d'Afrique, pour détruire ces nouvelles places. Dans une bataille sanglante qui se livra aux environs de Zamora, Alphonse conserva l'ascendant qu'il avait sur les infidèles et remporta une victoire complète; mais elle lui coûta la moitié de son armée. Les vainqueurs et les vaincus épuisés consentirent à une trêve forcée (901).

En 905, Fortune, roi de Navarre, abdiqua la couronne après vingt-cinq ans de règne et embrassa la vie monastique. Sanche-Garcie I son frère, fut appelé à lui succéder.

Malgré ses brillants succès contre les Maures, Alphonse vécut toujours au milieu des révoltes et des conspirations; mais la dernière dut être la plus sensible à son cœur. Ayant été obligé, en 907, d'augmenter les impôts pour soutenir ses guerres contre les infidèles, cette mesure excita une sédition, à la tête de laquelle se mit Garcie, son fils aîné. Alphonse, sans perdre de temps, marche contre les rebelles, les bat, fait prisonnier son fils et l'enferme au château de Gauzon. Son second fils, Ordogno, la reine Chimère (Ximène), son épouse, et tous les grands, prirent parti pour le prisonnier et la guerre civile éclata plus dangereuse qu'auparavant. Enfin, en 910, la révolte devint générale et Alphonse fut obligé d'abdiquer. Il désigna Garcie pour lui succéder sur le trône des Asturies, et donna la Galice et la partie du Portugal qu'il avait conquise, à Ordogno. Ce partage impolitique fut malheureusement imité plus tard par ses successeurs et devint funeste à l'Espagne. Alphonse vécut encore deux ans après son abdication.

GARCIE Ier ROI D'OVIÉDO. 910-914.

Le règne de ce prince ne dura que trois ans et quelques mois. En 911, il fit une incursion dans la nouvelle Castille, et il tailla en pièces une armée envoyée par Abdallah pour s'opposer à ses progrès.

En 912, mort d'Abdallah, émir de Cordoue. Son neveu, Abdérame III, est appelé à lui succéder.

Garcie meurt sur la fin de l'année suivante ou au commencement de 914, sans laisser de postérité.

ORDOGNO II, ROI DE LÉON. 914-923.

ÉMIR DE CORDOUE : **ABDÉRAME III.**

ROI DE NAVARRE : **SANCHE-GARCIE Ier.**

Ordogno II, ayant appris la mort de son frère, se rend à Léon et est reconnu roi de tous les états qu'avait possédés son père. Il établit sa cour dans cette ville, qui devint dès lors la capitale du royaume.

Il signala la première année de son règne par la prise de Talavera de la Reyna, qu'il emporte d'assaut, après avoir taillé en pièces une armée musulmane qui venait secourir cette place. En 916, il remporta encore une victoire sur Abdérame, près de Saint-Etienne de Gormaz ; mais, épuisé par sa victoire, il consentit à une trêve.

Dans le même temps, le roi de Navarre continuait de faire avec succès la guerre aux infidèles, et chaque année leur enlevait quelques places. Mais Abdérame III n'était pas un prince que ces revers pussent décourager. En montant sur le trône de Cordoue, il avait trouvé l'état dans la confusion la plus complète, et son habileté avait bientôt rétabli l'ordre partout. Battu d'abord par les rois chrétiens, il résolut de faire de nouveaux efforts pour rendre aux armes musulmanes leur ancienne gloire. Il fit venir de puissants secours d'Afrique, et se voyant à la tête d'une armée nombreuse et dévouée, il envahit la Navarre (921). Sanche-Garcie, sans quitter le titre de roi, venait de céder le commandement des troupes à son fils Garcie. Celui-ci, incapable de résister aux attaques des musulmans, appela à son secours le roi de Léon. Ordogno s'empressa de réunir ses troupes à celles du prince de Navarre, pour s'opposer aux progrès des Maures, qui déjà avaient pris Agreda, Tarragone, Tudela, Logrono et Najera. Enfin les deux armées, chrétiennes et musulmanes, se rencontrèrent au Val de la Junquera, près de Salinas d'Oro. Le choc fut terrible; les chrétiens le soutinrent courageusement; mais enfin ils cédèrent au nombre et furent mis en pleine déroute. Les évêques de Tuy et de Salamanque, qui combattaient avec le roi Ordogno II, furent faits prisonniers. Si Abdérame eût su profiter de sa victoire, on ne peut prévoir les suites désastreuses qu'elle eût entraînées pour les rois chrétiens; mais, arrivé dans les hautes vallées de la Navarre, il voulut profiter de l'occasion pour passer encore une fois les montagnes et porter l'étendard de l'islam dans ces provinces de la Gaule, objets de l'ambition de tous les conquérants de l'Espagne. Pendant cette imprudente expédition, Ordogno, qui avait eu le temps de rallier ses troupes, fait une irruption dans les états mahométans et porte le ravage sans résistance jusqu'aux portes de Cordoue. D'un autre côté, les Navarrais surprennent l'armée musulmane à son retour, dans les défilés des Pyrénées, la taillent en pièces, lui enlèvent tout son butin, et recouvrent peu à peu toutes les places que les infidèles leur avaient enlevées.

En 922, Ordogno fit arrêter les comtes de Castille, qu'il soupçonnait de vouloir se rendre indépendants et les fait étrangler en prison. L'année suivante, Ordogno mourut, laissant deux fils, Alphonse et Ramire.

FROILA II, ROI DE LÉON. 923-924.

Froïla, frère d'Ordogno II, fut proclamé roi au préjudice de ses neveux. Son règne, qui ne dura qu'un an, n'offre rien de remarquable.

ALPHONSE IV, DIT LE MOINE. 924-927.

ABDÉRAME III, ÉMIR DE CORDOUE.

SANCHE-GARCIE Ier, mort en 926, GARCIE Ier son fils,
ROIS DE NAVARRE.

Alphonse IV, fils d'Ordogno II, est reconnu roi d'un consentement unanime. Prince faible, léger, inconstant, inappliqué, il excita le mépris des Castillans qui se déclarèrent indépendants des rois de Léon et élirent de nouveaux souverains sous le nom de comtes. En 926, Alphonse perdit son épouse, et la douleur qu'il ressentit de cette mort le détermina à renoncer à la couronne et à embrasser la vie monastique. Il exécuta ce projet en 927, après avoir remis le trône à son frère Ramire.

RAMIRE II, ROI DE LÉON. 927-950.

ABDÉRAME III A CORDOUE. GARCIE Ier ROI DE NAVARRE.

A peine Ramire II était-il monté sur le trône que venait de lui céder son frère, que celui-ci se repentit de son abdication et résolut de reprendre le sceptre qu'il avait volontairement quitté. Profitant de l'absence de Ramire, occupé d'une expédition contre les Sarrasins, il se jette dans Léon, où il se forme un parti, dans lequel étaient déjà entrés un grand nombre de mécontents, entre autres ses cousins, les fils de Froïla II. Ramire se hâte de revenir sur ses pas, assiège Léon et s'empare de son frère et des principaux conjurés. Il usa de la victoire en barbare. Il fit crever les yeux à son frère et aux fils de Froïla, et les enferma dans un monastère où ils passèrent le reste de leur vie.

L'Espagne n'avait pas encore été aussi tranquille; Abdérame, déjà vieux, s'appliquait à faire fleurir les sciences et les arts à Cordoue; Garcie, roi de Navarre, ne s'occupait que d'actes de piété. Ramire le premier rompit la paix générale, en s'emparant de Madrid, ville peu importante à cette époque et qui devait devenir la capitale de toute la monarchie espagnole. Abdérame, pour se venger, fit une irruption en Castille; mais Ferdinand Gonçalez, un des comtes de cette province, célèbre par sa valeur et secondé par le roi de Léon, remporta sur l'armée infidèle une victoire complète à Osma (952 et suiv.)

Abdérame, désespéré de tous les revers que lui avaient fait essuyer les chrétiens, qu'on regardait à sa cour comme des barbares, voulut tenter un dernier effort pour les chasser d'Espagne. Les préparatifs de cette expédition furent immenses; il leva en Afrique de nombreuses troupes auxiliaires et s'avança en Castille, à la tête de cent cinquante mille hommes.

La Castille, inondée de ce déluge d'ennemis, est dévastée; ses places sont emportées et détruites. Le comte de Castille, trop faible pour résister, implore le secours de Ramire. Celui-ci joint ses troupes à celles du comte et marche contre l'ennemi commun. Les chrétiens rencontrèrent l'armée d'Abdérame à Simancas, le 6 ou le 8 août 938. La bataille fut terrible et dura une journée entière. Les Sarrasins vaincus perdirent quatre-vingt mille hommes, au dire des historiens chrétiens et trente mille selon les historiens arabes. En prenant un terme moyen entre ces deux chiffres, ou même en admettant le plus faible, on voit que la perte des musulmans fut énorme. L'émir de Saragosse et l'élite de la noblesse sarrasine furent faits prisonniers, et Abdérame échappa à peine suivi de vingt cavaliers. On ne parle pas de la perte des chrétiens ; mais elle dut être aussi très-considérable, car sans cela Ramire aurait pu mieux profiter de sa victoire. Il se contenta de peupler de colonies chrétiennes Salamanque, Ledesma, la Corogne et quelques autres villes, pour servir de barrière contre le souverain de Cordoue ; ce qui fait supposer qu'il était loin de regarder son ennemi comme abattu par sa défaite. Puis, les deux rois épuisés, l'un par ses victoires, l'autre par ses revers, restèrent comme de concert dans l'inaction, sans cependant avoir consenti ni paix, ni trêve.

Abdérame cependant eut l'adresse de faire naître la guerre entre les comtes de Castille et le roi de Léon. Les comtes, quoique soutenus par Abdérame, furent défaits ; mais Ramire ne put profiter de sa victoire, et se vit même forcé de consentir à une trêve avec l'émir Al-Momménim.

Ramire occupa les loisirs que lui laissait cette trêve à fonder des monastères, à l'exemple des autres princes chrétiens ; car il est à remarquer que le dixième siècle fut l'époque principale des fondations de ce genre. A l'expiration de la trêve, Ramire fit une incursion dans les états du souverain de Cordoue, battit son armée et revint avec un immense butin. Cette expédition fut la dernière de ce prince brave, infatigable et heureux. Il mourut en 950.

ORDOGNO III, ROI DE LÉON. 950-955. **ABDÉRAME III**

A CORDOUE. **GARCIE I**er ROI DE NAVARRE.

Ordogno III, fils de Ramire II, est proclamé roi par les seigneurs et par les prélats. Après avoir apaisé quelques troubles dans l'intérieur de ses états, il porta la guerre contre les Sarrasins de Portugal, prit et démantela Lisbonne. Quelque temps après cette expédition, Ordogno mourut à Zamora, laissant un fils en bas-âge, nommé Bermude, qui régna dans la suite (août 955).

SANCHE I**er** DIT LE GROS, ROI DE LÉON. 955-967.

ABDÉRAME III meurt en 960 ; a pour successeur son fils aîné **ALHACAN II.**

GARCIE I**er**, ROI DE NAVARRE.

Sanche, frère d'Ordogno III, en apprenant la mort du roi, accourut de la Navarre où il résidait et se fit proclamer roi de Léon, au préjudice de son neveu. Mais à peine est-il sur le trône, que les grands, secondés par le comte de Castille, l'obligent d'en descendre et de se réfugier en Navarre. Le comte de Castille fit donner la couronne à son gendre, connu sous le nom d'Ordogno le Mauvais et qui était fils d'Alphonse IV, dit le Moine. Cet usurpateur, qui n'est pas compté au nombre des rois de Léon, se signala pendant le peu de temps qu'il resta sur le trône, par un despotisme intolérable et par des cruautés inouies.

Cependant, Sanche le roi détrôné, étant devenu hydropique, se rendit à Cordoue, la première école de médecine qui fût alors en Europe. Abdérame III fut touché des malheurs du prince chrétien ; ses médecins lui rendirent la santé et lui-même voulut lui rendre la couronne. Il mit à sa disposition une armée qui, jointe à celle du roi de Navarre, pénétra dans le royaume de Léon. Ordogno le Mauvais n'attendit pas son adversaire et s'enfuit en Castille. Son beau-père, indigné de sa lâcheté et de sa mauvaise conduite, le chassa de ses états ; il se retira dans un village où il mourut bientôt dans la misère et l'abandon.

Sanche rétabli sur son trône voulut, toujours aidé du

roi de Navarre, punir le comte de Castille qui l'avait détrôné; ce comte fut vaincu et fait prisonnier ; mais Garcie, roi de Navarre, lui fit rendre la liberté et ses états. (960.)

Cette année (960), mourut Abdérame III, après un règne de près de cinquante ans. Ce fut l'époque de la plus grande prospérité des Arabes ; aucun souverain maure ne surpassa Abdérame III en grandeur ni en magnificence, et les récits qui nous en sont parvenus, sans être exagérés, semblent plus tenir des fables orientales que de l'ordre des possibles. Dans les palais de l'émir de Cordoue, l'argent et l'or étaient prodigués aux usages pour lesquels le luxe de nos princes d'aujourd'hui fait beaucoup, en employant les métaux vulgaires. Douze mille cavaliers, armés de cimeterres à poignées d'or, vêtus avec une somptuosité éclatante, accompagnaient Abdérame quand il sortait de son palais. On croit tout cela, à l'aspect de ces magnifiques constructions qui ont servi de résidence aux émirs. Al Mouménin dans les anciennes capitales de leurs diverses dominations, telles que Grenade, Séville, Murcie et Cordoue. Quoiqu'il en soit, les tableaux d'une si rare magnificence, à jamais perdue, seraient aujourd'hui bien stériles, si l'histoire, après les avoir tracés, n'ajoutait un trait bien propre à caractériser la vanité des richesses et des grandeurs humaines ; c'est qu'Abdérame, le puissant possesseur de tant de biens, était loin de goûter le bonheur. Ce prince écrivit lui-même cet aveu mémorable, que, durant cinquante ans du règne le plus fortuné, le nombre de ses jours réellement heureux n'avait pas excédé celui de quatorze.

Albacan II, fils aîné d'Abdérame III, lui succéda. Il fit en 965 une tentative contre la Castille ; mais le comte Fernand Gonçalez repoussa son général Almanzor, qui devait plus tard prendre une terrible revanche de cet échec.

Un autre Gonçalez comte ou gouverneur de la partie du

Portugal qui obéissait au roi de Léon, voulut, à l'exemple du comte de Castille, s'ériger en souverain indépendant; mais battu et poursuivi par Sanche, il mit bas les armes et obtint sa grace. Sanche mourut quelques années après (967); on a accusé le comte de Portugal de l'avoir empoisonné.

RAMIRE III, ROI DE LÉON. 967-932.

ALHACAN II, ÉMIR DE CORDOUE, mort en 976.

HISSEM II, son fils lui succède.

GARCIE Ier, ROI DE NAVARRE, meurt en 970.

SANCHE II, SURNOMMÉ BARCA; lui succède.

Ramire III, fils de Sanche, est proclamé roi. La régence du royaume fut confiée, pendant la minorité de ce prince, qui n'était âgé que de cinq ans, à la reine-mère et à dona Elvire, sœur du dernier roi. Pendant la minorité de Ramire, les Normands firent de nouvelles incursions dans la Galice et l'auraient changée en désert, s'ils n'eussent été battus et repoussés par ce même comte de Portugal, accusé d'avoir empoisonné le feu roi.

Le célèbre comte de Castille, Ferdinand Conçalez et Alhacan II moururent à peu près à la même époque. Hissem II, âgé de dix ans, monte sur le trône de Cordoue. Almanzor avait été chargé par Alhacan du gouvernement de l'état, pendant la minorité de son fils Hissem. Le régent de Cordoue se montra digne de la confiance de son maitre, par la sagesse de son administration et par les victoires qu'il remporta sur les princes chrétiens. A la tête d'une puissante armée, levée en partie en Afrique, il entra en Castille, prit Gormaz d'assaut et mit toute la province au pillage; il allait poursuivre le cours de ses victoires quand il fut rappelé à Cordoue pour apaiser quelques mouvements séditieux qui avaient éclaté pendant son absence.

Cependant Ramire, prince faible et qui se laissait facilement dominer, s'était attiré le mépris général; les Galiciens, attachés à Bermude, fils d'Ordogno III, le proclamèrent roi. Bientôt la guerre civile éclate et épuise les forces des Chrétiens, qui auraient dû se réunir pour combattre le redoutable Almanzor. Enfin Ramire, ayant perdu une bataille décisive dans les plaines de Montrose, mourut de chagrin et laissa le trône à son compétiteur (982).

BERMUDE II, SURNOMMÉ LE GOUTTEUX, ROI DE LÉON.

982-999..

SANCHE II, ROI DE NAVARRE, mort en 994.

GARCIE II, son fils, lui succède.

Bermude commença son règne par s'appliquer à réformer la licence, les abus, les brigandages et les désordres de toute espèce, qui désolaient le royaume de Léon et qui étaient la suite nécessaire des guerres civiles; mais il fut arrêté dans l'accomplissement d'une si noble tâche par l'invasion des Sarrasins, qui mirent à deux doigts de leur perte toutes les principautés chrétiennes de l'Espagne.

La Castille fut la première exposée aux coups du terrible Almanzor; presque toutes les villes tombèrent au pouvoir du vainqueur. Bientôt le royaume de Léon est attaqué; Simancas est enlevé d'assaut et une multitude de chrétiens sont emmenés en esclavage. Bientôt Almanzor attaque de tous côtés à la fois les puissances chrétiennes. Une victoire décisive sur les Catalans le rend maître de Barcelone; cette ville est livrée aux flammes, tous ses citoyens sont faits esclaves et vendus à Cordoue. En même temps Sepulvda, la plus forte et presque l'unique place qui reste aux Chrétiens en Castille, est presque détruite (988 et 992).

Almanzor envahit ensuite le royaume de Léon; il gagne une bataille long-temps disputée, sous les murs mêmes de la capitale, et force Bermude à fuir dans les Asturies. Les Sarrasins, à qui la victoire avait coûté trop cher pour entreprendre le siège de Léon, le remettent à un autre temps et se retirent à Cordoue avec un immense butin.

Almanzor reparaît bientôt devant Léon. Bermude avait eu le temps d'en enlever les reliques, les vases sacrés et les ossements des rois ses prédécesseurs. Suivi d'une multitude de femmes, d'enfants et de vieillards qui poussaient des cris lamentables, il transporte ce dépôt précieux dans les Asturies, ancien asile de la liberté espagnole. La ville de Léon fut emportée d'assaut et détruite; Almanzor n'y laissa qu'une tour pour attester qu'elle avait existé et péri. Astorga, effrayée du sort de la capitale, ouvrit ses portes et fut épargnée. Il ne manquait plus pour achever la ruine des Chrétiens, que d'entrer dans les Asturies et de se saisir de Bermude. Almanzor s'avança en effet à travers ces rochers; mais les descendants des compagnons de Pélage semblèrent, comme leurs ancêtres, y avoir retrempé leur courage, et ils en rendirent l'entrée impraticable. Après quelques tentatives infructueuses, les Sarrasins tournèrent leurs armes contre le Portugal, où ils s'emparèrent rapidement de Coïmbre, Viseu, Lamégo et Brague; de là ils passèrent en Galice, prirent Tuy et entrèrent dans Compostelle. L'église de Saint-Jacques, remplie de richesses, fut pillée; Almanzor fit transporter à Cordoue, sur les épaules des chrétiens esclaves, jusqu'aux cloches et aux portes de cette église. Heureusement pour les Chrétiens que la dyssenterie se répandit dans l'armée musulmane et arrêta le cours de ses conquêtes; la piété des Espagnols attribua à la vengeance de saint Jacques ce fléau qui les délivra d'un joug certain. Almanzor, dans sa retraite, fut harcelé et battu par les Chrétiens, qui profitèrent avec avantage de la connaissance qu'ils avaient du pays (992 à 996).

Tant de revers apprirent enfin aux Chrétiens le prix de l'union. Bermude et le comte de Castille, vaincus tour-à-tour par les Sarrasins, oublièrent leurs anciennes querelles et se joignirent pour sauver leurs états. Le roi de Navarre, Sanche II, leur amena ses troupes ; une multitude de chevaliers de l'Aquitaine et des autres provinces de France accoururent aussi à leur secours. La France était pour les rois chrétiens d'Espagne ce que l'Afrique était pour les souverains de Cordoue, c'est-à-dire une pépinière de guerriers. A cette nouvelle, Almanzor se mit en marche avec une armée encore plus nombreuse que celle des Chrétiens. On en vint aux mains près de Calatagnasor en Castille. De part et d'autre l'acharnement fut incroyable, puisqu'on se battit dès la pointe du jour et que la nuit seule mit fin à l'action. Les Chrétiens se préparaient le lendemain à recommencer le combat, quand on s'aperçut que l'ennemi avait décampé. On dit qu'Almanzor, effrayé de sa perte, que les historiens font monter à cent mille hommes, perdit la tête, licencia le reste de son armée et se sauva seul à Médina-Céli, où, accablé de chagrin, il refusa de prendre toute espèce de nourriture et se laissa mourir de faim.

Depuis Musa, aucun prince sarrasin n'avait fait plus de mal aux Chrétiens qu'Almanzor ; cependant tous les historiens espagnols s'accordent à rendre justice aux vertus, aux talents, au courage et à l'habileté de cet homme célèbre. Sujet aussi fidèle que grand capitaine, il refusa la couronne de Cordoue que les Sarrasins, enchantés de ses succès et de sa grandeur d'âme, lui offrirent plus d'une fois. Il sut attirer par ses libéralités une foule de Chrétiens qui venaient avec empressement s'enrôler sous ses étendards ; loin de partager l'intolérance des autres musulmans, il ne mettait aucune différence dans la distribution de la justice, entre un chrétien, un juif et un mahométan. Jamais ministre ne rechercha avec plus d'empressement et ne récompensa avec plus de générosité le mérite et les talents.

Après un règne de dix-sept ans, pendant lesquels il avait éprouvé toutes les vicissitudes de la fortune, Bermude II mourut, laissant le trône à son fils Alphonse, à peine âgé de cinq ans (999).

ALPHONSE V, ROI DE LÉON. 999-1027.

HISSEM A CORDOUE. FIN DE LA DYNASTIE DES OMNIADES ET DU ROYAUME DE CORDOUE.

GARCIE II, ROI DE NAVARRE, meurt en 1000.

SANCHE III, SURNOMMÉ LE GRAND, LUI SUCCÈDE.

La régence du royaume et la tutelle du jeune roi Alphonse V furent confiées au comte Menende Gonçalez, conjointement avec la reine douairière. Le régent se distingua par sa clémence, son équité et par une politique heureuse, il envoya de puissants secours au comte de Castille, sur qui venait de fondre Abdelmélic, qui avait tout à la fois la honte de son maître et la mort de son père à venger. Abdelmélic est vaincu ; pour combler son désastre il fut abandonné de cette multitude de Chrétiens qu'Almanzor avait attirés à son service. Le régent de Léon, attribuant les malheurs du règne précédent à leur défection et à leurs conseils, les rappela et leur rendit leurs biens ; le comte de Castille en fit autant à son exemple.

Cependant Abdelmélic reprit bientôt son avantage contre les Castillans ; il remporta une victoire complète à Berlange, où le comte de Castille fut fait prisonnier et mourut deux jours après de ses blessures. Cette province paraissait perdue sans ressources ; mais une révolution survenue à Cordoue la préserva du joug.

Abdelméric était mort et avait eu pour successeur au ministère son frère Abdérame, incapable d'exercer un pareil emploi. Cet homme, qui n'avait rien de remarquable que sa débauche et son orgueil, est poignardé par les grands de sa cour, sous les yeux mêmes du souverain. Le voluptueux Hissem, depuis longtemps l'objet du mépris de la nation, devenu odieux par les vices de son ministre, est arrêté et confiné dans une étroite prison. Mahomet Al-Mahadi, le chef des conjurés, s'empara du trône.

Le nouveau comte de Castille, Sanche, à qui ces troubles avaient donné le temps de respirer, rachette le cadavre de son père et porte le ravage dans la nouvelle Castille. Mahomet Al-Mahadi veut marcher à sa rencontre; mais à peine a-t-il quitté Cordoue, qu'une révolte y éclate et le force à revenir sur ses pas. Un parti puissant s'était formé contre lui et voulait rétablir Hissem. L'usurpateur triomphe de ses ennemis et se venge par des torrents de sang. L'horreur publique augmente; il se forme un nouveau parti en faveur de la famille des Omniades; les chefs s'adressent aux Berbères, venus en foule d'Afrique pour servir sous le grand Almanzor, et restés en Espagne. Cette soldatesque inquiète, remuante et séditieuse était toujours prête à vendre ses services à qui voulait les payer; on l'eut bientôt achetée. Avant de combattre l'usurpateur, on s'assemble pour l'élection d'un souverain; l'esprit de discorde se répand dans l'assemblée, et on élit deux rois, Zuléma et Marban, tous deux parents d'Hissem. Les deux rivaux, ne pouvant s'accorder, en viennent aux mains. Marban, vaincu et pris, laisse enfin son concurrent disputer seul la couronne à Al-Mahadi. Zuléma parvient à intéresser à sa querelle les rois de Léon, de Navarre et le comte de Castille; le tyran, de son côté, achette les secours des comtes de Barcelone et d'Urgel; ainsi toute l'Espagne chrétienne et musulmane s'ébranle pour donner un roi à Cordoue. Zuléma, vainqueur dans une première victoire, en perd une seconde et s'enfuit en Afrique. Al-Mahadi, délivré de son redoutable antagoniste, est livré à ses ennemis par la perfidie de son ministère. On lui tranche la tête sur la place publique de Cordoue ; on ouvre les portes de la prison d'Hissem et on lui rend le trône avec la liberté (1011). Mais le royaume n'en est pas moins en proie aux guerres civiles. Les Berbères, partisans de Zuléma, parcourent la campagne, font des ravages affreux et réduisent Cordoue à une horrible famine. Pendant ce temps-là Abdallah, fils de l'usurpateur Al-Mahadi, se faisait proclamer roi de Tolède, et d'un autre côté Zuléma, de retour d'Afrique, venait se remettre à la tête des Berbères.

Hissem, pour combattre tant d'ennemis, fait alliance avec le comte de Castille, à qui il rend toute la partie de ses états conquise par Almanzor. Avec le secours de cet allié, il parvint à recouvrer Tolède et à prendre Abdallah, à qui il fit couper la tête. Ce succès passager est balancé par des revers constants; les Berbères continuent leurs ravages ; Cordoue, réduite à la dernière extrémité, est emportée d'assaut par Zuléma et inondée du sang de ses citoyens. Le lâche Hissem trouve le moyen d'échapper au carnage et de se sauver en Afrique, où il mourut après avoir langui quelque temps dans la misère et l'obscurité. Tel fut le sort du dernier émir Al-Mouménim, de la famille d'Abdérame, fondateur de l'empire de Cordoue. Cette famille avait occupé le trône deux cent cinquante-quatre ans, avec plus d'éclat et de gloire qu'aucune des familles régnantes alors en Europe et en Asie.

Long-temps encore, après la mort d'Hissem, la guerre civile et l'anarchie désolèrent les belles contrées occupées par les Musulmans en Espagne. Le trône de Cordoue fut successivement occupé par une foule de tyrans qui se succédèrent les uns aux autres et périrent tous de mort violente. A la fin les grands, fatigués de combattre si long-temps pour une monarchie livrée à l'ambition du premier venu, s'emparèrent de la souveraineté dans leurs gouvernements; et au lieu d'un seul souverain, le royaume de Cordoue en eut bientôt autant qu'il se trouve de grandes villes dans son étendue. On vit paraître tout d'un coup des rois à Saragosse, à Tolède, à Valence, à Orihuela et à Séville. Celui qui resta maître de Cordoue, de Grenade et d'Alméric était sans contredit le plus puissant.

La monarchie musulmane se trouvant ainsi démembrée, offrait aux monarques chrétiens une proie facile à saisir ; mais ils ne surent pas profiter de cette occasion pour agir de concert, et chacun d'eux, n'étant pas en particulier plus puissant que les princes sarrasins, ne pouvait former que des entreprises peu importantes. Le seul roi de Navarre réunit à sa couronne tout ce qui était au pied des Pyrénées et qui reconnaissait encore la souveraineté des Musulmans. Alphonse V, dont le royaume se ressentait encore des maux que lui avait fait souffrir Almanzor, rebâtit sa ville capitale de Léon détruite depuis plus de vingt ans, et s'appliqua à adoucir les mœurs de ses sujets. Après plusieurs années consacrées au rétablissement des lois, de l'ordre et de la discipline, le roi de Léon se lassa d'être spectateur oisif des scènes tragiques qui se suivaient si rapidement à Cordoue. Il voulut tenter de recouvrer les places du Portugal qu'il avait perdues dans la dernière guerre, et commença par mettre le siège devant Viseu. Mais cette entreprise la première qu'il fit, fut aussi la dernière ; il fut tué dans une sortie et laissa le trône à son fils Bermude III. Alphonse V se fit remarquer entre tous les monarques de son temps par son amour pour la justice, sa douceur, sa piété, sa générosité, et si, comme on l'a remarqué, il ne lui manqua que la gloire militaire pour en faire un grand roi, il eut toutes les qualités bien plus précieuses d'un bon roi (1027).

BERMUDE III, DERNIER ROI DE LÉON; 1027-1037.

SANCHE III, ROI DE NAVARRE, meurt en 1035.

ÉRECTION DES ROYAUMES DE CASTILLE ET D'ARAGON

EN FAVEUR DES FILS DE SANCHE.

Bermude III monta sans obstacle sur le trône de Léon. Sa sœur était sur le point d'épouser le comte de Castille Garcie, quand celui-ci fut assassiné par trois seigneurs, ses vassaux. Cette mort amena de grands changements dans la situation des royaumes chrétiens d'Espagne. Jusqu'ici le royaume de Léon, comprenant les Asturies, la Galice et une partie du Portugal, tenait le premier rang par son étendue et par son ancienneté. Mais par la mort du comte de Garcie, Sanche III, roi de Navarre, se trouva héritier de la Castille, par sa femme Munie-Maier, sœur de ce comte, et devint ainsi le plus puissant roi d'Espagne.

Le roi de Léon ne voyait qu'avec chagrin l'accroissement de puissance du roi de Navarre ; il saisit la première occasion qui s'offrit de lui déclarer la guerre ; mais Sanche, plus actif que son rival, entre dans le royaume de Léon, où il fait de rapides conquêtes. Bermude s'enfuit en Galice; Astorga, la plus forte place de ses états, tombe entre les mains des Navarrais. Bermude rassemble enfin ses troupes et vient pour combattre son ennemi. Tandis que les deux armées, rangées en bataille, n'attendaient que le signal, les évêques qui avaient suivi les deux rois proposent un accommodement et ont le bonheur de réussir. On signa un traité sur les bases suivantes : Ferdinand, fils de Sanche, devait épouser la sœur de Bermude ; en faveur de ce mariage, la Castille fut érigée en royaume et cédée à Ferdinand. Enfin Bermude donnait pour dot à sa sœur les conquêtes qu'on venait de faire sur lui pendant la présente guerre. On voit combien ce traité était avantageux à la maison de Navarre (1031). L'Espagne avait alors huit rois, dont trois chrétiens et cinq infidèles, sans parler des comtes de Barcelone et de Gironne.

La mort de Sanche III, arrivée quelques années après (1035), multiplia encore les couronnes; son testament, qui partageait ses états entre ses quatre fils, a fait répandre des torrents de sang.

Bermude crut pouvoir profiter de la mort de Sanche III pour reprendre tout ce qu'il avait cédé au roi de Castille. Déjà il s'était rendu maître de Palentia et de quelques autres places, quand il fut attaqué par les deux rois de Castille et de Navarre. Dans une bataille livrée sous les murs de Cariori, Bermude fut tué, et son armée, quoique plus forte de moitié que celle de ses adversaires, fut vaincue sans peine et dissipée. Ce prince ne laissait point d'enfants; en lui s'éteignit la postérité masculine de la seconde race des rois goths, issue de Pélage et d'Alphonse le Catholique. Il y avait trois cent vingt ans qu'elle occupait le trône des Asturies et travaillait à délivrer l'Espagne du joug des infidèles ; cependant elle avait à peine recouvré la moitié de ce que les Maures avaient conquis en trois ans; les Maures possédaient encore des provinces considérables, dont le territoire s'étendait le long de la Méditerranée, depuis les Pyrénées jusqu'au rocher de Gibraltar, et côtoyait l'Atlantique, depuis la pointe de Tarif jusqu'à l'embouchure du Tage ; au-delà de ce fleuve, jusqu'au Duero, ils conservaient aussi des places importantes. Tolède et une partie de la nouvelle Castille étaient encore occupées par les Maures, et Barcelone obéissait à un émir sarrasin (1037). Ferdinand, roi de Castille, se trouva héritier du trône de Léon, du chef de sa femme.

CHAPITRE IV.

Depuis la première réunion des royaumes de Castille et de Léon, jusqu'à leur réunion définitive sous le règne de Saint-Ferdinand.

PÉRIODE DE CENT QUATRE-VINGT-QUINZE ANS,
DE **1035** A **1230**.

ROYAUMES DE CASTILLE ET DE LÉON :

FERDINAND Ier. 1035 en Castille. 1037 à Léon. — 1065.

ROYAUME DE NAVARRE :

GARCIE III, tué en 1054. **SANCHE IV**, son fils.

ROYAUME D'ARAGON :

RAMIRE Ier, mort en 1063. **SANCHE I**er, son fils.

ROYAUME DE SOBRARVE, réuni à celui d'Aragon.

Un grand mouvement venait de se manifester dans toute l'Espagne. La dynastie des Ommiades était éteinte. La division bouleversait tout l'empire des Musulmans; l'anarchie épuisait leurs forces; il n'y avait plus de gouvernement central, plus de pouvoir souverain; tout était renversé. Il y avait à peine trente ans que le grand Almansor avait à sa disposition toutes les ressources de l'Afrique et de l'Espagne, et qu'il menaçait d'une entière destruction les Chrétiens, qu'il avait acculés dans un coin obscur de la Péninsule. Maintenant l'Afrique était perdue ; les deux tiers de l'Espagne au pouvoir des Chrétiens ; une foule de petits princes, de gouverneurs, qui tremblaient autrefois au seul nom d'Almansor, insultaient et bravaient les faibles souverains de Cordoue. Pendant ce temps-là, les victoires de Sanche le Grand avaient étendu sa domination sur toute l'Espagne chrétienne, depuis les Pyrénées jusqu'à Saint-Jacques, depuis la mer de Biscaye jusqu'au-delà du Duero. Malheureusement le partage qu'il avait fait de ses états, entre ses quatre fils, divisa de nouveau les forces des Chrétiens et sauva les Arabes d'une perte certaine. Leur domination se maintint encore pendant cinq cents ans. En vain la mort du roi de Léon, en réunissant ce royaume à la Castille, répara en partie la faute de Sanche. Cette réunion, qui contenait en germe l'avenir de l'unité espagnole, ne devait pas durer plus d'une génération de rois. L'heure n'était pas venue pour ces deux royautés jumelles de s'absorber l'une dans l'autre et de constituer, aux dépens de l'empire de Cordoue, la grande monarchie centrale à laquelle devaient un jour se rallier toutes les autres [1].

Après la défaite et la mort de Bermude III, Ferdinand I se rendit à la ville de Léon, qui n'essaya pas même de lui résister. Devenu le plus puissant prince de l'Espagne chrétienne, il rassembla sous son sceptre, avec la Castille son patrimoine, Léon, la Galice et les Asturies, héritage de l'infortuné Bermude, et régna seul sur tout le nord-ouest de la Péninsule et sur les deux tiers de l'Espagne chrétienne. A côté de lui, vers l'est, s'étendaient les états de son frère aîné Garcie, souverain de Navarre et de Biscaye, berceau de la puissance de sa famille et le mince royaume de Ramire, sous le titre de royaume d'Aragon ;

[1] Rosseeuw St-Hilaire, Hist. d'Espagne, t. IV, p. 119.

le comté de Sobrarve, vers le centre des Pyrénées, formait une royauté plus dérisoire encore, dévolue à Gonçalez, troisième fils de Sanche. Enfin, vers l'extrémité orientale de l'Espagne, Raymond Bérenger 1, surnommé le *Vieux*, comte de Barcelone, et comte aussi puissant que des rois, avait succédé en 1035 à son père Bérenger I, et régnait sur la Catalogne, depuis Rosas jusqu'au *rio* Noguera et à l'embouchure de l'Ebre. L'Espagne avait donc alors cinq princes chrétiens.

La partie occupée par les Mahométans avait encore un bien plus grand nombre de souverains indépendants. Sur les grandes villes et les principales provinces régnaient des émirs qui avaient sous eux, comme vassaux, un certain nombre de walis ou gouverneurs et de cadis. Beaucoup de walis cherchaient aussi à secouer toute dépendance; mais ils ne réussissaient qu'autant qu'un voisin puissant y trouvait ses intérêts. Les capitales des principaux gouvernements étaient Cordoue, Séville, Grenade, Malaga, Valence, Badajos, Tolède et Saragosse. Ces états étaient tantôt alliés, tantôt en guerre les uns contre les autres, au gré de la politique égoïste des émirs.

Le morcellement de l'empire mahométan, les dissensions intestines qui le déchiraient, lui avaient ôté toute puissance de nuire aux princes chrétiens; ceux-ci n'avaient rien à craindre de ce côté; c'était le moment de réunir toutes leurs forces pour anéantir et chasser de la Péninsule les ennemis de leur croyance; mais ils négligèrent d'en profiter.

Ferdinand I s'était fait couronner roi de Léon, le 22 juin 1037. La réunion des deux couronnes n'éprouva de résistance que de la part des Galiciens, peuple le plus remuant de toute l'Espagne. Plusieurs seigneurs de Galice, plutôt que de le reconnaître, aimèrent mieux se retirer chez les infidèles.

Un an s'était à peine écoulé depuis la réunion de la Castille et de Léon, lorsque le petit royaume de Sobrarve se réunit également à celui d'Aragon. Gonçalez, qui régnait à Sobrarve, fut assassiné par un de ses vassaux, et le peuple élut pour lui succéder Ramire, roi d'Aragon.

Une obscurité impénétrable couvre pendant plusieurs années l'histoire de Navarre et d'Aragon, et même celle de Castille. Tout ce qu'il est possible de démêler, c'est que Ramire d'Aragon agrandit peu à peu ses états, et commença à constituer cette royauté naissante sur des bases bien plus solides, grace à des alliances ou à des guerres heureuses avec les walis musulmans de la vallée de l'Ebre, où dominait l'émir de Saragosse.

On voit aussi que Ferdinand, désirant se concilier l'affection de ses nouveaux sujets, avait choisi Léon pour capitale de ses états. Jaloux de la gloire de législateur, en attendant celle de conquérant, il confirma au royaume de Léon les lois que son beau-père Alphonse v lui avait données, et en ajouta de nouvelles dans le concile à la fois ecclésiastique et politique de *Coyanza*, en 1050.

Cependant la discorde régnait toujours dans cette famille de rois, où Sanche, par son imprudent partage, avait semé la haine et la jalousie. Garcie de Navarre, l'aîné des fils de Sanche, jetait un œil de convoitise sur les vastes possessions de son frère Ferdinand de Castille, bien mieux partagé que lui. N'osant le combattre à force ouverte, il tenta une infâme trahison pour se défaire de lui. Il feignit une grave maladie, et fit prier Ferdinand son frère de venir le voir à Najéra, sa capitale: Ferdinand, ne soupçonnant rien, se rend à l'invitation de son frère ; mais à peine s'était-il mis en route, qu'il est averti des projets de Garcie, et s'en retourne en hâte à Léon, justement irrité d'une telle perfidie. Quelque temps après, Ferdinand tombe malade à son tour, et Garcie, jugeant à propos de désarmer ses soupçons, par une feinte confiance, vient lui rendre visite, est fait prisonnier, et parvient à s'échapper quelques jours après. La guerre dès lors ne pouvait manquer d'éclater, et Garcie, accusant la perfidie de son frère, sans songer qu'il l'avait provoquée, ne tarda pas à envahir les frontières de la Castille, avec une armée grossie de Sarrasins, achetés à l'émir de Saragosse.

Ferdinand s'avança avec ses troupes au-devant de Garcie; mais désirant, en bon frère et en bon chrétien, éviter l'effusion du sang, il envoya des députés offrir la paix au roi de Navarre, s'il voulait évacuer ses états et demeurer en paix dans son royaume. Garcie, aveuglé par la colère, chassa les députés de son frère, et s'en remit aux armes pour décider entre eux. La bataille eut lieu près de Burgos, dans la vallée d'Atapuerta, en septembre 1054. La circonspection froide de Ferdinand, et l'attaque impétueuse de la cavalerie léonaise, qui prit les ennemis en flanc, décidèrent la victoire. Garcie, qui combattit avec la plus brillante valeur et n'évita aucun danger, tomba percé d'un coup mortel, et expira sur le champ de bataille. Les Navarrais, à cette nouvelle, prirent la fuite en désordre; mais le généreux Ferdinand ordonna à ses troupes d'épargner les Chrétiens dans leur poursuite, et de ne frapper que les Sarrasins; et il fit enterrer en grande pompe le corps de son frère dans l'église de Najéra.

Cette victoire procura un nouvel agrandissement au royaume de Castille. Toute la rive droite de l'Ebre, qui appartenait à la Navarre, fut occupée par Ferdinand. Il laissa le reste du royaume, depuis l'Ebre supérieur jusqu'aux Pyrénées occidentales, au fils du roi défunt, Sanche IV, que les Navarrais avaient proclamé immédiatement après la mort de Garcie.

Le roi de Castille, libre enfin de consacrer ses forces à de plus nobles ambitions, s'occupa d'agrandir ses états aux dépens des ennemis de la religion. Après avoir employé quelques années à se préparer à cette croisade, qui devait remplir le reste de sa vie, il entra sur le territoire de Portugal au printemps de 1057 et s'empara de plusieurs autres places fortes et importantes. L'année suivante il marcha sur Viseu, qui fut emportée après une résistance opiniâtre; ses habitants furent massacrés ou emmenés captifs. Parmi eux on trouva l'archer qui avait tué Alphonse v, beau-père de Ferdinand. Celui-ci, souillant sa victoire par une cruauté bien tardive, lui fit arracher les yeux et couper les mains et un pied. Lamégo, forte cité, fut ensuite attaquée et éprouva le même sort que Viseu. Coïmbre, la principale ville de Portugal, n'évita l'assaut et la destruction, qu'en se rendant et en obtenant pour ses habitants la vie sauve, et la faculté de se retirer sans rien emporter de tout ce qu'ils possédaient.

Après avoir soumis le Portugal, Ferdinand voulut porter l'invasion au cœur de l'émirat de Tolède. Au printemps de 1059, ayant tourné par les vallées de l'Ebre la *Sierra* de Moncay, il dévasta tout le pays de Tarrazona à Madrid, prit Talamanca, Guadalajara, Ucéda, Alcoba, et vint mettre le siège devant Alcala de Hénarès; les habitants effrayés envoyèrent implorer le secours de leur suzerain, l'émir de Tolède, en lui conseillant d'apaiser la colère de Ferdinand par des soumissions et par des présents. Al-Mamoun, émir de Tolède, cédant à la nécessité, vint en personne demander la paix au roi de Castille, et lui offrir de se reconnaître pour son tributaire. Ferdinand accepta son hommage et s'en retourna dans ses états, chargé des présents de l'émir et des dépouilles de ses cités conquises.

Les émirs de Badajoz et de Saragosse avaient acheté, au prix de la même soumission que celui de Tolède, la paix avec le redoutable monarque de Castille. Un seul des émirs musulmans, Mohammed-ben-Abed de Séville, était par l'éloignement de ses états, à l'abri des armes et des prétentions de la Castille. Mais l'audace croissait à Ferdinand avec le succès, et il résolut d'aller à son tour faire voir aux rives du Guadalquivir l'étendard de la Croix. Après avoir consacré deux années de paix et de repos à réparer les places des bords du Duero, il envahit au printemps de 1063 les états de l'émir de Séville, à la tête d'une armée formidable. L'incendie et la dévastation marquaient partout la trace de son passage, lorsque ben Abed offrit d'acheter la paix au même prix qu'Al Mamoun. Ses prières et surtout ses présents, désarmèrent la colère de Ferdinand, qui consentit à accepter l'hommage de l'émir de Séville. Mais le fruit le plus précieux de sa conquête, aux yeux du pieux monarque, furent les reliques de saint Isidore d'Hispalis, qu'il ramena en grande pompe à Léon.

L'année suivante, 1064, fut encore consacrée par Ferdinand à de nouvelles expéditions contre les Sarrasins de l'est, qui refusaient de lui payer tribut. Il envahit d'abord tout ce pays depuis Calatayud jusqu'à Valence. Mais une maladie grave mit bientôt un terme à son expédition ; aussitôt il se fit ramener à Léon, pour mourir du moins sur une terre chrétienne. Sa vie se prolongea cependant encore près d'une année. Sentant sa fin approcher, il se fit transporter dans l'église de Saint-Jean-Baptiste, qu'il avait fait bâtir. Là, couvert de tous ses ornements royaux et la couronne en tête, il s'inclina vers l'autel en s'écriant : « A toi est la puissance, ô Seigneur! toi seul es le maître des rois ; à toi obéissent et la terre et les cieux. Et voici que je te rends la couronne que tu m'as donnée, et que j'ai gardée aussi long-temps qu'il t'a plu ; et tout ce que je te demande, c'est d'arracher mon âme au tourbillon de ce monde et de la recevoir dans ta paix » Après cette prière, il se fit revêtir de l'habit de pénitent, on lui répandit des cendres sur la tête, et on le rapporta dans son palais. Il mourut le jour suivant (27 décembre 1065), après avoir régné trente-sept ans sur la Castille, et vingt-huit ans sur Léon et les pays qui en dépendaient.

Ferdinand I est au nombre des plus grands rois espagnols. On remarquera surtout en lui cette ardente piété qui soutenait les rois chrétiens dans leur éternelle croisade contre les Maures et leur adoucissait le passage de cette vie dans l'autre ; c'était là le secret de leurs victoires et de tant d'humilité à côté de tant de grandeur. Sans la foi, en effet, comment se rendre compte de ces miracles de patient courage, sans cesse renouvelés depuis trois siècles, et qui ont tant de fois sauvé l'Espagne chrétienne de sa ruine. On a souvent reproché aux rois chrétiens d'Espagne d'avoir accordé une trop grande influence au clergé; ce reproche s'explique facilement; comment aurait-il pu en être autrement dans une société où la religion était le seul mobile de la valeur des princes comme du dévouement des sujets? Mais il est un fait constaté par le témoignage de l'histoire: c'est qu'en retour de l'autorité temporelle qu'on leur laissait prendre, ces prélats, ces abbés, compagnons assidus de leurs rois dans la guerre comme dans la paix, toujours prêts à aller négocier, au péril de leur vie, avec les infidèles, ou confesser les mourants sur le champ de bataille, n'étaient avares pour la sainte cause qu'ils défendaient, ni de leur sang ni de leurs fatigues. Pieuse milice de la royauté, portant à côté de l'armure de fer des *ricos hombres*, leur froc béni, que les flèches n'épargnaient pas toujours, s'étonnera-t-on qu'après avoir partagé dans la guerre tous les périls du monarque, ils vinssent dans la paix siéger à ses conseils et partager un pouvoir dont ils étaient les plus fermes soutiens? De là cette vieille alliance de la royauté espagnole avec le clergé, alliance scellée sur tant de champs de bataille, et contre laquelle la noblesse, abandonnée à ses propres forces, devait en vain essayer de lutter [1].

C'est au règne de Ferdinand I que remontent les premiers exploits du fameux Rodrigue Dias, si connu sous le nom de Cid (en arabe *Ceid, seigneur*), qui lui a été donné par les Maures. A peine âgé de quinze ans, il tua dans un combat singulier le comte de Gormaz qui avait insulté son père. La fille du comte vint demander justice à la cour, vit le meurtrier, l'aima et devint son épouse. Tel est le sujet du premier chef-d'œuvre de Corneille. Le Cid a été célébré dans une foule de poèmes, de nouvelles et de romances.

[1] Rosseeuw St-Hilaire, Hist. d'Espagne, t. IV, p. 225.

Malgré la triste expérience que l'Espagne chrétienne avait faite en divisant son territoire et sa puissance, le malheur ne la rendit pas plus sage. Ferdinand, de l'avis des grands et des prélats, commit la même faute que son père Sanche le Grand, et cette faute eut des suites non moins funestes. Un an avant sa mort, le roi de Castille avait convoqué une assemblée nationale à Léon, et là on avait réglé le partage des états de Ferdinand entre ses trois fils, de la manière suivante : Sanche, l'aîné, obtint la plus grande partie de la Castille ; Alphonse eut le royaume de Léon et les Asturies, avec la suzeraineté de l'émir de Tolède ; Garcie, le plus jeune, obtint la Galice et le Portugal, comme royaume, avec la suzeraineté sur les émirs de Séville et de Badajoz. Il plaça tous les couvents de son royaume sous la haute direction de ses deux filles, dona Urraque et dona Elvire ; en outre, la première reçut la ville de Zamora, forteresse importante sur le Duero ; la seconde, Toro et quelques autres places situées sur le même fleuve. Nous verrons combien cet arrangement dura peu.

ROYAUME DE CASTILLE. **SANCHE II**, DIT LE FORT.
1066-1075.

ROYAUME DE LÉON. **ALPHONSE VI.** 1065-1072.

ROYAUMES DE CASTILLE ET DE LÉON réunis sous le même
ALPHONSE. 1072-1109.

ROYAUME DE NAVARRE. **SANCHE IV**, assassiné en 1076.

ROYAUME D'ARAGON. **SANCHE I****er**

Réunit la Navarre à son royaume après la mort de Sanche IV. Meurt en 1094.

SON FILS DON **PÈDRE I, OU PIERRE SANCHE,**
lui succède. Meurt en 1104.

ALPHONSE I**er**, DIT LE BATAILLEUR, succède à Pierre I, son frère.

Pendant les deux années qui suivirent la mort de Ferdinand I, l'ascendant de sa pieuse veuve, dona Sancha, parvint à maintenir, non sans peine, la concorde entre ses enfants et leurs cousins de Navarre et d'Aragon. Des trois frères, le plus impatient de ce partage d'autorité, était l'aîné, Sanche, roi de Castille. Son inquiète ambition lui fit d'abord attaquer ses cousins de Navarre et d'Aragon; mais cette tentative ne lui réussit pas. Au sortir de cette guerre il tourna ses armes contre son frère Alphonse, roi de Léon. Après trois ans d'une lutte terrible qui désola la Castille et le royaume de Léon, Alphonse tomba au pouvoir de son frère et perdit ses états et la liberté. Sa sœur Urraque parvint à le faire échapper de sa prison, et Alphonse s'enfuit à Tolède chez son vassal Al-Mamoun, qui lui donna un asile et une généreuse hospitalité (1070).

Garcie, roi de Galice et de Portugal, eut encore un destin moins heureux qu'Alphonse. Sanche parvint d'autant plus facilement à le renverser, que celui-ci s'était rendu odieux à ses propres sujets par sa tyrannie et par l'élévation d'un favori détesté des grands. Quand il se vit attaqué, il n'essaya pas même de se défendre, et il se réfugia auprès de son vassal, Mohammed-ben-Abad, émir de Séville.

Le roi Sanche se trouva ainsi maître de tous les états de ses frères; il voulut encore y joindre les villes données à ses sœurs. En 1072 il s'empara de Toro, et vint mettre le siége devant Zamora. Cette place, défendue avec courage par le gouverneur Ariáz Gonzalez et par l'intrépide dona Urraque, résista à tous les efforts de Sanche. Celui-ci s'obstinait à poursuivre ce siége avec ardeur, lorsqu'il fut assassiné le 4 octobre (1072) par un nommé Vellido, qui s'était introduit auprès du roi comme transfuge. Ce coup hardi jeta le découragement et l'effroi dans l'armée assiégeante, qui reprit en toute hâte le chemin de la Castille.

Urraque se hâta d'envoyer à Tolède, à son frère Alphonse, la nouvelle d'un évènement qui lui rendait son trône et allait lui donner celui de Castille; car Sanche ne laissait point d'enfants. Alphonse fut reçu avec enthousiasme par ses anciens sujets de Léon ; mais les Castillans, avant de le reconnaître pour leur roi, exigèrent qu'il fît le serment qu'il n'avait eu aucune part au meurtre de son frère Sanche. Le fameux Cid fut disgracié, pour s'être mis à la tête des grands qui imposèrent au monarque cette humiliante condition. Alors ce grand capitaine quitta la cour de Castille, et alla, suivi de quelques braves aventuriers, chercher un établissement sur les terres des Maures. Il s'empara en effet, après divers exploits, d'un château dans la province de Terruel, sur les bords du Guadalquivir. Ce château était situé sur une hauteur qui porte encore le nom de *Pena del Cid*.

Garcie, profitant comme Alphonse de la mort de Sanche, était venu reprendre son royaume. Alphonse, oubliant tout principe d'équité et de morale, chassa son frère de son trône, se saisit de sa personne et l'enferma dans le château de Lima, où il mourut après dix-huit ans de captivité. Maître par ce crime du Portugal et de la Galice, Alphonse les réunit de nouveau au royaume de Castille, et se trouva à peu près aussi puissant que l'avait été son père Sanche.

En 1076, Sanche IV, roi de Navarre, périt misérablement victime d'une conspiration. Il laissait deux enfants en bas-âge ; mais Sanche-Ramire, roi d'Aragon, s'empara de la Navarre et se fit couronner à Pampelune. Il acheta le consentement du roi de Castille à cette usurpation, en lui cédant quelques parties du royaume dont il s'emparait. Ainsi la branche aînée de la famille des rois de Navarre se trouva exclue du trône, et l'Espagne chrétienne ne compta plus que deux rois.

L'émir de Tolède, Al-Mamoun, qui avait si généreusement accordé l'hospitalité à Alphonse, mourut en 1080. Son fils Hiaia lui succéda ; mais il s'attira bientôt la haine de ses sujets par sa lâcheté, son orgueil, sa mollesse et ses débaucher. Les Chrétiens de Tolède appelèrent le roi de

Castille pour les délivrer d'un tel monstre, tandis que de leur côté les Musulmans invitaient l'émir de Séville à s'emparer du trône de Hiaia. On dit qu'Alphonse hésita quelque temps à faire la guerre au fils de son bienfaiteur; ce scrupule ne s'accorde guère avec la conduite qu'il avait tenue envers son frère Garcie et les fils du roi de Navarre; quoiqu'il en soit, l'intérêt l'emporta bientôt sur la reconnaissance. L'occasion de recouvrer Tolède, l'ancienne capitale de la monarchie des Goths, et toute la nouvelle Castille, était trop belle pour la laisser échapper. Une armée puissante franchit, sous les ordres d'Alphonse, les montagnes qui séparent les deux Castilles; Olmos, Canales, Madrid, Guadalaxara, Uzeda, Maqueda, Talavera, etc., tombent en son pouvoir. L'émir de Séville s'était en même temps emparé de Calatrava, Consuegra, Cuenca et Uclès.

Les conquêtes qu'avait faites Alphonse dans cette première campagne n'étaient que le prélude de celles qu'il méditait. C'était Tolède qui était le but de son ambition; mais il fallait de grands préparatifs pour réduire une ville si forte, si peuplée, et que les Sarrassins défendraient sans doute avec le courage du désespoir. Ne comptant pas pouvoir réunir dans ses états des forces suffisantes pour achever une telle entreprise, il publia son projet par toute l'Europe, et invita les chevaliers étrangers à venir partager avec lui l'honneur d'une si belle conquête. Bientôt une foule de chevaliers accoururent de toutes les parties de l'Europe se ranger sous les étendards d'Alphonse. On comptait parmi eux des Français, des Allemands, des Anglais, des Italiens, des Grecs, des souverains et des princes, comme le roi d'Aragon, le comte de Toulouse, Raymond et Henri de Bourgogne, princes du sang royal de France[1], un Paléologue de la maison des empereurs qui régnaient

[1] Raymond était fils de Guillaume-le-Grand, comte de Bourgogne; Henri était petit-fils, par Henri son père, de Robert 1, duc de Bourgogne, fils de Robert, roi des Francs, successeur de Hugues Capet.

alors à Constantinople. Ces trois derniers se fixèrent en Espagne ; Raymond de Bourgogne épousa la fille d'Alphonse, et devint ainsi la tige de tous les rois qui ont régné en Castille jusqu'à la maison d'Autriche ; Henri de Bourgogne, devenu comte de Portugal, a fondé la maison royale de Portugal ; les descendants de Paléologue ont pris le nom de Tolède, et devinrent une des plus illustres familles d'Espagne.

Suivi de cette multitude de guerriers et du Cid, qu'il avait rappelé à sa cour, Alphonse investit Tolède. Le siége en fut long et mémorable. Hiaia, près de perdre une couronne dont il ne connaissait le prix que depuis qu'elle chancelait sur sa tête, se défendit en héros et communiqua son courage aux assiégés. Mais tant d'efforts furent inutiles et ne purent sauver Tolède. Après trois mois de siége, il fallut se rendre (1085). Alphonse se piquant de générosité, laissa Hiaia maître des articles de la capitulation. Quoiqu'elle fût extrêmement avantageuse aux Sarrasins, à qui le vainqueur accordait le libre exercice de leur religion, avec la principale mosquée de Tolède, la conservation de leurs lois, de leurs magistrats, de leurs biens, de leurs priviléges, de tous leurs usages, une foule de Mahométans sortirent de la place, aimant mieux suivre Hiaia à Valence qui lui restait encore, que d'éprouver la honte d'être soumis aux Chrétiens.

La conquête de Tolède, qui depuis trois cent soixante et douze ans appartenait aux Musulmans, répandit la terreur et la consternation dans toute l'Espagne sarrasine ; les émirs de Séville et de Badajoz se coalisèrent et appelèrent du fond de l'Afrique des Maures à leur secours. C'était bien tard ; ils auraient dû former ce projet pour sauver Tolède. Alphonse, pour prévenir leurs desseins, pénètre dans l'Estramadure et prend Coria ; mais, entre Badajoz et Mérida, il perd une grande bataille (1086). La meilleure partie de son armée y périt ; lui-même, blessé et poursuivi de près, n'eut que le temps de se sauver à Coria. Aigri par sa défaite et sa blessure, il reprocha vivement aux chevaliers qui l'avaient suivi leur fuite et leur retraite; ceux-ci indignés retournèrent dans leur pays, et quelques-uns même passèrent au service des infidèles.

Alphonse, de retour à Tolède, convoqua une assemblée pour l'élection d'un archevêque. Le choix se porta sur Bernard, abbé de Sahagun et français de nation. Le pape Urbain II, en lui envoyant le *pallium*, le nomma primat d'Espagne; Alphonse lui assigna des revenus considérables, et depuis cette époque l'archevêché de Tolède a été le plus riche bénéfice du monde chrétien.

Animé du désir et de l'espérance de venger sa défaite, Alphonse rassemble une puissante armée, et invite les Français à venir encore une fois partager avec lui sa gloire et ses fatigues. En attendant l'arrivée de ces secours, l'impatient Alphonse, suivi de Raymond et de Henri de Bourgogne, entre dans l'Andalousie, et met cette belle et riche province à feu et à sang. Sa fierté, les ravages de son armée, et encore plus la nouvelle que les Français avaient déjà passé les Pyrénées, inspirent une si grande terreur aux émirs de Séville et de Badajoz, qu'ils font une paix extrêmement honteuse, consentant à rendre hommage à Alphonse et à lui payer un gros tribut.

Cependant les Français, instruits que la paix rendait leurs secours inutiles, et ne voulant pas rentrer dans leur patrie les mains vides, ravagent les provinces qu'ils étaient venus défendre, et s'en retournent chargés d'un immense butin.

Alphonse employa les loisirs de la paix à réparer et à fortifier les villes dont il s'était emparé; il chargea de ce soin Raymond de Bourgogne, et bientôt, pour le récompenser de ses services, il lui donna en mariage sa fille Urraque (1090), avec la Galice à titre de comté.

En 1084, Sanche-Ramire, roi d'Aragon et de Navarre, célèbre par sa valeur et ses succès, est tué devant Huesca. Son fils Pierre I lève le siége de cette ville.

En 1095, Alphonse démembra le Portugal de sa couronne, et le donna avec titre de comté à Henri de Bourgogne, qui épousa Thérèse, sa fille naturelle. Cet Henri de Bourgogne, grand homme de guerre, fut effacé par son fils, qui augmenta ses états et prit le titre de roi.

La même année, Alphonse, veuve déjà de plusieurs femmes, épousa la fille de Mohammed-ben-Abad, émir de Séville. Cette princesse, nommée Zaïde, fut baptisée avant la célébration du mariage et reçut le nom de Marie-Isabelle. La liaison d'Alphonse avec Ben-Abad lui fit faire une démarche imprudente et contraire à toutes les règles de la politique. L'émir de Séville voulait dompter les gouverneurs de Grenade, d'Alméria et de Murcie; Alphonse, de son côté, brûlait du désir de subjuguer les Maures de Saragosse et de Dénia. Délibérant ensemble sur leurs desseins, ces deux princes jugèrent que le meilleur moyen de réussir était d'appeler, pour les seconder dans leurs projets, Iousef-Aben-Texufin, roi des Mahométans almoravides qui occupaient toute la partie occidentale de l'Afrique, qui comprenait l'ancien royaume de Tlemcen et l'empire actuel de Maroc. Ces Almoravides ou Morabites, mot qui signifie *attaché à l'observation de la loi*, était une secte nouvelle et fanatique qui traitait les autres musulmans de relâchés et d'hérétiques, et ne leur portaient pas moins de haine qu'aux Chrétiens.

Iousef saisit avec joie l'occasion d'asservir l'Espagne; il envoie promptement une armée formidable en Andalousie, avec un ordre secret à son général Abenaxa de commencer son expédition par dépouiller les souverains de Séville et de Castille. Soit pressentiment, soit repentir, Ben-Abad veut persuader Abenaxa de retourner en Afrique. Abenaxa ne répond à ce conseil qu'en ravageant l'Andalousie et en livrant bataille. L'imprudent Ben-Abad la perd avec la liberté; Séville ouvre ses portes aux Almoravides; le vainqueur, maître de son armée qu'il avait séduite, trahit Iousef et se fait proclamer émir de Séville; il rend à ce trône un éclat passager, en domptant les princes de Grenade, d'Almérie, de Murcie, en détruisant une armée de Castillans près de la Rueda, et en faisant revivre le titre pompeux d'Emir-al-Mouménim, porté si longtemps par les souverains de Cordoue.

Alphonse perd encore une bataille près de Badajoz. Il est vrai que ce fut le terme des prospérités d'Abenaxa; il laissa respirer son ennemi, qui, devenant à son tour supérieur, le poussa vivement et l'assiégea dans Cordoue. L'orage dont Iousef Texufin menaçait l'un et l'autre, les obligea à faire la paix, à condition qu'Abenaxa rendrait hommage de ses conquêtes à Alphonse, et lui paierait tribut.

La position d'Alphonse devenait de plus en plus difficile. Le Cid, de nouveau disgracié, mais toujours fidèle, toujours brave, venait de mourir dans la ville de Valence, qu'il avait enlevée aux Maures (1099). Au bruit des exploits des premiers croisés, qui, sous la conduite de Godefroi de Bouillon, venaient de s'emparer de Jérusalem, une foule de chevaliers espagnols, surtout ceux qui s'étaient attachés à la fortune du Cid, s'étaient mis en route pour la terre sainte, qui leur paraissait le seul théâtre où l'on pût acquérir de la gloire. Ainsi, loin de pouvoir compter, comme autrefois, sur les chevaliers étrangers, le roi de Castille se voyait même abandonné des siens. Dans cette extrémité, il s'adressa au pape Pascal, qui s'empressa de déclarer que les chevaliers espagnols étaient dispensés de la croisade, quand même ils en auraient fait le vœu, et il leur ordonna par une bulle de remplir leur vœu en défendant leur patrie contre les infidèles.

Il était temps que ces guerriers revinssent au secours de l'Espagne; le roi de Maroc, débarqué avec deux cent mille hommes en Andalousie, après avoir taillé en pièces les troupes d'Abenaxa, pris leur chef, à qui il fit couper la tête, venait de vaincre Henri de Bourgogne, et de faire assiéger Valence (1100). Chimène, cette célèbre épouse du

Cid, animée de la même audace que son époux, défendit si bien la ville que les Maures levèrent le siège. Mais Valence était trop éloignée pour pouvoir être secourue, et lorsqu'elle fut de nouveau menacée par les Almoravides, il fallut l'abandonner, et l'immortelle Chimène ne l'évacua qu'en frémissant (1101).

Le roi de Maroc, qui avait aussi pris le titre d'Emir-al-Mouménim, repasse en Afrique pour en amener de nouvelles troupes en Espagne, laissant à son fils Ali-Iousef, vice-roi de l'Andalousie, le soin de continuer la guerre contre les rois chrétiens. Il la fit avec avantage, et pendant que son père levait une nouvelle armée, il affermit et étendit la puissance des Almoravides.

Iousef-Aben-Texufin, déjà avancé en âge, voulut visiter encore une fois l'Espagne pour tout y régler avant sa mort (1103). Après avoir parcouru toutes les parties de sa domination dans la Péninsule, il convoqua à Cordoue tous les principaux scheiks et walis d'Afrique et d'Andalousie, et leur fit prêter serment d'obéissance à son fils Ali, comme à son futur successeur. Il retourna ensuite à Maroc, où il mourut trois ans après dans la centième année de son âge, après avoir, dans un règne de quarante-quatre ans, relevé l'empire de l'islamisme défaillant en Espagne, et donné aux Almoravides une puissance égale à celle des Ommiades.

Immédiatement après la mort de son père, Ali-ben-Iousef fut proclamé Emir-al-Moumenim à Maroc et dans toute l'Afrique. Dès l'année suivante (1107 ou au commencement de 1108), il visita de nouveau la Péninsule pour préparer une attaque générale contre les Chrétiens. Il confia les fonctions de généralissime à son frère Abou-Tahir-Temin, qu'il avait nommé wali de Valence; celui-ci, à la tête d'une immense armée, se dirigea de Grenade vers les frontières chrétiennes.

Au bruit de son approche, la Castille consternée fait les derniers efforts pour sa liberté. La situation de ce royaume était déplorable. Alphonse, vieux et cassé de fatigues, ne pouvait plus combattre; son gendre, Raymond de Bourgogne, venait de mourir; pour comble de malheurs, les comtes de Castille déclarèrent qu'ils ne pouvaient être commandés que par le roi ou par l'infant. Ce dernier était le seul enfant mâle qui restait au roi; il était fils de sa dernière épouse, la sarrasine Zaïde, et n'était âgé que de dix ans. Quelque cher qu'il fût au roi et à la Castille, il fallut l'exposer aux dangers imminents de cette guerre, et l'envoyer à l'armée en qualité de général, sous la conduite du comte de Cabra, son gouverneur, qui commandait en effet. Abou-Tahir qui s'avançait vers Tolède rencontra l'armée de l'infant à Uclès; on en vint aux mains avec acharnement de part et d'autre; mais l'issue fut fatale aux Castillans. Leur jeune infant, digne d'un meilleur sort, fut tué; son gouverneur et six autres comtes eurent le même sort, ce qui a fait appeler cette bataille la journée des sept comtes. Dès que la mort du jeune prince fut connue de l'armée chrétienne, tous les soldats prirent la fuite en désordre. Les vainqueurs en firent un grand carnage, et profitèrent du premier moment de terreur pour prendre Uclès d'assaut. Plus de vingt mille chrétiens restèrent sur la place; les Sarrasins avaient eux-mêmes payé la victoire fort cher. Cela explique pourquoi ils ne poursuivirent pas leurs avantages et ne s'avancèrent pas plus loin dans la province de Tolède. Il n'y eut que les villes voisines d'Uclès, Cuença, Amastrigo, Huesta, Aurelia, Ocania et Consuegra, qui tombèrent en leur pouvoir.

La victoire d'Uclès, qui fut gagnée le 29 mai 1108, forme l'apogée de la puissance almoravide en Espagne. Depuis ce temps elle tomba d'année en année; l'esprit de révolte la mina en Afrique, comme en Andalousie, et l'on put dès lors prévoir sa ruine prochaine.

D'un autre côté, cette bataille, et surtout la mort du jeune infant, portèrent, à la puissance comme au cœur d'Alphonse VI, un coup dont il ne devait pas se relever.

Ce prince, après tant de gloire et de revers, courbé sous le chagrin plus que sous les années, sentait la mort approcher. Pendant dix-huit mois encore après la bataille d'Uclès, il traîna cette vie qui lui était à charge, luttant jusqu'au dernier moment avec une vigueur plus qu'humaine contre le mal qui le rongeait. Avant de mourir il s'occupa, avec la fermeté d'un chrétien et d'un roi, de régler l'ordre de sa succession, qu'aucun fils, hélas ! ne devait plus recueillir.

Des six épouses qu'il avait eues, aucune ne lui avait donné d'héritier mâle que Zaïde, et cet enfant si cher et si longtemps désiré venait de mourir. La succession d'Alphonse revenait donc de droit au fils unique de l'infante Urraque, l'aînée des filles du roi, veuve de Raymond de Bourgogne, comte de Galice, mort en 1106. Mais le fils d'Urraque, Alphonse Raymond, à peine âgé de trois ans, ne pouvait de long-temps encore se charger de ce lourd fardeau. D'un autre côté, Urraque jeune encore aurait-elle la force de le supporter. Alphonse pensa que le moment était venu de réunir dans une seule main tous les états de l'Espagne chrétienne, et cette pensée seule atteste la supériorité de ses vues sur celle des rois ses contemporains. Pour cela il n'y avait qu'un moyen : c'était d'unir sa fille Urraque avec Alphonse I, dit le *Batailleur*, souverain d'Aragon et de Navarre, roi-chevalier que ses vertus rendaient digne de cette haute fortune. Le roi proposa cette union à ses cortès assemblées dans la cité de Léon ; elle fut approuvée avec enthousiasme comme un gage d'unité et de repos pour l'Espagne et pour la chrétienté. On décida que le jeune Alphonse Raymond, héritier éventuel de la couronne de Castille et de Léon, dans le cas où les nouveaux époux n'auraient pas d'enfants de leur union, auraient pour apanage la Galice, comme un fief relevant de la Castille, au même titre que le Portugal sous le comte Henri. Peu de temps après ces dispositions, par lesquelles Alphonse croyait avoir assuré le repos de l'Espagne chrétienne, il s'éteignit doucement le 30 juin 1109, après un règne de quarante-quatre ans, interrompu par un an d'exil. Malgré les deux défaites de Zalaca et d'Uclès, c'est de ce règne que date réellement la grandeur de la Castille, qui monta dès lors, pour n'en plus descendre, au premier rang des états chrétiens de la Péninsule. La conquête de Tolède, la cité la plus centrale et la vraie capitale de l'Espagne, porta à la puissance musulmane un coup dont elle ne devait pas se relever. Peut-être même, si la conquête almoravide ne fût venue apporter à l'islam dans la Péninsule de nouvelles forces et un nouvel élan, la gloire de délivrer l'Espagne du joug musulman était-elle réservée à Alphonse. Deux fois vaincu, mais vainqueur en revanche dans trente-neuf batailles, il obtint le surnom glorieux de *lumière et bouclier de la foi*, et prit dans les dernières années de sa vie le titre d'empereur, pour lutter d'égal à égal contre les prétentions de l'empire d'Allemagne, qui voulait que toutes les couronnes d'Occident relevassent de lui à titre temporel, comme à titre spirituel elles relevaient du saint-siége.

URRAQUE ET ALPHONSE D'ARAGON. 1109-1126.

NAVARRE ET ARAGON : le même ALPHONSE Ier,
DIT LE BATAILLEUR.

Depuis Rodrigue, le dernier roi goth, aucun monarque chrétien n'avait régné dans la Péninsule sur une aussi vaste étendue d'états, qu'Alphonse d'Aragon, après son mariage avec la fille du roi de Castille : possédant de son chef l'Aragon et la Navarre ; du chef de sa femme Urraque, Léon, les Asturies et la Castille ; suzerain au même titre de la Galice et du Portugal et du comté de Barcelone, Alphonse 1, d'Aragon [1], se trouvait de fait, sinon de droit,

[1] Quelques historiens le nomment Alphonse vii pour la Castille; mais comme il n'était pas de *droit* roi de Castille, nous avons

à la tête de l'Espagne chrétienne, qu'il pouvait réunir tout entière contre ses éternels ennemis. Monté en 1105 sur le trône d'Aragon, il y avait succédé à son frère Pierre I, *batailleur*, comme lui et comme toute cette belliqueuse famille. La dernière pensée d'Alphonse VI, celle de réunir dans une seule main tous les sceptres de l'Espagne chrétienne, semblait donc réalisée, grace au mariage de l'héritière de Castille avec le roi d'Aragon; mais l'union de ces deux couronnes, qui, sous Isabelle et Ferdinand, *les rois catholiques*, devait trois siècles plus tard fonder l'unité et la grandeur de l'Espagne, n'était pas mûre encore; et, comme si la fortune eût pris à tâche de déjouer tous les calculs de la prudence humaine, ce mariage même, dont Alphonse VI avait attendu le salut de l'Espagne chrétienne, faillit la conduire à sa perte, et retarda peut-être son avenir de quelques siècles. La barrière de jalousie et de haine qui séparait les deux peuples, bien loin de s'abaisser, se dressa plus haute que jamais, et les forces de l'Espagne, au lieu de s'unir contre l'ennemi commun, s'usèrent dans de misérables discordes, où le sang chrétien coulait des deux côtés.

Dona Urraque, l'épouse d'Alphonse, était d'un caractère hardi, fier et avide de domination; gâtée par la docilité de son premier mari, le comte Raymond de Bourgogne, elle réclama, comme lui appartenant, le gouvernement de Castille et des pays qui en dépendaient, prétentions que son mari ne voulut pas admettre. De là toutes leurs querelles et toutes leurs guerres.

Dès qu'une fois la mésintelligence eut éclaté entre les deux époux, il ne fut point facile d'opérer une réconciliation sérieuse, parce que leur ressentiment était profond, et que la politique seule et non une mutuelle affection les avait unis. La reine offensée parla de rompre son mariage, contracté, disait-elle, à un degré de parenté

adopté l'ordre suivi par le plus grand nombre, qui ne le comptent pas au rang des rois de ce royaume.

prohibé par les lois canoniques. Le roi d'Aragon, qui aurait perdu par le divorce le droit de régner en Castille, ne voulut point en entendre parler, et il fit tous ses efforts pour déjouer les intrigues de la reine, qui cherchait à soulever les Castillans. Enfin Alphonse, poussé à bout, fit arrêter Urraque et la fit conduire sous bonne garde au château de Castellar. Mais elle parvint bientôt à s'échapper, par le secours des seigneurs galliciens et castillans de son parti. Cette circonstance jeta Alphonse dans de grands embarras, parce que, vivement attaqué en ce moment par les Sarrasins en Castille, et non moins menacé en Aragon, il avait le plus grand besoin des seigneurs castillans. Ceux-ci, par leur intervention, et dans la vue d'éloigner le danger du côté des Musulmans, opérèrent une sorte de réconciliation entre Alphonse et Urraque. Mais cette concorde apparente ne dura pas longtemps. L'orgueilleuse reine, par ses prétentions et par la légèreté de sa conduite, porta bientôt le roi à de nouvelles violences; sans plus s'inquiéter des droits de la reine, il prit en main le gouvernement de toute la Castille, et à l'exemple d'Alphonse VI il s'arrogea le titre pompeux d'*empereur de l'Espagne chrétienne.*

Après un an de querelles, on en vint à une guerre ouverte. Les comtes et chevaliers de Castille, de Léon et des Asturies, détestaient la domination des Aragonais; pour s'en délivrer, ils se déclarèrent champions des droits de leur reine, et attaquèrent les châteaux et les forteresses de Castille, qu'Alphonse avait fait occuper par des troupes aragonaises. Le roi d'Aragon accourut pour les délivrer. Une sanglante bataille fut livrée le 26 octobre 1110 dans le voisinage de Sépulveda, sur une plaine appelée Campo de Spina. Les Castillans furent vaincus, et Alphonse, poursuivant ses avantages, s'empara de Burgos, et de presque toutes les villes de la vieille Castille et de Léon. Urraque se retira en Galice, où pour se donner un nouvel appui elle fit couronner roi son fils Alphonse Raymond, à peine âgé de six ans. Une armée galicienne, conduite par l'évêque Diégo Gelmirez, se dirigea vers Astorga avec l'enfant roi, pour relever le courage des habitants du royaume de Léon, et les réunir autour de leur futur souverain. Alphonse n'eut pas plus tôt été informé de ce mouvement qu'il se mit en marche avec une partie de ses troupes pour aller au-devant des Galiciens, et enlever le jeune roi. Il y eut une rencontre sanglante près de Villa Danôs, non loin de Léon (1111). L'avantage resta encore au roi d'Aragon ; mais de nouvelles troupes arrivées de Galice, et des *guerillas* qui se formaient dans les montagnes de la Castille, le forcèrent d'abandonner le siège d'Astorga, qui l'occupait depuis quelque temps, et de battre en retraite sur l'Ebre, où d'ailleurs il était rappelé par les invasions des Musulmans (1112).

L'année suivante la guerre civile continua avec fureur, fréquemment interrompue par les incursions des Sarrasins. L'Espagne chrétienne était divisée en trois partis ; le plus puissant était celui qui avait à sa tête le roi d'Aragon ; le second parti, celui de Castille, avait pour chef la reine Urraque ; un troisième parti, principalement composé de la haute noblesse, ne voulait pas plus se soumettre au gouvernement de cette femme qu'à la domination aragonaise ; il portait ses espérances sur le jeune roi de Galice, Alphonse Raymond, et il avait pour lui non-seulement la chevalerie de ce pays, mais encore celle des Asturies et en partie celle de la Castille. Pendant ces troubles, les Almoravides ne cessèrent leurs incursions, et vinrent même porter le ravage jusqu'aux environs de Tolède, dont ils ne purent toutefois s'emparer.

En 1113, dans un concile tenu à Palencia, le légat du pape prononça la nullité du mariage d'Alphonse d'Aragon et d'Urraque. Alphonse, malgré cette décision, n'était nullement disposé à abandonner ses prétentions sur les états appartenant à sa femme ; mais la conquête de Saragosse et de quelques autres places voisines l'occupa pendant plusieurs années, et il laissa tranquille la Castille et Léon. La situation de ces royaumes était alors si critique, qu'on doit s'étonner que les Sarrasins, en attaquant ces pays à la fois par terre et par mer, n'aient pas fait de conquêtes plus importantes.

La décision du concile de Palencia et l'éloignement du roi d'Aragon ne ramenèrent point la paix en Castille. Le parti du jeune roi devint plus puissant; il assiégea la reine à Soberoso et la força de condescendre à ses vœux. On convoqua une assemblée des cortès à Sahagun, et là il fut décidé que la mère et le fils gouverneraient en commun la Galice, Léon et les Asturies; mais on assura au fils, conformément au testament d'Alphonse VI, la succession du royaume de Castille, qu'Urraque se réserva de gouverner seule jusqu'à sa mort. Cet arrangement ne procura pas encore la tranquillité. Urraque ne vécut pas mieux avec son fils qu'avec son époux; et la guerre civile continua à déchirer leurs états, jusqu'à la mort de la reine, arrivée au mois de mars 1126.

Alphonse le Batailleur, en cessant de porter ses armes en Castille, n'était pas pour cela resté en repos. Voyant la répugnance des Castillans pour sa domination, et sentant la difficulté de conserver ce pays, surtout après l'annulation de son mariage, il tourna tous ses efforts contre les Sarrasins de l'Ebre, guerre qu'il croyait plus utile et plus glorieuse pour l'Aragon. En effet, par les conquêtes qu'il fit alors sur les Musulmans, il rendit de plus grands services à son pays et acquit une plus brillante renommée que s'il avait gagné cent batailles contre les Castillans. Il battit plusieurs fois les Almoravides, et entre autres le vaillant Tencim, le vainqueur d'Uclès, qu'il défit complètement dans les environs de Valence. Enfin il couronna ses succès par la prise de Saragosse, où il entra par capitulation, le 18 décembre 1118. Quoiqu'il eût garanti aux habitants la sûreté de la vie et des biens, la liberté de leur culte et la conservation de leurs magistrats et de leurs lois, le plus grand nombre émigrèrent à Murcie et à Valence, préférant un sol étranger au sol natal, où chaque jour la puissance de la Croix resserrait de plus en plus les défenseurs du Croissant.

Avec Saragosse tomba le second boulevard des Sarrasins; ils l'avaient possédé quatre siècles. Le roi d'Aragon éleva cette importante ville au rang de sa capitale; la grande mosquée devint l'église de San-Salvador, et l'on y fonda un évêché; les droits et les privilèges de la petite noblesse furent accordés aux habitants. Les seigneurs français qui étaient restés dans l'armée jusqu'à la prise de la ville furent aussi récompensés, surtout le vicomte Gaston de Béarn, qui reçut en fief un quartier de Saragosse, et prit à cette occasion le titre de *seigneur de Saragosse*.

Alphonse profita de la terreur que la prise de la capitale avait excitée, pour se rendre maître des principales villes environnantes. En moins de trois ans Taragone, Calatayud, Daroca et plusieurs forteresses des environs tombèrent en son pouvoir, et il se rendit maître de toutes les montagnes qui séparent la Castille de l'Aragon.

ROYAUME DE CASTILLE. ALPHONSE-RAYMOND VII.

1126-1157.

ROYAUME DE NAVARRE ET D'ARAGON. ALPHONSE I,

DIT LE BATAILLEUR, mort en 1134.

NAVARRE : GARCIE RAMIREZ IV. 1134-1150.

SANCHE VI, DIT LE SAGE.

ARAGON : RAMIRE II. 1134-1137.

DONA PETRONILLA ET RAYMOND BERENGER.

PORTUGAL. érigé en royaume en 1139.

ALPHONSE Ier, DIT HENRIQUEZ, premier roi.

Alphonse Raymond VIIe du nom (ou VIIIe si l'on compte

Alphonse d'Aragon) fut proclamé roi de Castille et de Léon, à Léon même, par les prélats et les seigneurs du royaume, deux jours après la mort de la reine Urraque sa mère. Ce prince n'avait alors que vingt ans ; malgré sa jeunesse il signala le commencement de son règne par sa fermeté et sa sagesse. Pendant la longue guerre civile qui avait désolé si long-temps ses états, l'esprit de sédition et d'anarchie s'était propagé partout; une foule de petits seigneurs affectaient l'indépendance et prétendaient ne reconnaître aucun souverain. Alphonse commença par réduire à l'obéissance tous ces seigneurs séditieux, en commençant par ceux de Castille, puis en finissant par ceux de Galice, qui étaient les plus turbulents. A la vue de ces succès rapides, quelques villes de Castille, encore occupées par des Aragonais, envoyèrent leur soumission au roi, qui se trouva bientôt paisible possesseur de tous les états qu'avait possédés son père. Le roi d'Aragon, mécontent de se voir enlever les places qu'il tenait en Castille, entre dans ce royaume avec des troupes nombreuses. Il trouve bientôt Alphonse à la tête des siennes. On allait en venir aux mains quand les évêques, qui suivaient les deux rois, ménagèrent un accommodement entre ces princes. La négociation se termina par un traité avantageux au roi de Castille, en faveur de qui le roi d'Aragon abandonna quelques places et renonça à tous droits et prétentions sur les états d'Alphonse Raymond.

Après cette paix, les deux rois, chacun de son côté, continuèrent la guerre contre les Musulmans. Après plusieurs succès variés, les Almoravides vinrent assiéger Tolède où ils échouèrent, comme ils l'avaient déjà fait plusieurs fois. Alphonse Raymond fit lever le siège, poursuivit les Sarrasins et gagna sur eux une victoire complète. Pendant ce temps-là Alphonse d'Aragon poursuivait le cours de ses succès, prenait Mequinenza et assiégeait Fraga. Mais là devait se terminer par un sanglant revers une carrière si glorieusement parcourue. Le 17 juillet 1134, il fut attaqué par une nombreuse armée mahométane qui battit complètement les Aragonais. Deux évêques, une infinité de chevaliers français, aragonais, catalans et navarrais, restèrent sur le champ de bataille avec une grande partie de l'armée. Alphonse, suivi de dix gardes et blessé, se sauva au monastère de Saint-Jean de la Pena, où quelque temps après il mourut de douleur.

La mort de ce prince occasionna une révolution dans l'Espagne chrétienne. L'Aragon et la Navarre, réunis depuis près de soixante ans, se séparèrent de nouveau. Garcie Ramirez IV, petit-fils de Ramire, frère de Sanche IV, est proclamé roi de Navarre à Pampelune par les grands de la nation. Les Aragonais élurent pour leur souverain Ramire II, frère de leur dernier roi. Ce Ramire, qui pendant quarante-quatre ans avait été moine, était peu capable de gouverner un royaume. Les Mahométans vainqueurs de Fraga ravagent l'Aragon et la Navarre. Les nouveaux rois appellent à leur secours Alphonse de Castille. Celui-ci marche aussitôt contre l'ennemi commun, et par sa valeur repousse les infidèles de leurs états; mais pour sa récompense il exige de Ramire la ville de Saragosse, et de Garcie l'hommage de la Navarre. Flatté d'avoir des vassaux d'un si haut rang, il assemble l'année suivante les cortès à Léon, et se fait couronner le jour de la Pentecôte par l'archevêque de Tolède, empereur d'Espagne.

Ramire, qui s'était fait relever de ses vœux, épousa Agnès de Guyenne, sœur de la fameuse Éléonore, reine de France et ensuite d'Angleterre : de ce mariage naquit l'infante Pétronille, qui porta quelques années après la couronne d'Aragon dans la maison de Barcelone. En effet, Ramire, dégoûté du trône et plein de remords d'avoir quitté le cloître, abdiqua sa couronne en faveur de sa fille âgée de deux ans. Les états d'Aragon assemblés consentirent au mariage projeté entre Pétronille et Raymond Bérenger, comte de Barcelone, lui remirent entre les mains le gouvernement jusqu'à la majorité de son épouse, et le déclarèrent héritier du trône dans le cas où l'infante mourrait avant lui, sans laisser d'héritier (1137). Alphonse de Castille rend au régent d'Aragon, dont il avait épousé la sœur, Saragosse et toutes les places qu'il avait enlevées au faible Ramire, et n'exige pour cette restitution aucun hommage.

La guerre civile venait de nouveau d'éclater chez les Maures. Une nouvelle secte de fanatiques, nommés les Almohades, disputaient l'empire d'Afrique aux Almoravides. Ceux-ci, forcés de retirer une partie de leurs troupes d'Espagne pour défendre leurs possessions africaines, laissaient leurs états de la Péninsule à la merci des Chrétiens, s'ils eussent été assez puissants, ou plutôt assez unis pour profiter d'une si belle occasion. La prise de la forteresse d'Oreja fut le seul avantage qu'en tirèrent les Castillans. Le comte de Portugal fut plus heureux ; il gagna sur les Maures une grande victoire dans les plaines d'Ourique (25 juillet 1139), et fut proclamé roi par ses soldats sur le champ de bataille. Telle fut l'origine de la monarchie portugaise, la seule des petites souverainetés de la Péninsule qui subsiste encore.

Cependant les Almoravides, vaincus en Afrique par les Almohades, étaient chassés d'Espagne par les anciens musulmans, que ces nouveaux venus avaient dépouillés. Alphonse profita de ces dissensions pour ravager l'Andalousie et assiéger Cordoue, dont il ne put s'emparer ; mais il prit Calatrava, Almérie, et beaucoup d'autres villes. On ne sait où se seraient arrêtées ces conquêtes, si les Almohades, qui avaient complètement remplacé en Afrique les Almoravides, n'étaient tout-à-coup venus envahir l'Espagne avec une armée formidable. L'Andalousie entière est rapidement subjuguée ; tous les Chrétiens sont massacrés (car la secte des Almohades avait pour principe d'exterminer tous les idolâtres, et les Chrétiens à ses yeux étaient adorateurs des idoles).

Les progrès des Almohades jetèrent l'inquiétude dans la

Castille. Alphonse, suivi du roi de Navarre, s'avance jusqu'auprès de Cordoue; sous les murs de cette ville il remporte une victoire complète sur les Almohades; cependant il ne peut prendre Cordoue, et tout le fruit qu'il tire de sa victoire est que les vaincus le laissent en paix. L'émir de Valence se fait un appui contre les Almohades, en rendant hommage aux rois de Castille et d'Aragon.

En 1154, Alphonse VII donna sa fille Constance en mariage au roi de France Louis VII, qui venait de répudier Eléonore de Guyenne. Cette alliance prouve combien sous ce règne glorieux l'Espagne commençait à se mêler au mouvement de l'Europe.

Alphonse, sentant approcher la fin de sa longue et glorieuse carrière, voulut consacrer à la cause de son Dieu les derniers restes d'une vie usée tout entière à son service; quoique malade, il entreprit d'aller délivrer Almérie, assiégée par les Almohades; mais n'ayant pu empêcher la prise de cette ville, il se remit en marche, attristé par cet échec qui succédait à tant de victoires, et mourut en atteignant la frontière, au *Puerto Muradal*, sous un chêne, au bord du chemin, le 21 août 1157. Il n'était âgé que de cinquante-neuf ans, et en avait régné quarante-sept sur la Galice, quarante sur Léon et la Castille, et vingt-deux comme empereur sur toute l'Espagne chrétienne et une partie de l'Espagne musulmane.

Le règne d'Alphonse VII est un des plus glorieux de l'histoire d'Espagne. Peu de rois en Castille se sont montrés plus dignes du trône; que nul n'occupa plus long-temps. Zélé défenseur de la foi, il combla le clergé de ses dons et de ses égards. Enfin, s'il n'affranchit pas l'Espagne du joug des Musulmans, c'est qu'au lieu de lutter contre un pouvoir usé, comme les Almoravides, il eut à faire face à une foi, à une royauté jeune comme celle des Almohades. Suzerain d'une partie de l'Espagne musulmane, il fraya du moins le chemin de Séville et de Cordoue aux armées castillanes, et prépara les durables conquêtes du règne de Ferdinand III.

Dès l'année 1152, Alphonse VII avait partagé ses états entre ses deux fils qu'il associa à son gouvernement. L'aîné, Sanche III, eut le royaume de Castille avec la Biscaye, et Ferdinand, le cadet, celui de Léon avec le gouvernement de la Galice, des Asturies, de l'Estramadure, et le droit, devenu alors purement nominal, de suzeraineté sur le Portugal. Ainsi, après chaque règne glorieux qui avait semblé tendre à l'union de la monarchie espagnole, elle se démembrait de nouveau, malgré l'expérience funeste du passé et les maux sans nombre qui en étaient résultés.

Sous le règne d'Alphonse, commença, l'an 1156, l'ordre militaire d'Alcantara, nommé d'abord de Saint-Julien, qu'il combla de ses bienfaits et qui rendit d'importants services à l'Espagne.

ROYAUME DE CASTILLE, **SANCHE III.** 1157-1158.

ROYAUME DE LÉON, **FERDINAND II.**

ARAGON : **RAYMOND BÉRENGER ET PÉTRONILLE.**

NAVARRE : **SANCHE IV**, DIT LE **SAGE.**

PORTUGAL : **ALPHONSE HENRIQUEZ Ier.**

Pendant la longue lutte des Mahométans et des Chrétiens dans la Péninsule, la victoire passait d'un parti à l'autre avec une étonnante rapidité. Peu de temps avant l'arrivée des Almoravides, la cause de l'islamisme paraissait perdue, et déjà Alphonse VI prenait le titre d'empereur de toutes les Espagnes; mais, après la bataille de Zalaca, tout changea d'aspect, et la chrétienté ne fut pas moins menacée que l'islamisme l'avait été auparavant. Toutefois l'abaissement subit des Almoravides, et la réunion de toutes les forces de l'Espagne chrétienne, sous le pouvoir d'Alphonse Raymond, rendirent bientôt la prépondérance au christianisme. Mais le partage de l'Espagne chrétienne, qui eut lieu après la mort de ce puissant prince, et la conquête des Almohades en Andalousie et dans les provinces voisines, amenèrent un nouveau changement dans la situation des deux partis ; la fortune, qui jusqu'alors avait donné la victoire aux chrétiens, parut les abandonner. Il manquait un chef, et surtout l'unité de volonté aux états chrétiens. Cinq états, presque égaux en puissance, oublièrent l'ennemi commun, pour se livrer à des querelles intestines; et ce ne fut que quand une chute prochaine les menaça tous, qu'ils se réunirent enfin pour résister à un danger, de jour en jour plus imminent.

Sanche III, le fils aîné d'Alphonse VII, ne fit pour ainsi dire qu'apparaître sur le trône de Castille, qu'il n'occupa qu'un an et quelques jours. Il avait montré pendant ce peu de temps un caractère ferme, vigoureux, et capable de maintenir à la Castille la suprématie qu'elle avait sur les autres états chrétiens de la Péninsule. Il avait forcé son frère, le roi de Léon, et Sanche de Navarre à reconnaître sa suzeraineté ; et Raymond Bérenger, qui prenait le titre de roi d'Aragon et de Catalogne, s'était obligé, en qualité de vassal de Castille, à assister, l'épée nue, à la cérémonie du couronnement de Sanche comme empereur, car il devait prendre ce titre qu'avait porté son père. Tous ces projets s'évanouirent par la mort inattendue de Sanche III (31 août 1158). Ce prince remarquable et chevaleresque, qui fut surnommé le *Désiré* avant sa naissance, fut le *Regretté* après sa mort, non-seulement à cause des brillantes qualités qui le distinguaient, mais à cause des malheurs que cette mort devait entraîner. Sanche ne laissait qu'un fils âgé de trois ans, du nom d'Alphonse, dont il confia la tutelle au comte Guttiéro Fernandez, de la puissante famille des Castro.

L'histoire de l'Espagne prend, à dater de ce moment, un nouveau caractère. Ce n'est plus le trône qui forme le centre du pouvoir et du gouvernement, mais bien les grandes et puissantes familles du pays. Celles-ci influent non-seulement sur les évènements intérieurs, mais elles s'emparent aussi de tout le pouvoir militaire contre les ennemis extérieurs. Il est vrai que l'origine de cette aristocratie, qui s'élevait au-dessus du pouvoir royal, ne remonte pas à la même époque dans les cinq états chrétiens, mais tous en contenaient déjà le germe depuis long-temps. Partout, en effet, l'épée et la bravoure étaient les seuls moyens d'élévation; partout la nécessité d'être toujours armé, pour combattre les étrangers, avait créé un esprit belliqueux qui, pendant la paix extérieure, avait peine à se soumettre aux lois. Un tel état de choses devait naturellement amener la lutte de la force brutale contre le gouvernement. Sans doute la Péninsule ne manquait pas de rois énergiques et puissants qui savaient défendre leurs prérogatives; Sanche III de Castille, Alphonse de Portugal, Ferdinand II de Léon, Sanche VI de Navarre, et Raymond Bérenger de Catalogne et d'Aragon, étaient des princes qui, dans de nombreuses batailles, avaient donné l'exemple de la bravoure à la tête de leurs chevaliers. Mais le colosse de l'aristocratie devint bientôt si puissant, qu'après la mort de ces rois leurs héritiers mineurs ne furent plus en état de le contenir et de résister à ses envahissements. On en vit la première preuve après la mort de Sanche III ; et pendant la minorité de son fils, un exemple analogue se reproduisit en Aragon et en Catalogne, par suite du décès du comte ou roi Raymond Bérenger, qui laissa aussi un fils mineur, Alphonse II.

Ce siècle fut aussi celui de la fondation des ordres religieux militaires, qui résument toute la pensée de cette époque à la fois religieuse et guerrière. Nous avons déjà parlé de l'ordre d'Alcantara, fondé par Alphonse VII. Celui de Calatrava date du règne si court de Sanche III, et son origine mérite d'être rapportée, parce qu'elle donne une idée des mœurs de l'époque.

Les Musulmans s'avançaient avec une armée nombreuse

contre Calatrava ; les Templiers, à qui cette forteresse était confiée, désespérant de pouvoir la défendre, la rendirent au roi de Castille. Il se trouvait à cette époque à Tolède un homme pieux, l'abbé Raymond de Fitero, et chez lui un moine nommé Diégo Velasquez, appartenant à une famille noble et qui jadis s'était distingué à la guerre comme chevalier ; ces deux hommes se chargèrent de la défense de cette place, et prièrent le roi de la leur confier. Sanche, charmé de cette offre inattendue, leur promit, s'ils l'arrachaient aux Sarrasins, de leur en donner la souveraineté. L'archevêque Jean de Tolède appuya l'abbé et son allié, en accordant une indulgence plénière à tous ceux qui s'armeraient pour la défense de Calatrava. En peu de temps l'abbé eut autour de lui plus de vingt mille combattants, et ceux qui ne pouvaient assister en personne à cette expédition lui envoyèrent des chevaux, des équipements, des provisions et de l'argent, en sorte que la forteresse fut bientôt pourvue de tout ce qui était nécessaire. Les Sarrasins n'osèrent l'attaquer, et Calatrava fut sauvée.

L'abbé Raymond réunit un certain nombre choisi parmi ceux qui étaient accourus à la défense de Calatrava ; il en forma une confrérie qu'il soumit à l'observance de Cîteaux, mais avec des formes guerrières. Cette confrérie prit le nom de l'ordre de Calatrava, et acquit bientôt une grande considération et d'immenses richesses. Trois ans après la fondation de l'ordre de Calatrava, un nouvel ordre militaire fut fondé à Saint-Jacques en Galice et devint également riche et puissant.

CASTILLE : **ALPHONSE VIII**, DIT LE **NOBLE. 1158-1214.**

LÉON : **FERDINAND II**, jusqu'en 1168. — **ALPHONSE IX.**

ARAGON : **RAYMOND BÉRENGER**, jusqu'en 1162.

ALPHONSE II, jusqu'en 1196.

PIERRE II, jusqu'en 1213. — **JACQUES I.**

NAVARRE : **SANCHE VI**, jusqu'en 1194.

SANCHE VII, DIT LE **FORT** ET **L'ENFERMÉ.**

PORTUGAL : **ALPHONSE HENRIQUEZ Ier**, jusqu'en 1185.

SANCHE Ier, jusqu'en 1212.

ALPHONSE II, DIT LE GROS.

La famille de Castro, à laquelle appartenait Guthero Fernandez, le tuteur du jeune roi Alphonse VIII, se partageait alors avec celle des Lara, non moins puissante, la haute influence sur la Castille, que devaient bientôt déchirer leurs discordes. Ainsi, dès le début de ce règne agité, un double danger menaçait le trône du jeune prince, remarquable par sa vive et précoce intelligence. C'était, d'une part, une noblesse insolente qui se disputait sa tutelle, et de l'autre, l'ambition de son oncle, Ferdinand, roi de Léon, qui ne voulait pas laisser échapper une si belle occasion d'arrondir ses états aux dépens de la Castille. Toutes les premières années de ce règne sont remplies par des troubles excités par les Castro et les Lara. Les Lara parvinrent d'abord par leurs intrigues à enlever la tutelle du roi aux Castro. Ceux-ci, pour la reprendre, appelèrent le roi de Léon, qui entra à main armée en Castille, s'empara de la plupart des villes, et réclama pour lui-même la tutelle de son neveu. Mais les Lara eurent l'adresse d'enlever le royal pupille, et de le soustraire à toutes les recherches. Sanche V, roi de Navarre, profitant de ces troubles, se remit en possession de la Rioja et de tout le territoire que les rois de Castille lui avaient enlevé (1160).

Cependant le jeune Alphonse grandissait au milieu de la guerre civile et de l'occupation étrangère, forcé d'errer d'une ville à l'autre de son royaume, repoussé par l'une, accueilli dans l'autre, et s'enhardissant peu à peu à braver les forces bien supérieures du roi de Léon. Enfin, par un retour soudain, la Castille, qui s'était jetée tout entière dans les bras de Ferdinand, se retourna tout-à-coup du côté de son roi légitime; Tolède chassa la garnison léonaise qui l'occupait, et ouvrit ses portes à Alphonse VIII, qui entra dans cette ville aux acclamations universelles (1166). La majeure partie de la Castille suivit l'exemple de Tolède, et cependant il fallut encore trois ans à Alphonse pour reconquérir une à une les quelques cités qui résistaient encore.

Pendant ce temps, l'Aragon, dont les destinées désormais sont presque constamment liées à la Castille, était aussi troublé par une minorité. Raymond Bérenger eut encore, en 1158, une courte guerre, suivie d'une paix durable avec la Navarre, puis des guerres contre la puissante maison des Baux, qui lui disputait ses possessions en Provence. Au milieu de cette vie agitée, Raymond trouva encore le temps de faire aux Musulmans une guerre acharnée, de leur enlever une quarantaine de places, et de rendre tributaires plusieurs de leurs roitelets. Enfin, ce prince habile autant que brave, véritable fondateur de la puissance de l'Aragon, après avoir porté avec prudence et bonheur le poids de sa double couronne, mourut en Italie, près de Turin, en 1162, laissant ses vastes états à son fils et à celui de la reine Pétronille, l'infant Raymond Bérenger, qui prit en montant sur le trône le nom d'Alphonse II. Comme ce prince n'avait que onze ans, la régence fut confiée à la reine Pétronille, jusqu'à la majorité de son fils.

En 1163, Pétronille, fatiguée du fardeau des affaires,

remit le pouvoir entre les mains du jeune roi, qui, malgré son jeune âge, commença depuis lors à régner par lui-même. Il sut se maintenir en paix avec ses voisins d'Espagne, sauf une légère querelle avec la Castille, qui se termina par un traité solennel en 1170.

La même année, Alphonse de Castille épousa la princesse Léonore, fille de Henri II, roi d'Angleterre, à peu près du même âge que lui (14 ans). La jeune princesse reçut pour dot le comté de Gascogne, qui, confinant aux provinces basques, une des possessions de la Castille, rendait cette alliance utile autant qu'honorable pour Alphonse.

Cependant la majorité d'Alphonse VIII n'avait pu éteindre la guerre civile entre les Castro et les Lara. En 1174, les deux partis se livrèrent une bataille acharnée, comme elles le sont toutes dans les guerres civiles, dans les plaines d'Estevan de Gormaz; les Lara y furent complètement battus.

Les cinq ou six années suivantes sont remplies par les guerres que les rois de Castille et d'Aragon font ensemble au roi de Navarre. Cette guerre ne fut terminée qu'en 1179, par la médiation de Henri II roi d'Angleterre. Enfin, une guerre entre la Castille et Léon fut apaisée, grace à l'intervention du roi d'Aragon et des prélats des deux royaumes (1180).

Tel était le misérable état de l'Espagne chrétienne, partagée entre cinq états, tous rivaux, tous ennemis, et toujours exposés à cette sanglante alternative de l'invasion étrangère ou de la guerre civile.

De 1180 à 1188, les annales de la Castille sont fort pauvres en évènements historiques. Les éternelles querelles de la Castille avec la Navarre, et quelques guerres sans importance entre les deux pays, remplissent seules cette longue lacune. L'année 1188 fut marquée par des évènements plus graves. L'infante Bérangère, fille d'Alphonse VIII, et déjà âgée de dix-sept ans, fut fiancée avec le prince Conrad de Souabe, troisième fils de Frédéric Barberousse, empereur d'Allemagne. Cette lointaine alliance avec le fils du puissant empereur prouve que déjà la Castille avait pris rang parmi les états de l'Europe, et y jouissait d'une importance moins proportionnée à son étendue qu'au prestige de grandeur et de force dont l'entourait le souvenir d'Alphonse VII.

La même année fut signalée par la mort du roi Ferdinand de Léon, auquel succéda son fils Alphonse IX, âgé de dix-sept ans. Trois ans auparavant, Sanche I avait également succédé à son père Alphonse Henriquez, sur le trône de Portugal. Le nouveau roi de Léon n'était guère disposé à reconnaître le droit de suzeraineté de la Castille, droit qui, pendant le long règne de Ferdinand II, était complètement tombé en désuétude; mais Alphonse VIII n'était pas d'humeur à renoncer aux prérogatives de la couronne; il menaça, les armes à la main; et le roi de Léon, trop faible pour résister, vint à la cour de son cousin de Castille lui rendit hommage, et fut armé chevalier par lui en même temps que le jeune Conrad de Souabe.

La concorde établie entre les deux rois de Castille et de Léon ne reposait pas sur des bases bien solides. En effet, ce dernier s'allie avec le roi de Portugal dont il épouse la fille; il fait également un traité avec le roi d'Aragon, qui voyait avec jalousie l'influence toujours croissante de la Castille. Mais le pape Clément III prononça la nullité du mariage du roi de Léon avec l'infante de Portugal, pour cause de parenté, et les deux rois, ayant refusé de se soumettre à la décision du saint Père, furent excommuniés.

Pendant ces démêlés des deux rois avec le pape, Alphonse VIII entra à la tête d'une armée en Andalousie, et pénétra, en ravageant tout sur son passage, jusqu'au bord de la mer. Là, il écrivit au souverain de Maroc une lettre qui contenait une sorte de défi chevaleresque, auquel le Musulman répondit en publiant la guerre sainte dans tous ses états d'Afrique. A cet appel une foule incroyable de Mahométans accourent sous les étendards de l'émir Al-

Mouménim, franchissant le détroit et menaçant la Castille. Alphonse implore le secours de tous les rois chrétiens d'Espagne ; ceux de Navarre et de Léon se mettent en marche, mais sans se presser, et Alphonse se trouve seul en face de l'ennemi. Une bataille terrible s'engage le 18 juillet 1195 près d'Alarcos. L'armée castillane fut taillée en pièces; vingt mille hommes et presque tous les chevaliers restèrent sur le champ de bataille. Alphonse échappa avec peine et s'enfuit à Tolède avec les débris de ses forces. Il reprocha avec aigreur aux rois de Navarre et de Léon leur lenteur et leur lâcheté ; ceux-ci, qui n'étaient pas fâchés de voir humilier la fierté du roi de Castille, se retirèrent en ravageant le pays dans lequel ils étaient entrés, sous prétexte de le défendre. D'un autre côté, les vainqueurs d'Alarcos entrent dans la nouvelle Castille dont toutes les places tombent en leur pouvoir, à l'exception de Tolède. Jamais ce royaume ne s'était vu dans un danger aussi éminent. Heureusement que le prince mahométan fut arrêté au milieu de ses succès, par la nouvelle d'une révolte qui l'obligea de repasser dans ses états d'Afrique.

Le roi de Castille, délivré des Mahométans, voulut punir le roi de Léon de sa perfidie; il entra dans son royaume, et les deux rois étaient sur le point de se livrer une bataille, quand on parvint à les réconcilier, et pour gage de la paix, on convint que Bérengère, l'héritière de la Castille [1], épouserait le roi de Léon. Cette alliance, à laquelle Alphonse VIII ne consentit qu'à regret, fut néanmoins très-avantageuse à sa postérité (1197).

Le roi d'Aragon, Alphonse II, était mort l'année précédente, et avait eu pour successeur son fils aîné, Pierre II; son second fils Alphonse hérita du comté de Provence.

Le roi de Navarre, Sanche VI, passa en Afrique dans l'espoir d'épouser la fille de l'émir Al-Mouménim, qui lui aurait cédé, en faveur de ce mariage, ses possessions dans

[1] Elle avait été, comme nous l'avons vu plus haut, fiancée à Conrad, fils de l'empereur; mais le mariage n'avait pas eu lieu.

la Péninsule (1199). Cette démarche imprudente n'eut d'autre effet que d'attirer contre lui les armes des rois de Castille et d'Aragon. L'Alava, la Biscaye et le Guipuscoa furent enlevés à la Navarre et incorporés pour jamais à la Castille; le roi d'Aragon s'empara aussi de quelques portions de ce royaume, et ce fut là tout le fruit que Sanche retira de son alliance avec les Almohades. L'émir Al-Mouménim, avec lequel il était allié, mourut pendant qu'il se trouvait à sa cour, et son successeur Mohammed-Aben-Jacob déclara à Sanche qu'il pouvait épouser sa sœur, mais qu'il ne lui céderait pas un village de ses domaines en Espagne.

En 1200, la Castille contracta une nouvelle alliance avec la France; Blanche, la seconde fille d'Alphonse VIII, épousa l'héritier du trône de France, qui depuis fut Louis VIII, père de saint Louis. Par suite de cette alliance, Alphonse prit part à la guerre de Philippe-Auguste, roi de France, contre Jean sans Terre, roi d'Angleterre, et aida son allié à conquérir la Guienne.

A la sollicitation du souverain pontife Innocent III, les rois de Castille, d'Aragon, de Léon et de Navarre, firent un traité de paix et d'alliance contre les infidèles. Le pape menaça d'excommunier le premier d'entre eux qui viendrait à rompre cette paix. Il était temps que les rois chrétiens songeassent sérieusement à s'unir contre leur ennemi commun, car jamais celui-ci ne s'était montré plus terrible et plus menaçant. L'émir Mohammed faisait d'immenses préparatifs, et publiait la guerre sainte; son armée montait, dit-on, à cinq cent mille hommes, qui se préparaient à inonder la Péninsule. L'émir Al-Mouménim se croyait si sûr de faire la conquête de l'Espagne et même de l'Europe entière, qu'il écrivit au pape que l'église de Saint-Pierre de Rome servirait bientôt d'écurie à ses chevaux. Le pape répondit en publiant contre lui une croisade, et en accordant les mêmes indulgences pour ceux qui se croiseraient en Espagne, que pour ceux qui allaient combattre en Palestine.

Cependant toute l'Espagne s'ébranlait pour la religion et la liberté. Les rois de Navarre et d'Aragon accouraient joindre leurs troupes à celles du roi de Castille ; ceux de Léon et de Portugal envoyaient de l'argent et des soldats. Bientôt une multitude de Français, d'Allemands et d'Italiens franchirent les Pyrénées ; mais leur coopération fut plus funeste qu'utile. Ils voulurent commencer par piller les riches Juifs de Tolède ; les Espagnols s'y opposèrent. Ils voulurent ensuite piller les Maures qui avaient capitulé, après avoir vaillamment défendu la ville et la citadelle de Calatrava ; le roi de Castille maintint cette capitulation, et les croisés, mécontents, repassèrent les Pyrénées, laissant les Espagnols réduits à leurs propres forces. Cette défection ne découragea pas Alphonse ; suivi des rois de Navarre et d'Aragon, de vingt évêques et d'une armée de cent mille hommes, il s'avança à la rencontre des Almohades, et leur livra bataille le 14 juillet 1212, près de Tolosa.

Le roi de Castille commandait le corps de bataille, celui de Navarre la droite, et l'Aragonais la gauche ; la mêlée dura presque tout le jour ; l'émir Al-Mouménim, vêtu de noir, environné de ses plus braves chevaliers, combattait le Koran dans une main et le sabre dans l'autre ; son poste était une espèce de cercle formé par des pieux reliés entre eux par de fortes chaînes de fer. Long-temps la victoire fut indécise, et Alphonse, sans l'archevêque de Tolède, se serait jeté au milieu des bataillons ennemis pour ne pas survivre à une défaite qu'il croyait certaine ; cependant, vers le soir, les Arabes, presque nus et armés à la légère, ne pouvant résister aux chevaliers chrétiens couverts de fer, commencèrent à fuir en désordre ; ce fut le signal de la déroute. Le roi de Navarre acheva de déterminer la victoire en forçant le retranchement où se tenait Mohammed, et celui-ci prit la fuite, en poussant un cri de désespoir. Cette journée mémorable, qui sauva l'Espagne et rendit aux Chrétiens une supériorité qu'ils ne perdirent plus, coûta, dit-on, plus de deux cent mille hommes aux mahométans.

Chacun dans cette bataille avait fait son devoir. Le roi de Navarre avait noblement effacé la tache de ses liaisons avec les Almohades [1]. Le roi de Castille, pour lui témoigner sa satisfaction, lui rendit quinze places, et lui abandonna ainsi qu'au roi d'Aragon le butin immense qu'on enleva aux infidèles.

Le troisième jour après la bataille, les chrétiens reprirent les opérations et soumirent tout le pays jusqu'à Baëza ; cette ville se trouva déserte, à l'exception de la mosquée où s'étaient réfugiés un grand nombre d'habitants : on y mit le feu, et tous périrent ou furent faits esclaves. Le siége d'Ubeda arrêta quelque temps l'armée chrétienne ; puis la disette et les maladies forcèrent les rois à se retirer après avoir mis de bonnes garnisons dans les places conquises.

De retour à Tolède, où il fut reçu en triomphe, Alphonse institua une fête qui devait se célébrer chaque année sous le nom de *Triomphe de la Croix*, pour perpétuer la mémoire d'un évènement, qui décida en grande partie du sort des Maures en Espagne. Mohammed était retourné en Afrique après la journée de Tolosa ; il y vécut méprisé de ses sujets, et dans cette obscurité qui accompagne ordinairement les princes malheureux.

Tandis que le roi de Castille était occupé de cette importante guerre, le roi de Léon n'eut pas honte de profiter de l'embarras de son cousin, pour reprendre toutes les places que les Castillans avaient conquises. Alphonse de Castille se conduisit dans cette circonstance avec une gran-

[1] En souvenir de l'exploit par lequel le roi de Navarre détermina le gain de la bataille, il ajouta à ses armes. qui n'étaient qu'un *écu de gueules plein, double orle de chaînes*, avec une émeraude au milieu. On peut voir ces armes, écartelées avec celles de France, sur les pièces de monnaies d'Henri IV, de Louis XIII, de Louis XIV et de Louis XV. Alphonse ajouta aussi, en mémoire de cette journée, aux armes de Castille, *une tour d'or sur un écu de gueules*.

deur d'âme remarquable ; au lieu de commettre des hostilités, il invita le roi de Léon à une entrevue à Valladolid ; il lui fit sentir la nécessité pour les princes chrétiens de vivre en bonne intelligence ; et pour lui prouver de son côté son désintéressement, il lui céda non-seulement les places qu'il avait reprises, mais plusieurs autres encore qu'il désirait, exigeant seulement, pour prix de ces sacrifices, qu'il se réconciliât avec le roi de Portugal avec qui il était alors en guerre, et qu'il s'engageât dans une ligue contre les musulmans.

Par suite de cette ligue, les rois de Castille et de Léon continuèrent l'année suivante la guerre contre les Maures, mais avec moins de succès qu'on aurait pu l'espérer, après la défaite de Tolosa. Cela tenait à l'épuisement où se trouvaient ces deux royaumes, ravagés depuis si long-temps par la guerre étrangère et par la guerre civile.

Cette année, 1213, le roi d'Aragon Pierre II, étant allé en Languedoc au secours du comte de Toulouse, fut tué le 17 septembre à la bataille de Muret gagnée par Simon de Montfort. Il laissa son trône à son fils Jacques I, encore enfant.

En 1214, le roi de Castille invita le roi de Léon à une entrevue à Placentia, pour concerter ensemble la continuation de la guerre contre les Mahométans. En se rendant à cette entrevue, Alphonse VIII fut attaqué d'une fièvre maligne à Guttière-Munos près d'Arevalo, et y mourut la nuit du 5 au 6 août. Son corps fut transporté au monastère de las Huelgas de Burgos, qu'il avait fait bâtir pour y être inhumé.

La valeur de ce prince, son amour pour ses sujets, son zèle pour la religion, la protection qu'il accorda aux gens de lettres, lui ont mérité un rang distingué parmi les rois d'Espagne, et le font regarder comme un des fondateurs de la gloire de cette nation. Il suivit avec persévérance, et plus constamment qu'aucun autre roi, le projet de chasser les Maures d'Espagne ; on lui reproche de n'avoir pas su profiter de ses divers succès ; mais cette faute ne doit-elle pas être imputée plutôt à l'organisation des armées d'alors, qu'il n'était pas possible de tenir long-temps réunies? Du reste, on ne peut lui dérober la gloire d'avoir réparé les revers qu'il essuya avec une fermeté supérieure aux évènements. Il porta au plus haut point le désintéressement, la libéralité, la valeur, la modération, la magnanimité et l'amour de sa patrie; il jouit, surtout dans les dernières années de sa vie, du bonheur d'être aimé et respecté. Les larmes que la Castille répandit sur son tombeau étaient une juste récompense des travaux auxquels il se livra pour défendre son royaume, l'agrandir, et y faire naître le goût des sciences et des lettres.

Il laissa de la reine Eléonore (morte deux mois après lui), l'infant don Henri et quatre princesses : Bérengère, qui avait épousé Alphonse IX, roi de Léon ; Blanche, mariée à Louis VIII, roi de France ; Urraque, mariée en 1208 à Alphonse II, roi de Portugal ; et Eléonore qui épousa, en 1220, Jacques I, roi d'Aragon.

Alphonse VIII avait fondé, en 1208, l'université de Palencia, la plus ancienne d'Espagne. Il fit venir d'Italie et de France des savants pour remplir les chaires, et les combla de bienfaits.

ROYAUME DE CASTILLE : HENRI Ier. 1214-1217.

LÉON : ALPHONSE IX.

ARAGON : JACQUES Ier DIT LE CONQUÉRANT.

NAVARRE : SANCHE VII.

PORTUGAL : ALPHONSE II.

Henri I n'avait que dix ans à la mort de son père. La reine mère fut d'abord chargée de la régence; mais cette princesse étant morte au mois d'octobre, elle fut remplacée dans cette fonction par Bérengère, reine de Léon, sœur aînée du jeune Henri. On vit alors recommencer les troubles qui avaient si long-temps agité la minorité d'Alphonse VIII. Alvar, Ferdinand et Gonzalez, chefs de l'inquiète et puissante maison de Lara, prétendirent qu'une femme n'était pas faite pour gouverner la Castille, ni pour faire l'éducation de son roi. Bérengère, craignant tout de ces hommes ambitieux, abandonna la régence et la remit au comte Alvar de Lara; mais il usa bientôt si tyranniquement de son pouvoir, qu'il souleva contre lui tous les ordres de l'état. Bérengère, se repentant alors d'avoir abdiqué la régence, se forma un parti et se prépara à attaquer Lara. Celui-ci pour se venger accuse cette princesse d'avoir voulu faire empoisonner le roi son frère, confisque ses biens et la bannit de la Castille. Bérengère prend enfin les armes pour se défendre contre ce tyran. Un accident fatal et imprévu termine enfin tout-à-conp la guerre civile, et place Bérengère sur le trône; c'est la mort du jeune roi, arrivée à Palencia par la chute d'une tuile qui lui fracassa la tête (6 juin 1217).

ROYAUME DE CASTILLE : **FERDINAND III**, DIT LE **SAINT**.

1217-1230.

DE LÉON ET DE CASTILLE RÉUNIS. 1230-1252.

LÉON : **ALPHONSE IX**, jusqu'en 1230, réunion de LÉON à la CASTILLE.

ARAGON : **JACQUES I**^{er}, DIT LE **CONQUÉRANT**.

NAVARRE : **SANCHE VII**, jusqu'en 1234.

THIBAUT Ier, comte de CHAMPAGNE.

PORTUGAL : **ALPHONSE II**, jusqu'en 1223.

SANCHE II, DIT **CAPEL**, jusqu'en 1248.

ALPHONSE III.

La mort de Henri I appelait au trône de Castille Bérengère, sa sœur aînée. Elle fut reconnue reine des deux Castilles par les cortès du royaume assemblées à Valladolid ; mais, aussitôt après sa proclamation, elle abdiqua en faveur de Ferdinand son fils, né de son mariage avec le roi de Léon. Ce jeune prince fut aussitôt salué roi par les cortès, aux acclamations du peuple réuni pour cette cérémonie ; il fut conduit ensuite dans l'église cathédrale, où tous lui jurèrent fidélité (31 août 1217).

Le roi de Léon, qui n'avait pas été prévenu, fut irrité de ce qu'on lui avait demandé son fils pour le faire roi, sans sa participation. Il prétendait lui-même avoir des droits à la couronne de Castille, et excité par le comte de Lara qui lui promettait son appui, il s'avança avec une armée contre Burgos, dans l'intention de détrôner son fils ; mais, voyant les Castillans disposés à lui résister, il se retira dans ses états.

La retraite du roi de Léon n'empêcha pas l'orgueilleux Lara de faire la guerre à son souverain. Ferdinand marcha contre lui à la tête d'une armée et le fit prisonnier, et telle était la puissance de cet homme, que le roi n'osa ni le faire mourir, ni même le priver de sa liberté. Alvar se retira à la cour de Léon, où il parvint encore à exciter Alphonse contre son fils et le décida à lui faire la guerre. Le roi de Léon entra avec de nombreuses troupes en Castille, et vint mettre le siège devant une petite place. Ferdinand s'avançait pour la défendre, quand Lara tomba malade. Les prélats profitèrent de cette occasion pour représenter à Alphonse l'injustice de la guerre qu'il faisait à son fils, qui, retenu par l'amour et par le respect dus à un père, se contentait de l'observer, quoiqu'à la tête de bonnes troupes. Ces remontrances engagèrent le roi à lever le siège et à signer la paix avec Ferdinand (1219). Lara, en apprenant cette nouvelle, sentit augmenter son mal et mourut de douleur.

Le 30 novembre de la même année (1219), le roi Ferdinand épousa Béatrix, fille de Philippe, duc de Souabe et empereur d'Allemagne. Quelque temps après (1220), une nouvelle révolution éclata chez les Maures d'Espagne, et contribua à l'affaiblissement de leur puissance déjà si déchue. Quelques gouverneurs de provinces en Afrique s'étant révoltés contre Zeil-Arax, fils et successeur de Mohammed, les Maures d'Espagne saisirent cette occasion de se venger de la tyrannie des Almohades. Aben-Hut, descendant des anciens émirs de Saragosse, accuse les Almohades d'avoir falsifié le koran; à l'aide du fanatisme et de son éloquence, il soulève les anciens habitants contre ces cruels conquérants. Tous sont égorgés en moins de quatre jours et on purifie les mosquées. Aben-Hut se fait proclamer roi de Murcie et d'Andalousie; Hohammed-ben-Abdallah se saisit de Baëza et du pays d'alentour, et Abuzeit se fait reconnaître roi de Valence.

Ferdinand voulait profiter de cette révolution pour attaquer les Musulmans; mais auparavant il assembla les cortès du royaume à Burgos, et y fit reconnaître, en qualité d'héritier de la couronne, son fils don Alphonse, né en 1221, et qui depuis régna sous le nom d'Alphonse X. En 1222, il força le roi de Valence à se reconnaître pour son vassal, et franchissant la Sierra-Morena, il ravagea le territoire de Baëza, défit un corps de Mahométans, et termina la campagne par la prise de Quesada et de quelques autres forteresses qu'il fit raser.

Chaque année, depuis ce moment, Ferdinand ne cessa de faire la guerre aux Maures, de leur enlever quelques places et de rendre tributaires quelques-uns de leurs petits rois. De son côté, le roi de Léon, renonçant tout-à-fait à une guerre impie contre son fils, consacra ses dernières années à porter les armes contre les infidèles. Il remporta sur eux plusieurs victoires signalées, entre autres une bataille près de Mérida (1229), leur prit l'importante place de Cacerès; celle de Merida et d'autres encore. Après cette dernière campagne, la plus glorieuse de sa vie, Alphonse IX voulut aller à Saint-Jacques pour remercier le

Ciel de ses succès ; mais il fut attaqué en route d'une maladie dont il mourut le 23 septembre 1230. Ce prince, qui avait de grandes qualités, se distinguait aussi par de grands défauts. Il était brave, aimait la justice, et il sut, par sa modération dans la levée des impôts, mériter l'affection de ses sujets; mais il était inquiet, turbulent, léger, inconstant; il paraît qu'il ne pardonna jamais à son fils son élévation au trône de Castille, car par son testament il voulut le priver de celui de Léon, dont il était l'héritier légitime.

On doit à Alphonse IX la fondation de la célèbre université de Salamanque, en 1225.

Ferdinand, en apprenant la mort de son père, malgré le testament qui l'excluait du trône et y appelait ses deux sœurs dona Sancha et dona Dulce, entra dans ce royaume avec une puissante armée. Ses sœurs n'essayèrent pas même de faire valoir le testament de leur père, et s'empressèrent de se désister de tous leurs droits en faveur de leur frère. Ainsi s'opéra encore une fois la réunion des royaumes de Castille et de Léon, qui ne furent plus divisés depuis.

La même année, Abuzeit, roi de Valence, détrôné et chassé de ses états, se retire en Aragon, embrasse le christianisme, et cède ses droits sur Valence à Jacques, roi d'Aragon.

Cette année est l'époque de la puissance des rois de Castille et d'Aragon. Le premier, maître des deux Castilles, de Léon, des Asturies, de l'Estramadure, de la Galice et de la Biscaye, c'est-à-dire de près de la moitié de l'Espagne, ajouta bientôt à ses domaines toute l'Andalousie, et devint lui seul plus puissant que tous les autres rois ensemble, tant par l'étendue de sa domination que par le nombre, la valeur et la soumission de ses sujets.

Jacques I, maître de l'Aragon, de la Catalogne, des îles Baléares, du Roussillon, adopté par le roi de Navarre, eût laissé à ses successeurs une puissance aussi redoutable, si ses sujets, braves et guerriers, eussent été moins fiers et plus soumis ; si l'adoption de la Navarre eût eu lieu, et si les Aragonais n'eussent pas porté leurs armes en Sardaigne, en Corse et en Italie, ce qui affaiblit et ruina même le centre de leur monarchie.

La Navarre resta toujours un état souverain, mais pauvre, faible et languissant. Quant au Portugal, il s'agrandit insensiblement, et s'il ne put jamais atteindre en Europe à une étendue bien considérable, les immenses possessions qu'il acquit au-delà des mers, son commerce, ses richesses, le rendirent bientôt un des plus puissants états de la chrétienté.

A ces quatre royaumes chrétiens il faut ajouter un royaume mahométan, fondé sur les débris de la domination des Maures ; c'est le royaume de Grenade. Un homme tiré de la charrue en fut le premier souverain. Il commanda à des peuples laborieux, riches, braves, nombreux et pleins d'industrie. Sa famille conserva ce trône pendant plus de deux siècles, tantôt avec le secours de l'Afrique, tantôt par les ressources d'une adroite politique. Tous ces royaumes, à l'exception de celui du Portugal, se fondront bientôt en une seule et grande monarchie, comme nous le verrons dans le chapitre suivant.

CHAPITRE V.

Depuis la réunion définitive des royaumes de Castille et de Léon, jusqu'au règne de Ferdinand et d'Isabelle.

PÉRIODE DE DEUX CENT QUARANTE-QUATRE ANS,
DE 1230 A 1474.

Ferdinand III commença par assurer sa domination dans ses nouveaux états ; puis, ayant apaisé quelques troubles en Galice, il songea à pousser avec activité l'exécution des projets formés par son aïeul maternel, Alphonse VIII, contre les Maures. Il confia le commandement de l'armée à l'infant don Alphonse, son frère, et à don Alvar Perez, général brave et expérimenté. Le jeune prince pénétra jusqu'aux portes de Séville, et battit le roi Aben-Hut, qui était venu l'attaquer avec une armée de quarante mille hommes (1233).

L'année suivante, la Navarre changea de dynastie par la mort de Sanche VI, qui ne laissait point d'héritier direct. En 1224 il avait adopté son neveu, Thibaut, fils de sa sœur et de Thibaut comte de Champagne. En 1231, il avait aussi adopté Jacques I, roi d'Aragon. Ainsi deux compétiteurs pouvaient se présenter pour cette couronne, et l'on s'attendait que cette succession allait entraîner des guerres en Espagne ; mais le roi d'Aragon eut la générosité de renoncer à toute prétention sur la Navarre ; le royaume de Valence, dont il achevait en ce moment la conquête, était d'un autre prix à ses yeux. Ainsi Thibaut, comte de Champagne, prit possession de la Navarre sans éprouver la moindre contradiction, et fut proclamé dans la cathédrale de Pampelune, le 7 mai 1234.

Cette même année, Truxillo, Montiel, Ubeda, tombèrent au pouvoir des Castillans. Tandis que Ferdinand faisait le siège de cette dernière place, il perdit la reine sa femme, qui mourut à Toro. Le chagrin que lui causa cette perte lui fit suspendre ses expéditions contre les Maures, pendant toute l'année 1235; mais il s'en dédommagea l'année suivante, par la conquête de Cordoue. Cette ancienne et magnifique capitale de l'Espagne musulmane capitula le 29 juin 1236. Elle avait été 525 ans au pouvoir des Maures. On y comptait alors 300,000 âmes; ses habitants l'abandonnèrent, et malgré tous les soins des rois de Castille, elle a presque toujours été déserte depuis cette époque.

L'an 1237, Ferdinand épousa en secondes noces Jeanne, fille de Simon, comte de Ponthieu, et de Marie, petite-fille de France.

La terreur qu'inspiraient aux Musulmans les armes de Ferdinand était telle, qu'ils se soumettaient dès qu'ils le voyaient entrer en campagne, et qu'en quelques années, et presque sans répandre de sang, les rois de Murcie et de Grenade se reconnurent ses vassaux; le premier lui livrant, pour gage de sa fidélité, la citadelle de sa capitale, et le second, l'importante ville de Jaën. Le traité que fit à ce sujet Mahomet-Alhamar, roi de Grenade, avec Ferdinand, est remarquable. Le prince musulman s'engageait à payer un tribut de cinquante mille ducats par an, à servir la Castille dans toutes ses guerres, en fournissant une armée, à condition qu'en qualité de vassal de la couronne, il aurait séance aux cortès de Castille (1248).

Peu de temps après avoir fait ce traité avantageux, Ferdinand perdit sa mère, la reine Bérengère. C'était à elle qu'il confiait la régence du royaume pendant ses expéditions ; et elle joua en Castille le même personnage que sa sœur Blanche en France. Rare et belle destinée de ces deux sœurs, qui donnèrent le jour à deux grands rois, à deux saints !

Le glorieux succès de ses armes inspira à Ferdinand le désir de faire la conquête de Séville ; cette entreprise était difficile, parce que cette ville pouvait être secourue par mer, et que le roi manquait de marine. Il fallut donc s'occuper d'abord de créer une flotte ; il y parvint avec le secours d'un seigneur nommé Raymond Boniface, le seul qui entendit la marine en Espagne. Raymond parvint à construire et à équiper treize gros navires et plusieurs autres petits, avec lesquels il se rendit maître de l'embouchure de Guadalquivir. Dès que Ferdinand apprit que sa flotte tenait l'entrée de la rivière, il s'approcha de la place et l'investit le 20 août 1247. La reine, les rois de Portugal et de Grenade, le prince de Castille, les infants de Portugal et d'Aragon, tous les évêques et les grands de son royaume assistaient à ce siège, qui dura quinze mois : c'est un des plus célèbres qu'il y ait eus en Espagne, depuis celui de Numance. Les Castillans s'y signalèrent par leur constance et leur fermeté. Raymond Boniface ayant enfin coupé la communication de la ville avec le faubourg d'Alfarache, en rompant un pont de bateaux par le moyen duquel les assiégés tiraient des vivres des montagnes voisines, la famine les obligea de se rendre le 23 novembre 1248. Cette place avait été 534 ans sous l'empire des Maures. Deux cent mille habitants environ en sortirent pour se retirer en Afrique et à Grenade, avec des richesses immenses ; mais la beauté du climat, la fertilité du pays, la situation de la ville et les grands privilèges que Ferdinand leur accorda, ramenèrent bientôt une population presqu'aussi nombreuse qu'auparavant.

La prise de Séville fut le signal de nouvelles conquêtes. Cadix, Xères de la Frontera, San Lucar, etc., tombèrent au pouvoir de Ferdinand (1249-1250). Ces conquêtes n'avaient pas seulement pour objet d'agrandir ses états, mais elles devaient faciliter un projet d'une plus grande importance, et qu'aucun de ses prédécesseurs n'avait sans doute pensé à exécuter : c'était d'aller attaquer les Mahométans en Afrique, et de les refouler à jamais.

Tandis qu'il s'occupait de ses vastes projets, qu'il faisait augmenter sa flotte et la pourvoyait de tout ce qui était nécessaire pour une pareille entreprise, une hydropisie l'enleva à l'âge de cinquante-deux ans, le 30 mai 1252. Ce prince, cousin germain de saint Louis, aussi saint, aussi grand homme que le monarque français, fut un des plus illustres princes qui aient jamais régné en Espagne : il réunissait en lui, au point le plus éminent, toutes les vertus qui font l'honnête homme, les talents qui forment le grand roi, le courage, le génie et la fermeté qui constituent les héros et les conquérants. Il prouva mieux qu'aucun autre souverain qu'on peut se sanctifier sur le trône, dans le sein de la prospérité la plus constante, au milieu du tumulte des armes, et dans l'ardeur de la plus brillante jeunesse. La Castille, augmentée des deux tiers par son courage et son bonheur, lui dut son éclat, ses tribunaux, ses lois et sa félicité. On attribue à son équité et à sa modération le profond calme, dont jouirent entre elles pendant son règne les dynasties chrétiennes d'Espagne. Protecteur zélé des faibles et des opprimés, il s'appliqua toute sa vie à faire rendre la justice la plus exacte, à humilier les grands qui tyrannisaient leurs vassaux, à purger ses états des brigands et des voleurs, et à faire rendre à la religion, à la majesté royale et aux lois, le respect inviolable que tout homme, tout sujet et tout citoyen leur doivent. Il est le premier prince qui ait attaché à sa personne un certain nombre d'hommes savants, vertueux et éclairés, pour l'aider à administrer la justice et à gouverner. Il établit le conseil souverain de Castille, et fit rassembler toutes les lois de ses prédécesseurs en un code ; cet ouvrage utile et immense ne fut achevé que sous son successeur. Ce prince, le modèle des rois, a été canonisé en 1771 par le pape Clément X.

ROYAUMES DE CASTILLE ET DE LÉON :

ALPHONSE X, DIT LE SAGE. 1252-1284.

ARAGON : **JACQUES Ier** jusqu'en 1276.

PIERRE III.

NAVARRE : **THIBAUT Ier**, jusqu'en 1253.

THIBAUT II, jusqu'en 1270.

HENRI Ier, jusqu'en 1274.

JEANNE Ire.

PORTUGAL : **ALPHONSE III**, jusqu'en 1279.

DENIS, DIT LE **LIBÉRAL** ET LE **PÈRE DE LA PATRIE.**

Alphonse X, surnommé le *sage* et l'*astrologue*, à cause de son amour pour les sciences et surtout pour l'astronomie, était sans contredit le plus éclairé des rois, et peut-être de tous les hommes de son siècle. Ce prince brave, généreux, appliqué, ne respirait que la gloire de sa patrie, plein d'amour pour les sciences, les lettres, les arts et la justice, habile dans l'art de la guerre, humain, clément, digne en un mot de régner, parvint au trône à l'âge de trente-un ans. Tant de belles qualités annonçaient un gouvernement heureux et tranquille; peu de règnes cependant ont été aussi agités et aussi malheureux que le sien. Tandis qu'il remplissait l'Europe du bruit de son nom et de ses talents, tandis que l'Allemagne l'élevait sur le trône des Césars; il avait à combattre dans le sein de ses états des sujets, qui ne pouvaient lui pardonner sa légèreté, son inconstance, sa fierté et peut-être ses lumières. Malgré les orages de son règne, malgré l'ambition de son fils Sanche, et l'ingratitude de ses sujets, Alphonse travailla plus que personne au bonheur de la Castille ; elle lui dut ses lois, la force de son gouvernement et la gloire de ses universités.

Un des défauts d'Alphonse était d'être également prompt à former de grands projets et lent à les exécuter. Les préparatifs pour l'expédition d'Afrique, commencés par son père, continuaient toujours, mais avec lenteur, et bientôt d'autres projets lui firent abandonner celui-là et le jetèrent dans de nouveaux embarras. Il pensa à faire valoir sur le duché de Souabe les droits qu'il avait du chef de la reine sa mère, et négocia sur ce sujet avec les princes d'Allemagne ; il se détermina même, dans la vue de faire réussir ses prétentions, à aspirer à la couronne impériale ; il eut pour compétiteur Richard duc de Cornouailles, frère de Henri III, roi d'Angleterre. Quatre électeurs, celui de Trèves, le roi de Bohème, le duc de Saxe et le marquis de Brandebourg, se prononcèrent en faveur d'Alphonse ; mais l'électeur de Cologne et le palatin du Rhin élurent son rival. Cette affaire coûta aux deux princes des sommes immenses, et fut une source de guerres continuelles, sans autre avantage que de porter le titre fastueux d'empereur chez les princes de leur parti.

Ce fut pour maintenir son élection à l'empire qu'Alphonse renonça à l'expédition d'Afrique, et tourna ses vues vers l'Italie, où à force d'argent il avait attiré plusieurs princes et quelques républiques dans son parti ; mais les dépenses énormes que ces démarches avaient entraînées, et surtout l'altération des monnaies, moyen funeste auquel il avait eu recours pour y faire face, excitèrent un mécontentement général. L'infant don Henri son frère, prince d'un caractère ardent, inquiet, factieux et malfaisant, saisit cette occasion pour se révolter contre le roi son frère, et entraîna dans son parti le roi de Niebla, Mahomet-ben-Asou, vassal de la Castille. L'infant, vaincu par Nune de

Lara, s'enfuit en Afrique, où il prit du service chez les Maures [1]; le roi de Niebla fut dépouillé de son petit état, qui fut réuni à la Castille (1260).

Cependant les rois de Grenade et de Murcie, seuls souverains mahométans qui restassent en Espagne, voyant que les affaires de la Castille n'étaient pas gouvernées avec la même fermeté que sous le règne précédent, résolurent de secouer un vasselage odieux; ils demandèrent des secours à Ben-Iousef, roi de Fez et de Maroc, qui s'empressa de leur en envoyer, et ils commencèrent aussitôt la guerre en enlevant les places fortes où le roi de Castille avait garnison. Alphonse, qui avait toujours à cœur son élection à l'empire, au lieu de prendre sur-le-champ des mesures vigoureuses, tenta de négocier avec les ennemis. Les Mahométans, encouragés par ce qu'il prenait pour de la faiblesse, ne voulurent entendre à aucune proposition et continuèrent la guerre avec plus de fureur. Alphonse alors se décida à rassembler une armée sur la frontière, où il rencontra les Musulmans, qui lui offrirent la bataille près d'Alcala Réal. Alphonse rangea son armée avec tant de jugement, donna ses ordres avec une si grande présence d'esprit, et se signala lui-même tellement par sa valeur, que les Maures furent entièrement défaits, et que toutes les places enlevées aux Castillans rentrèrent en son pouvoir (1263).

Alphonse, après cette campagne, régla, d'accord avec les rois d'Aragon et de Portugal, les frontières de la Castille avec ces deux royaumes, afin de prévenir à l'avenir tout sujet de contestation à cet égard; il céda au roi de Portugal la province de l'Algarve, à condition qu'il entre-

---

[1] Ce prince, quelques années après, quitta l'Afrique et passa en Italie dans le temps où Charles d'Anjou disputait à Mainfroi la couronne de Naples; il prit parti d'abord pour Charles, contre Mainfroi, puis pour Conradin, contre Charles, qui le fit prisonnier en 1268, enfin il revint en Espagne en 1293, après une longue prison.

tiendrait une compagnie de cinquante lances au profit de la Castille.

Le roi de Grenade demanda la paix à Alphonse, en lui offrant de lui rendre hommage de nouveau. Le roi lui fit réponse qu'il n'avait qu'à se rendre à Alcala Réal, où il le reverrait. On avait une si haute idée de la probité d'Alphonse, que, sur sa simple parole, le prince maure n'hésita pas à s'y rendre, se soumit aux conditions qu'il lui prescrivit, et abandonna le roi de Murcie son allié. Pendant ce temps-là, le roi d'Aragon faisait la conquête du royaume de Murcie, non pour lui-même, mais pour son gendre le roi de Castille, conformément au traité qu'ils avaient fait ensemble. Alphonse prit aussitôt possession du royaume de Murcie, en fit sortir les Mahométans et le repeupla de Castillans et d'Aragonais. Ainsi il ne resta plus des souverains musulmans que le roi de Grenade, affaibli par un gros tribu et abandonné par le roi de Maroc (1266 et 1267).

En 1268, Alphonse X maria son fils, l'infant don Ferdinand (surnommé Lacerda), à Blanche de France, fille de saint Louis. La cérémonie eut lieu à Burgos avec une magnificence sans exemple. Cette alliance tranquillisant Alphonse sur l'avenir de la monarchie, il reprit son projet d'aller en Italie et en Allemagne y disputer l'empire; mais les Cortès de Castille s'opposèrent à ce voyage, et lui représentèrent si vivement les inconvénients de son absence dans les conjonctures présentes, qu'il renonça sagement, mais avec regret à son dessein (1269).

En 1270, Thibaut II, roi de Navarre, qui avait accompagné saint Louis, son beau-père, au siège de Tunis, aborda en Sicile après la mort du saint roi, et mourut à Trapani le 5 décembre, sans laisser d'enfants. Henri I, son frère, lui succéda.

Cependant Alphonse songeait toujours à son voyage d'Italie, et dans cette vue il employait toutes sortes de moyens pour amasser de l'argent; entre autres il retint ou négligea de payer les pensions de l'infant don Philippe et de quelques grands seigneurs : aussitôt don Philippe, suivi des Lara, des Castro, des Haro, des Mendozes, et de la plus haute noblesse, leva l'étendard de la révolte. Les rebelles se plaignaient avec aigreur de la dureté, de l'avarice, de la fierté, de l'inconstance et des profusions du roi; ils invitaient le peuple à se joindre à eux, protestant, comme tous les rebelles, que l'amour du bien public seul leur mettait les armes à la main ; ils ne s'en tinrent pas là, et appelèrent à leur secours les rois de Navarre, de Grenade et de Maroc. Alphonse réussit à déconcerter les projets des révoltés, qui se retirèrent dans le royaume de Grenade. Ils y restèrent deux ou trois ans, et rentrèrent enfin en grace après la mort du roi de Grenade, qui les avait accueillis. Le nouveau roi Alhamir Aboadie vint renouveler l'hommage au roi de Castille, qui le reçut avec beaucoup d'égards, et même l'arma chevalier, dans l'espérance de se l'attacher davantage (1273).

Sur ces entrefaites, la mort de Richard d'Angleterre, compétiteur d'Alphonse à l'empire, vint fortifier les espérances du roi de Castille; mais il apprit bientôt que les électeurs venaient de donner leurs suffrages à Rodolphe de Hapsbourg, et il vit encore ses espérances ajournées. Regardant cette élection, comme une violation de ses droits, il envoya des ambassadeurs au concile de Lyon, pour mettre dans ses intérêts cette assemblée et le pape Grégoire X qui la présidait (1274). Grégoire, dans la lettre qu'il lui écrivit, l'exhorta de renoncer, pour le bien de la paix, à ses prétentions, et lui accorda comme par forme d'indemnité, pour six ans, les *tierces* ou le tiers des décimes, à la charge de les employer pour continuer la guerre contre les Mahométans d'Espagne. Alphonse, persuadé qu'il ferait mieux ses affaires par lui-même que par l'intermédiaire de ses ambassadeurs, demanda une entrevue au pape, que celui-ci n'osa refuser.

Alphonse assembla aussitôt les états à Tolède, y déclara

son fils aîné Ferdinand, régent du royaume pendant son absence, et partit pour Beaucaire, lieu fixé pour le rendez-vous avec le souverain pontife. Ce voyage devait avoir des suites funestes pour le roi et pour l'Espagne. En effet, à peine Albamir Aboadie, roi de Grenade, eut-il appris le départ du roi, qu'il fit prévenir Ben-Iousef, le roi de Maroc, de l'absence d'Alphonse, lui représentant cette occasion comme la plus favorable pour recouvrer l'Andalousie. Iousef entra avec empressement dans les projets du roi de Grenade, et pendant que celui-ci faisait tous les préparatifs de guerre nécessaires, avec tant de dissimulation que les Chrétiens de la frontière n'en eurent aucune connaissance, Iousef débarquait à Algésiras avec vingt mille hommes de bonnes troupes, s'avançait sur Cordoue, tandis que le roi de Grenade marchait sur Jaën. Nune de Lara, qui commandait à Ecija, s'empressa de demander des secours au régent, qui se trouvait alors à Burgos, et en attendant, il rassembla le plus de troupes possible pour s'opposer au roi de Maroc ; mais il fut battu, et périt dans le combat. Don Sanche d'Aragon, archevêque de Tolède, ayant de son côté voulu s'opposer à la marche du roi de Grenade, éprouva le même sort que Lara ; tombé au pouvoir des Maures, il fut massacré de sang-froid.

Pour comble de malheurs, le régent, qui accourait de Burgos, pour venger cette double défaite, tomba malade en route et mourut quelques jours après, laissant de Blanche de France deux fils en bas âge, Alphonse et Ferdinand, appelés comme leur père Lacerda. Tout semblait désespéré, et la Castille tremblait de voir se renouveler les anciennes et terribles invasions des Maures. Mais Sanche, le second fils du roi, apprenant la mort de son frère, court se mettre à la tête de l'armée, bat successivement le roi de Maroc dans plusieurs rencontres, arme une flotte pour l'empêcher de recevoir des secours d'Afrique, et le force bientôt à se rembarquer. Le roi de Grenade, abandonné de son allié, n'était plus à craindre, et l'Andalousie était sauvée. Jamais service ne fut rendu plus à propos ; mais Sanche sut bien se faire récompenser.

Pendant que ces évènements se passaient en Espagne, Alphonse débattait auprès de Grégoire X ses prétentions à l'empire ; mais, en apprenant la mort de son fils Ferdinand et les désordres que les Maures commettaient dans ses états, il se hâta de repasser les Pyrénées. Partout sur son passage il entendait combler d'éloges l'infant don Sanche, le *sauveur de la patrie*. Le père et le fils se rejoignirent à Tolède ; là, les grands, gagnés par don Sanche, proposèrent au roi de le déclarer son successeur à la couronne, quoique Ferdinand eût laissé des enfants. Alphonse était très-disposé à y consentir ; mais dans la crainte des divisions, il remit la décision de cette affaire à l'assemblée des cortès qui fut convoquée à Ségovie. Cette assemblée décida que la couronne devait appartenir à l'infant don Sanche, et non aux enfants de Lacerda, parce que, d'après les lois des Goths, qui régissaient sa succession en Espagne, le droit de proximité immédiate était préféré aux droits de la représentation : mais le meilleur droit de Sanche fut d'avoir sauvé la Castille. Le roi acquiesça au jugement des Cortès ; mais le roi de France, Philippe-le-Hardi, protesta contre cette décision qui privait ses neveux de la couronne, et déclara la guerre à la Castille. La reine Yolande, mécontente de l'injustice faite aux enfants de Ferdinand, ses petits-fils, se retira avec eux et Blanche leur mère en Aragon (1277). L'année suivante Yolande retourna auprès de son mari, et Blanche se retira en France ; mais les jeunes princes de Lacerda furent retenus en Aragon par le roi Pierre III. Trois papes consécutifs, Jean XXI, Nicolas III et Martin IV, travaillèrent avec zèle, mais sans succès, à terminer la querelle des deux monarques. On tint à ce sujet deux congrès, l'un à Bordeaux, en 1279, en présence des légats du saint-siège, l'autre à Dax, en 1280, sous la médiation du prince de Salerne. Les choses se disposaient en 1282 pour un troisième congrès dont on espérait une meilleure issue, quand l'infant don Sanche, las de voir mettre sans cesse en compromis son droit à la succession de son père, et craignant avec fondement qu'elle ne fût au moins partagée entre lui et les fils de Ferdinand, prit le parti de s'en emparer pour écarter le danger dont il était menacé. Les états de Castille, assemblés à Valladolid, déclarèrent Alphonse x déchu du trône, et y appelèrent don Sanche. Celui-ci n'osa pas cependant prendre le titre de roi, et se contenta de celui de régent : il avait déjà attiré dans ses intérêts les rois d'Aragon, de Portugal et de Grenade.

A peine cette résolution des cortès fut-elle connue, que l'infortuné Alphonse se vit abandonné de tous ses sujets, à l'exception des habitants de Badajoz qui se déclarèrent pour lui. Après avoir sollicité en vain l'appui des princes chrétiens, il implora la protection du roi de Maroc. Le prince mahométan passa sur-le-champ en Espagne avec une puissante armée, et lui adressa, dit-on, ces généreuses paroles : « Je viens venger les droits sacrés des pères et des rois en combattant pour vous ; je vous accorde aujourd'hui mon alliance, parce que vous êtes malheureux ; mais une fois rétabli par mes armes sur le trône, songez que je suis votre ennemi; vous êtes chrétien et moi musulman. Je ne suspens ma haine que pour venger la nature et la majesté royale violées en votre personne. » Le pape se déclara aussi en sa faveur, et lança les foudres de l'excommunication contre Sanche et ses partisans. Ainsi ce roi, dans sa disgrace, n'eut pour amis que le pape et l'émir des croyants. Mais leur secours ne lui rendit pas la couronne, et Sanche résista aux armes du Marocain et aux foudres de l'Eglise. Alphonse publia alors à Séville un acte solennel par lequel il déshéritait son fils, et instituait pour lui succéder ses petits-fils, Ferdinand et Alphonse de Lacerda ; il leur substitua, au défaut de descendants, les rois de France. Ce malheureux prince mourut le 4 avril 1284 à Séville. Il eut la grandeur d'âme de pardonner à son indigne fils, avant sa mort.

Alphonse x est l'auteur des tables astronomiques appelées de son nom *Alphonsines*; il a aussi écrit une histoire d'Espagne en langue castillane; il publia sur la fin de son règne le code d'Espagne, si connu sous le nom de *las siete Partidas*, ou les *sept parties*, code dans lequel il a au moins autant suivi les lois romaines que celles des Goths : il est encore auteur d'un grand nombre d'autres ouvrages. Sa grande passion était d'inspirer aux Castillans, encore plongés dans la barbarie, le goût des sciences, des lettres et des arts. Il accorda des priviléges immenses à l'université de Salamanque, et y fonda neuf chaires, une entre autres de musique. Il ordonna qu'au lieu d'écrire les actes publics en latin, on ne fît désormais usage que de la langue du pays. Ce prince établit le gouvernement civil tel qu'il a subsisté jusqu'à nos jours en Espagne. Ce fut lui qui créa les charges de corrégidors et d'alcades. Ces officiers, sous des noms différents, exerçaient les mêmes fonctions; les corrégidors dans les grandes cités, les alcades dans les petites villes, dans les bourgs et les villages. Il créa aussi les grands officiers de la couronne, et confirma ou augmenta leurs priviléges; il distingua spécialement les grands des ricos-hombres ou simples gentilshommes. Enfin chaque ordre de l'état connut par lui son rang et ses prérogatives; chaque citoyen, les lois de sa patrie, et chaque Castillan, ses devoirs.

Pendant que la guerre civile désolait la Castille, le roi d'Aragon, Pierre III, tentait la conquête de la Sicile où il avait été appelé pour venger Conradin, si cruellement mis à mort par Charles d'Anjou. Il prétendait au trône de Naples et de Sicile, du chef de sa femme, fille de Mainfroi, qui avait quelque temps occupé ce trône; mais la haine des Siciliens contre les Français était pour lui un moyen plus sûr d'y parvenir. Aussi, après l'horrible tragédie des *Vêpres Siciliennes*, quand Pierre III parut sur les côtes de Sicile, il fut reçu aux acclamations des habitants, et bientôt couronné à Palerme. Mais tandis qu'il gagnait une couronne, il était menacé de perdre celle qu'il tenait de ses pères. Une armée française envahit l'Aragon, et ne fut arrêtée que par Sanche de Castille, accouru au secours de son allié. La noblesse d'Aragon profita du cruel embarras de son roi, pour faire augmenter ses priviléges qui étaient déjà immenses. Pierre consentit aux demandes des seigneurs, et l'autorité royale fut réduite en Aragon à n'être plus qu'une simple magistrature, dont le pouvoir était très-limité.

La Navarre passa (1281) à la maison de France par le mariage de Jeanne, fille héritière de Henri 1, avec Philippe, roi de France.

CASTILLE : **SANCHE IV**, SURNOMMÉ LE **BRAVE**. 1284-1295.

ARAGON : **PIERRE III**, jusqu'en 1285.

ALPHONSE III, jusqu'en 1291.

JACQUES II.

NAVARRE : **JEANNE Iʳᵉ ET PHILIPPE IV**, ROI DE FRANCE.

PORTUGAL ; **DENIS**, DIT LE **LIBÉRAL** ET LE **PÈRE DE LA PATRIE**.

A l'avènement de Sanche IV au trône de Castille, l'Espagne se trouvait dans une position très-critique. Le roi de France, à qui Jeanne avait apporté la Navarre, menaçait l'Aragon, et Sanche avait à combattre les Lacerda et l'infant don Juan, qui voulait se mettre en possession de l'Andalousie, que son père lui avait cédée par testament. La conformité de situation, jointe à celle de caractère et aux liens du sang, unit étroitement Sanche IV et Pierre III. Mais la mort de celui-ci, arrivée en 1285, enleva cet allié au roi de Castille, qui ne trouva pas son successeur Alphonse III aussi bien disposé à épouser ses intérêts.

Les onze années du règne de Sanche III furent une suite non interrompue de guerres civiles et de guerres étrangères, occasionnées par les prétentions de ses neveux et de son frère don Juan. Nous indiquerons les principaux évènements.

En 1289, Sanche, intimidé par le roi de France, signa un traité par lequel il cédait aux fils de Ferdinand le royaume de Murcie pour eux et leurs descendants, en toute souveraineté. Mais les deux Lacerda refusèrent de ratifier le traité, parce que le roi d'Aragon Alphonse III, alors ennemi de Sanche, les en détourna, et les choses restèrent dans le premier état. Don Juan, fatigué de demander inutilement à son frère la cession de l'Andalousie, passa en Afrique auprès du roi de Maroc, qui lui donna des troupes avec lesquelles il vint assiéger Tarifa. Alphonse de Guzman, dont la fidélité et la grandeur d'âme mérite de passer à la postérité, commandait dans cette importante place, son fils, jeune encore, était tombé entre les mains de l'infant, qui le fit exposer à la vue de Tarifa, avec menace de le faire périr, si le gouverneur ne livrait pas la place. « Si vous commettez un crime aussi atroce, répondit Guzman en lui jetant son épée, vous qui êtes né prince et chrétien, sachez que non-seulement je préfère le sacrifice de mon fils à la perte de mon honneur, mais que j'aurai le courage de vous donner des armes pour exécuter le meurtre que vous méditez. » Tandis que cet héroïsme admirable tenait en suspens Chrétiens et Maures, don Juan plongea son poignard dans le sein de l'enfant. Ce trait de cruauté souleva contre lui toute l'Andalousie, et il fut obligé de s'enfuir à Grenade.

Sanche, attaqué depuis quelque temps d'une maladie de langueur, mourut à l'âge de trente-six ans (25 avril 1295). Les prétentions des Lacerda, les révoltes de ses frères et des plus puissants seigneurs du royaume, les guerres étrangères qu'il fallut soutenir, la vue des troubles dont la Castille était menacée après sa mort, toutes ces choses ne lui permirent pas de goûter un instant de satisfaction sur ce trône, qui lui avait coûté tant de sang et de crimes. Il se fit remarquer par son courage et sa fermeté; mais son ambition, sa cruauté, son ingratitude envers son père ternissent ses qualités. Il mourut dévoré d'inquiétudes sur le sort de ses enfants. En'effet, son mariage n'avait point été confirmé par le pape. Les Lacerda conservaient un parti puissant, et les frères de Sanche étaient intéressés à contester l'état des jeunes princes. Malgré la précaution que prit le roi, avant sa mort, d'exiger des grands du royaume le serment de fidélité pour son successeur, celui qui monta après lui sur le trône aurait eu le même sort que les Lacerda, sans la constance, la fermeté et l'habile politique de la reine sa mère.

FERDINAND IV, SURNOMMÉ L'AJOURNÉ. 1295-1312.

ARAGON : **JACQUES II.**

NAVARRE : **JEANNE Ire ET PHILIPPE LE BEL**, jusqu'en 1305.

LOUIS LE HUTIN, ROI DE FRANCE ET DE NAVARRE.

PORTUGAL : **DENIS**, DIT LE **LIBÉRAL** ET LE **PÈRE DE LA PATRIE.**

Ferdinand IV, fils aîné de Sanche III, n'avait que dix ans, lorsqu'après les funérailles de son père il fut proclamé roi dans la cathédrale de Tolède, et ensuite dans l'assemblée des cortès à Valladolid. Malgré cette double proclamation, jamais couronne ne parut plus chancelante que la sienne; les Lacerda, la France, l'Aragon, le Portugal, Grenade et l'infant don Juan, se déclarèrent tous ensemble contre le nouveau roi. En même temps, deux factions puissantes se disputait la régence et veulent l'enlever à la reine Marie, appelée à l'exercer par le testament du feu roi. La première de ces factions se composait de la plupart des grands, qui revendiquaient la régence comme un privilége de la noblesse ; la seconde soutenait les prétentions du prince Henri, grand oncle du roi mineur, revenu récemment de sa longue prison à Naples, et qui voulait cette régence exclusivement à tous les autres, d'abord parce qu'il était le premier gentilhomme du royaume, en second lieu parce qu'il était premier prince du sang royal. Pendant ces débats, l'infant don Juan, appuyé du roi de Portugal, s'empare de la Galice, puis de Séville, et se fait proclamer roi de Léon ; Alphonse de Lacerda, secondé par le roi d'Aragon, prend le titre de roi de Castille à Sahagun ; en même temps le roi d'Aragon faisait la conquête de Murcie ; le roi de Grenade ravageait l'Andalousie et battait l'infant Henri à Arjona ; enfin le roi de Portugal, qui comptait la Castille perdue, s'empressait d'en arracher quelques débris.

Au milieu de tant d'embarras, les cortès, assemblées à Valladolid, reconnurent le droit de l'infant don Henri à la régence. La reine mère, pour ne pas augmenter les difficultés de sa position, consentit à cette décision ; mais elle eut l'habileté de ne remettre ni la puissance ni la personne du roi entre les mains de l'infant, et de ne lui laisser qu'un vain titre, dont elle conserva toute l'autorité. Durant toute cette minorité, elle défendit avec autant de constance que de courage le trône de son fils attaqué de tous côtés, et elle fut assez habile pour déjouer les complots de tant de puissances ennemies ; sa conduite, au milieu de ces ambitions rivales, qu'elle parvint à désarmer ou à satisfaire, fut un chef-d'œuvre de politique et de dextérité. Elle eut l'adresse de détacher d'abord de la ligue le roi de Portugal, en lui sacrifiant quelques places ; trahie par des généraux qui ne demandaient que la guerre et les troubles, elle se mit elle-même à la tête de son armée, et remporta quelques avantages brillants ; elle obtint du pape Boniface VIII la confirmation de son mariage avec le feu roi, et par là elle fit disparaître la tache d'illégitimité que ses ennemis reprochaient au roi régnant et à ses frères. Le roi d'Aragon se détacha de lui-même de la ligue, pour aller faire la conquête des îles de Sardaigne et de Corse, dont le pape lui avait donné l'investiture, et pour détrôner son propre frère le roi de Sicile. Juan de Lara, le principal et le plus puissant partisan des Lacerda, tomba au pouvoir de la reine, qui le traita avec générosité et lui rendit la liberté, à condition qu'il s'engagerait à ne pas porter les armes contre le roi. Cet évènement perdit le parti des Lacerda, qui acheva d'être accablé en apprenant que l'infant don Juan avait fait sa soumission. Enfin, pour cimenter son alliance avec le roi de Portugal, la reine lui demanda en mariage sa fille Constance pour le roi son fils (1313).

De tant d'ennemis, il ne restait plus que le roi d'Aragon, occupé ailleurs il est vrai, mais toujours menaçant, et toujours partisan des Lacerda. Le roi Denis offrit sa médiation entre son gendre et le roi d'Aragon, et bientôt un traité de paix durable fut signé à Campillo, entre Sanche IV et Jacques II. Par ce traité, une partie du royaume de Murcie fut cédée à l'Aragonais, qui restitua ses autres conquêtes. Pour ne laisser aucun sujet de discorde, on convint de s'en rapporter à l'arbitrage des rois de Portugal et d'Aragon, au sujet des prétentions d'Alphonse de Lacerda, alors retiré en France. Les deux rois médiateurs décidèrent qu'Alphonse renoncerait au titre de roi, et qu'on assignerait à lui et à son frère un certain nombre de villes pour apanage avec le titre d'Infant de Castille. Ferdinand Lacerda consentit à cet arrangement ; mais Alphonse, que rien ne pouvait consoler de la perte d'une couronne, se plaignit hautement d'avoir été sacrifié, et refusa de souscrire au traité. Il se rendit à la cour de Philippe le Bel, pour demander de nouveaux secours. Mais le roi de France, dont les prédécesseurs avaient toujours échoué en Espagne, n'osa s'engager dans une guerre douteuse, pour soutenir les droits d'un prince malheureux et rejeté de toute la Castille.

Tels furent les résultats de l'administration sage et habile de la reine mère; car son influence se prolongea au-delà du terme de la minorité de son fils. Malheureusement celui-ci était incapable de continuer l'œuvre si bien commencé par sa mère. Dans les luttes qu'il eut toujours à soutenir contre les grands, au lieu d'user de l'adroite politique de sa mère, il se laissa souvent aller à des emportements indignes d'un roi, ou à des actes que l'équité condamnait. Du reste, il maintint la paix et les alliances avec les princes chrétiens. En 1309, il se coalisa avec le roi d'Aragon, pour faire la conquête du royaume de Grenade; mais cette entreprise n'eut pas tout le succès que les deux rois s'en étaient promis. Ferdinand s'empara, il est vrai, de Gibraltar, mais il échoua devant Algésiras, et le roi d'Aragon, malgré deux victoires qu'il avait remportées, ne put s'emparer d'Alméria. Le roi de Grenade obtint la paix des deux rois, à force d'or et par la cession définitive de Gibraltar à la Castille (1309).

Ferdinand IV mourut presque subitement, le 17 septembre 1312. On l'a surnommé l'*Ajourné*, parce que, dans un accès de colère, il fit, dit-on, précipiter du haut d'un rocher deux gentilshommes nommés Carvajals, accusés d'assassinat. On ajoute que ces deux frères, avant l'exécution, prirent le Ciel à témoin de leur innocence, qu'ils conjurèrent vainement le roi d'instruire leur procès selon les lois rendues par son aïeul Alphonse le Sage [1], et qu'enfin, voyant leurs larmes et leurs prières inutiles, ils l'ajournèrent à comparaître en trente jours au tribunal de Dieu, et qu'effectivement il mourut au bout de ce terme. On en a dit autant de Philippe le Bel et de Clément V *ajournés*, deux ans après, par le grand-maître des Templiers.

Ferdinand IV laissait de sa femme Constance un fils,

[1] Dans ses lois de *Las Partidas*, Alphonse le Sage exige des preuves *tan claras como la luz del dia*, aussi claires que la lumière du jour, pour condamner à la peine de mort.

nommé Alphonse, qui fut son successeur, et une fille, Eléonore, qui épousa Alphonse IV, roi d'Aragon.

ALPHONSE XI, DIT LE VENGEUR. 1312-1350.

ARAGON : **JACQUES II**, jusqu'en 1327.

ALPHONSE IV, jusqu'en 1336.

PIERRE IV, DIT LE **CÉRÉMONIEUX**.

NAVARRE : **LOUIS LE HUTIN**, jusqu'en 1316.

PHILIPPE LE LONG, jusqu'en 1322.

CHARLES LE BEL, jusqu'en 1328.

JEANNE II ET PHILIPPE D'ÉVREUX, jusqu'en 1348.

CHARLES II, DIT LE **MAUVAIS**.

PORTUGAL : **DENIS**, jusqu'en 1325.

ALPHONSE IV, DIT LE **BRAVE ET LE FIER**.

Le fils de Ferdinand IV, Alphonse XI, avait à peine deux ans, quand la mort de son père l'appela à régner. Cette minorité ne fut pas moins orageuse que celle de son père, par les divisions, par les cabales et par les guerres, que s'y firent les divers prétendants à la régence. La contestation fut portée devant les cortès, assemblées à Palencia ; on intrigua de part et d'autre, et les cortès se fractionnèrent en divers partis. Enfin la reine Marie, illustrée par la sagesse de sa tutelle sous le précédent règne, entreprend encore une fois, malgré son grand âge, de prévenir les troubles : elle y réussit. Par son conseil, les cortès accordent la régence aux infants don Pèdre et don Juan, et lui confient la tutelle et l'éducation du jeune roi. Don Pèdre remporta de grands avantages contre les Maures de Grenade. D. Juan jaloux des succès de son collègue veut les partager ; tous deux pénètrent dans le royaume de Grenade, soumettent Alcala-Réal, et arrivent en vue de la capitale ; mais là s'arrêtent leurs succès ; ils sont attaqués par une armée récemment arrivée d'Afrique ; les Castillans sont mis en déroute, et les deux régents périssent dans la mêlée (1319).

De nouveaux aspirants à la tutelle se mettent sur les rangs ; les cortès de Burgos défèrent la régence à l'infant don Philippe, à Jean Emmanuël et à Jean le Borgne. Ces trois princes se partagent la monarchie, et bientôt leur jalousie et leur haine éclatent, et livrent le royaume à l'anarchie la plus déplorable. La reine Marie veut en vain essayer de rendre le calme à la Castille ; sa haute capacité, le respect qu'elle inspirait à tous, auraient pu la faire réussir ; mais elle fut surprise par la mort au milieu de ses nobles projets. Les désordres recommencèrent avec une nouvelle fureur ; les régents se souillèrent de crimes, et si les Maures de Grenade n'eussent pas été livrés eux-mêmes aux plus cruelles dissensions, ils auraient pu profiter de cette occasion, pour venger toutes les défaites qu'ils avaient essuyées.

Cependant le jeune roi Alphonse montrait dès son enfance un courage, un génie et un jugement supérieurs à son âge. Dès qu'il eut atteint sa quatorzième année, il forma la résolution de se faire à lui même un parti, pour détruire ceux qui désolaient son royaume. Il s'empare adroitement de Séville, et ensuite convoque les cortès à Valladolid, et là il déclare qu'il veut désormais régner par lui-même. On applaudit, et bientôt on reconnaît que, malgré sa jeunesse, Alphonse était capable de régner.

Le premier usage qu'il fit de son autorité fut de purger le royaume de tous les scélérats qui l'infestaient depuis si long-temps, et de punir l'esprit de sédition et de révolte, quel que soit le rang des coupables. Il poursuivit les débris des factions, devenus des brigands jusqu'au fond des bois et des cavernes. Les grands vassaux furent comprimés et tremblèrent sous son gouvernement vigoureux. De grands exemples de sévérité abattirent leur fierté ; un don Alphonse de Haro, un Ponce de Cabrera, et d'autres d'aussi nobles extractions perdirent la tête sur l'échafaud. Ces actes d'une juste sévérité furent poussés quelquefois trop loin, et peut-être eût-il pu tempérer à propos par la clémence la trop grande rigueur de sa justice ; mais on remarque qu'il se montra inexorable contre tous ceux qui avaient troublé la tranquillité publique pendant sa minorité, et qu'il ne pardonna jamais à un seul. C'est ainsi qu'il mérita le surnom de *vengeur* et de *justicier* ; celui de *juste* eût été préférable. Nous ne devons pas omettre cependant un acte de générosité qui fait honneur au caractère de ce prince. Alphonse de Lacerda, las d'être le jouet de la fortune et de vivre sans biens et sans considération, vint avec son fils aîné Louis se jeter aux pieds du roi. Alphonse XI, attendri par les malheurs de ce prince, le reçut en frère et lui accorda tous les avantages qui avaient été stipulés pour lui, au traité de Campillo, vingt-six ans auparavant. (1330).

En 1329, les rois de Castille, d'Aragon et de Portugal, formèrent une coalition contre les Maures. Le premier résultat fut de forcer le roi de Grenade à se reconnaître de nouveau vassal de la Castille, charge dont il s'était affranchi pendant les troubles civils de ce royaume. Mais, après avoir par sa soumission acheté une sorte de trêve, le roi de Grenade sollicite les secours d'Alboacin, roi de Maroc, pour s'affranchir de nouveau. L'émir lui envoya une armée puissante commandée par son fils Abel-Mélic, des sommes immenses et une prodigieuse quantité de vivres et de munitions. Gibraltar, la clé de l'Andalousie, et Cabra tombent au pouvoir du prince africain, qui avait gagné à prix d'argent les gouverneurs de ces places (1332). Alphonse voulut en vain reprendre Gibraltar ; il fut obligé de lever ce siège pour aller apaiser de nouveaux troubles dans ses états, et il conclut avec le roi de Grenade une trêve de dix ans. Mais les Grenadins, mécontents de ce traité massacrèrent leur roi, et proclamèrent Yousouf, son fils puiné. Ainsi la trêve se trouva rompue ; la guerre ne se fit qu'avec mollesse pendant quelques années.

Les avis réitérés qu'Alphonse reçut d'Afrique dans le courant de l'année 1337, ne lui permirent pas de douter un instant qu'il ne se vît bientôt exposé, de la part des infidèles, à une invasion aussi formidable qu'aucun de ses prédécesseurs. Le roi de Maroc, Abul Assan, après avoir conquis les royaumes de Tlemcen et de Tunis, faisait des préparatifs immenses par terre et par mer. Alphonse renouvela ses traités avec l'Aragon et le Portugal, convoqua l'assemblée générale des cortès, et se prépara à tout évènement.

Bientôt Abul-Melik, fils du roi de Maroc, débarqua en Andalousie avec une armée de soixante mille hommes, tandis que le roi de Grenade assiégeait Jaën avec quarante mille. Alphonse partagea ses forces en deux armées, bien inférieures à celles des ennemis. Il en commanda une qui n'eut aucun succès dans le royaume de Grenade ; mais l'autre, ayant à la tête don Alphonse de Guzman, grand maître de Saint-Jacques, et Gonzala Martinez d'Oviedo, grand maître d'Alcantara, remporta deux célèbres victoires, la première à Silo contre le roi de Grenade, et la seconde à Vega Pagurra contre Abul Melik, qui y perdit la vie. (1339).

Le roi de Maroc, loin de se décourager des pertes qu'il venait de faire, résolut de venger son fils d'une manière éclatante. Il fit publier la guerre sainte dans tous les pays de sa domination, et l'Afrique entière s'ébranla pour venger la mort d'Abul-Melik. Une flotte de plus de trois cents voiles fut employée à transporter au-delà du détroit une armée, ou plutôt une multitude de quatre à cinq cent mille soldats et de cent mille femmes et enfants. Les marabouts et les faquirs, chargés de prêcher la guerre sainte, avaient promis aux fidèles musulmans la conquête de l'Espagne ;

et une multitude de familles, chassées depuis si longtemps de la Péninsule, crurent le moment arrivé où elles allaient revoir leur ancienne patrie, et rentrer dans leurs maisons de Séville, de Cordoue ou de Tolède [1]. C'est ce qui explique la foule innombrable qui accourut sous les étendards d'Abul Assan. Telle était leur confiance, que des familles entières avaient apporté leurs meubles les plus précieux, leur or, leur argent, et jusqu'aux instruments de labourage, pour cultiver leurs champs fertiles de l'Andalousie. L'amirante de Castille, Geoffroi Tenorio, voulut en vain s'opposer au passage des barbares. Sa flotte trop faible pour lutter avec tant d'ennemis fut coulée à fond ou prise, et lui-même fut tué dans le combat.

Tandis que ces hordes débarquaient sur les côtes de l'Andalousie, Alphonse envoya prévenir ses alliés, les rois de Portugal et d'Aragon, de se hâter de venir à son secours. Le roi d'Aragon lui envoya douze galères; Alphonse en acheta un certain nombre d'autres à Gênes, et vers la fin de l'été il se vit maître d'une flotte assez forte pour inquiéter les ennemis.

Abul Assan arriva en Espagne au commencement de septembre (1340); il joignit le roi de Grenade; et ses deux princes investirent Tarifa le 25 septembre. Don Juan de Bonavidez, qui y commandait, se défendit avec la plus grande vigueur. Les deux rois poussèrent le siège si vivement que la place commençait à être en danger, quand l'apparition de la nouvelle flotte castillane vint jeter dans un grand embarras le roi de Maroc. Il avait eu l'imprudence de renvoyer tous ses vaisseaux dans ses ports; croyant n'en avoir plus besoin, après la défaite de Tenorio, et maintenant une nouvelle flotte ennemie se trouvait maîtresse du détroit, et lui interceptait toute communication avec l'Afrique. Cette anxiété ne dura pas. Une tempête horrible dispersa la flotte chrétienne, et toutes les

[1] Cette idée n'est pas encore éteinte chez les Maures aujourd'hui.

galères furent perdues ; à l'exception de trois. Cet évènement plongea les assiégés dans la détresse et donna aux Maures une nouvelle assurance de succès, puisque, disaient-ils, le Ciel même combattait pour eux.

Tant de revers, loin d'ébranler l'âme fière d'Alphonse, ne servirent qu'à exciter son courage. Il prit la généreuse résolution de tout risquer pour secourir Tarifa. Suivi du roi de Portugal, des Lacerda, des Lara, et de tous les grands des deux royaumes, il s'avança du côté des Maures avec environ soixante mille hommes. On arriva en vue de Tarifa le dimanche 29 octobre. Pendant la nuit, on jeta dans la place un renfort de mille chevaux et de quatre mille fantassins. Le lendemain, à la pointe du jour, le roi de Castille, après avoir envoyé un corps de troupes pour renforcer les Portugais, attaqua le roi de Maroc, pendant que le roi de Portugal attaquait celui de Grenade. Bonavidez, joint à Lara, avait ordre de sortir de la place et de fondre sur les assiégeants ; Hugues de Moncade, qui venait d'arriver avec la flotte d'Aragon, se tenait posté vis-à-vis de Tarifa dans le détroit. La sagesse des mesures d'Alphonse inspira à l'armée chrétienne tout le courage de ce grand roi, et c'est pleine de confiance, de joie et d'audace, qu'elle s'apprêtait à combattre. Il n'en était pas de même d'Abul Assan, qui, étonné de se voir attaqué par une poignée de gens, qu'il croyait fugitifs et consternés, ne tarda pas à perdre la tête. Il rangea ou plutôt il entassa son armée entre son camp et la rivière de Salado, car le terrain était trop étroit pour une si grande masse d'hommes, et les soldats ne firent que s'embarrasser. Les Maures, gênés dans leurs mouvements, reçurent le choc des Chrétiens presque sans résistance, et se laissèrent, pour ainsi dire, égorger sans combattre. Le grand nombre de femmes et d'enfants qui encombraient cette armée en augmenta encore le désordre et la confusion. Jamais les chrétiens ne remportèrent une victoire si complète et moins disputée, et jamais les Maures n'éprouvèrent une si sanglante défaite. Deux cent mille hommes, dit-on, restèrent sur le champ de bataille, et on fit presque autant de prisonniers, parmi lesquels se trouvèrent le fils, le neveu et trois femmes du roi de Maroc. Le camp ennemi fut mis au pillage, et la quantité de richesses que les vainqueurs y recueillirent fut telle, que l'or baissa tout-à-coup d'un sixième. Tel fut le succès de la journée de Salado, digne pendant de celle de Tudela.

Abul Assan repassa le détroit dans une petite barque, presque seul et pendant l'obscurité de la nuit. Les rois de Castille et de Portugal, après avoir pourvu à la sûreté de Tarifa, retournèrent à Séville, où ils furent reçus en triomphe. La victoire de Salado fut célébrée dans toute la chrétienté, et le pape décerna à Alphonse le titre de Libérateur de l'Espagne.

Le reste de sa vie fut employé, par Alphonse, à poursuivre ses avantages sur les Maures et à recueillir les fruits de sa victoire: chaque année le voyait former de nouvelles entreprises. La plus importante fut le siège d'Algésiras, qui dura près de deux ans. La conquête de cette ville était pour lui d'autant plus importante que c'était de là que le roi de Maroc inondait l'Andalousie de ses armées, et profitait, quand il voulait, des troubles de la Castille. Abul Assan fit tous ses efforts pour conserver cette place. Elle était défendue par une garnison nombreuse, débris de l'armée vaincue sur les bords du Salado, et les assiégés firent usage de canons, inconnus encore aux armées européennes. Le roi de Navarre, le comte de Foix, une multitude de chevaliers français et anglais, vinrent en foule prendre part aux travaux et à la gloire du roi de Castille. Mais celui-ci ayant fait un traité d'alliance offensive et défensive avec Philippe de Valois, les Anglais indignés contre Alphonse abandonnèrent le siège, et les Français les suivirent pour aller défendre leur patrie menacée par Édouard d'Angleterre.

Alphonse, réduit à ses seules ressources, se signala par

son courage, sa patience et sa fermeté; il lui fallait toutes ces vertus pour triompher des obstacles toujours renaissants. En effet, Abul Assan venait d'envoyer, sous la conduite de son fils Ali, une armée de quarante mille hommes, qui, joints à vingt mille commandés par le roi de Grenade, s'avançaient pour faire lever le siège d'Algésiras. Alphonse marche à leur rencontre, et gagne sur eux une victoire décisive près de Sainte-Lucie, à deux lieues d'Algésiras, le 12 décembre 1343. Cependant, la ville assiégée tint encore plus de trois mois, et ne se rendit que le 26 mars 1344. Le roi de Navarre, Philippe d'Evreux, était mort des fatigues de la campagne, le 12 septembre précédent, et son fils, Charles II, surnommé le *Mauvais*, lui avait succédé.

Après la prise d'Algésiras, Alphonse accorda une trêve de dix ans aux rois de Grenade et de Maroc. Mais il fut le premier à la rompre; il profita des guerres civiles qui troublaient le royaume de Maroc pour entreprendre le siège de Gibraltar. Il tenait à recouvrer cette place, perdue sous son règne par la déloyauté d'un de ses gouverneurs. La peste vint au secours des assiégés, détruisit une grande partie de l'armée chrétienne, et Alphonse lui-même, atteint de cette maladie, en mourut le 26 mars 1350, à l'âge de quarante ans.

Alphonse XI fut de tous les rois de son temps le plus ferme, le plus actif, le plus appliqué, le plus sévère, le plus généreux, celui qui eut les vues les plus élevées, les plus profondes et les plus réfléchies. Nul prince ne connut les hommes comme lui et ne les employa plus à propos. L'Espagne ne sentit pas assez la perte qu'elle faisait en perdant son héros, et peut-être le plus grand de ses rois ; elle ne se souvenait que des exécutions sanglantes de ce monarque, sans penser qu'elles avaient vengé la majesté royale impunément outragée, donné de la force aux lois, comprimé la turbulence et l'esprit de révolte de la noblesse, purgé la Castille de brigands, rétabli partout l'ordre, et sauvé l'Espagne. La cruauté et la tyrannie du successeur d'Alphonse, l'ambition et l'inquiétude de ses enfants naturels, plongèrent bientôt la Castille dans un abîme de malheurs, et lui firent pleurer avec des larmes de sang la mort précipitée d'un roi admiré et respecté de ses plus grands ennemis [1].

PIERRE I, SURNOMMÉ LE CRUEL. 1350-1369.

ARAGON : **PIERRE IV, DIT LE CÉRÉMONIEUX.**

NAVARRE : **CHARLES II, DIT LE MAUVAIS.**

PORTUGAL : **ALPHONSE IV**, jusqu'en 1357.

PIERRE Ier, SURNOMMÉ LE **JUSTICIER**, jusqu'en 1367.

FERDINAND Ier.

Quatre tyrans se partageaient l'Espagne chrétienne. Pierre le Cruel était le fléau de la Castille; Pierre VI, dit le *Cérémonieux*, et qu'on aurait à plus juste titre nommé le fourbe, n'épargnait pour satisfaire son ambition ou sa vengeance, ni le fer ni le poison; et ses frères furent ses premières victimes. Pierre I, dit le *Justicier*, roi de Portugal, ne versait pas le sang avec autant d'abondance et de facilité que les deux premiers; mais son âpreté sauvage n'en faisait pas un tyran moins insupportable. Charles II, dit le *Mauvais*, ne semblait né que pour la honte de la France, sa patrie, et le malheur de la Navarre, son royaume.

Pierre n'avait que quinze ans à la mort de son père. Marie de Portugal, mère du jeune roi, et Jean Alphonse d'Albuquerque, son gouverneur, furent chargés de l'administration des affaires. La reine mère commença l'exercice de son pouvoir par un acte de vengeance, qui devait avoir des suites bien funestes. Eléonore de Guzman avait été, dit-

[1] Désormeaux, Abrégé chronologique de l'Hist. d'Espagne.

on, secrètement mariée à Alphonse XI, qui en avait eu plusieurs enfants, qu'il avait comblés de richesses et d'honneur. Malgré son union avec la princesse de Portugal, Alphonse avait toujours conservé beaucoup d'affection pour celle que des raisons d'état ne lui avaient pas permis d'élever jusqu'au trône. La reine Marie n'avait osé se plaindre du vivant de son époux; mais, à sa mort, le premier usage qu'elle fit de son pouvoir fut d'arrêter Eléonore et de la faire étrangler dans son palais, sous les yeux du roi; funeste leçon qu'elle donnait à son fils et dont il sut bientôt profiter.

Henri, comte de Transtamare, fils aîné d'Eléonore de Guzman et d'Alphonse XI, jura de venger sa mère, et bientôt il forma un parti nombreux; mais cette première tentative fut sans résultat; Transtamare vit son parti dissipé et fut obligé de s'enfuir en Portugal (1352).

Après avoir rendu le calme à la Castille, Pierre songea à se marier. Il jeta les yeux sur Blanche de Bourbon, fille de Pierre, duc de Bourbon, descendant de saint Louis. Le mariage fut célébré à Valladolid, le 3 juin 1353. Dès le lendemain, le roi quitta son épouse, chassa tous les officiers qu'elle avait amenés de France, et la confina dans une étroite prison, la réservant au poison qui devait bientôt abréger sa vie.

Les malheurs de cette princesse attendrirent le peuple et le soulevèrent contre le roi. Cordoue, Cuença, Jaën, Talavera, les plus nobles familles, les Haro, les Albornoz, les Albuquerque, les Ponce, les Pacheco, et presque tous les chevaliers se déclarèrent pour la reine; les infants d'Aragon et la reine mère se joignirent aux mécontents. Les efforts de Pierre pour dompter cette rébellion ne servirent qu'à la grossir. Il se vit bientôt abandonné du petit nombre de grands qui étaient restés auprès de lui. Pierre ne fit que s'irriter des efforts dirigés contre lui, et il s'abandonna à toute la férocité de son caractère, qui couvrit la Castille de sang et d'horreurs.

Enfin, en 1366, Henri de Transtamare, secondé par le roi de France, entre en Castille avec ces fameuses compagnies blanches, ou grandes compagnies qui, après avoir long-temps fait la guerre en France pour ou contre les Anglais, ne vivaient que de brigandages depuis la paix. C'étaient des hommes de tous les pays, Français, Anglais, Flamands, Gascons, Bretons, Allemands, habitués à se battre pour qui les payait le mieux; on les nommait malandrins, marcadiers ou tardvenus. Depuis la paix de Bretigny, ils désolaient la France, et le roi Charles v saisit avec empressement l'occasion d'en débarrasser son royaume, en les offrant à Transtamarre pour conquérir le sien. Bertrand Duguesclin, seul capable de se faire obéir de tels hommes, les conduisit en Castille. Pierre, en voyant approcher l'orage qui le menaçait, perdit complètement la tête. Il n'opposa pas le moindre obstacle aux progrès de son ennemi. Transtamare entre dans Calahora, où, d'après l'avis de Duguesclin, il se fait proclamer roi de Castille. Pierre, au lieu de combattre, fuit à Séville, et de là en Portugal, avec ses enfants et ses trésors. Le comte est encore proclamé à Burgos sous le nom de Henri II. Il est étonné avec toute l'Europe de ses succès et de son bonheur. En moins de vingt-cinq jours, sans avoir livré un seul combat, il se trouve maître du royaume. Se croyant désormais paisible possesseur de la couronne, il récompense magnifiquement ceux qui l'avaient secondé dans cette entreprise, et congédie les grandes compagnies avec des présents considérables, qui surpassaient ce qu'on leur avait promis.

Le roi de Portugal ne voulut pas recevoir Pierre et lui donna ordre de sortir de ses états. Ce prince rentra dans la Galice, qui prenait part à son infortune; mais bientôt de nouveaux crimes changèrent la compassion en horreur. Il massacra l'archevêque de Saint-Jacques dans son église, enleva tous les trésors de cette cathédrale et disparut comme un voleur. Après cette infâme action, il se rendit à Bordeaux, où il implora la protection du prince de Galles, connu sous le nom de prince noir. Ce prince, distingué par ses bonnes qualités, fut touché de compassion à la vue d'un roi détrôné, et résolut de le rétablir, espérant que l'infortune aurait changé son cœur. Bientôt il se mit en route avec son armée, composée de ces vieilles bandes, l'élite des Anglais et des Gascons, avec lesquels il avait remporté tant de victoires. Transtamare reconnut la faute qu'il avait faite de s'être trop hâté de renvoyer les grandes compagnies ; il marcha néanmoins avec résolution à la rencontre de son rival, et lui livra bataille, contre l'avis de Duguesclin, près de Navarette (6 avril 1367). Les Castillans furent complètement défaits ; Henri parvint à s'échapper, mais Duguesclin fut fait prisonnier. Pierre le Cruel remonta sur le trône par une révolution plus rapide encore que celle qui l'en avait renversé.

Son premier soin fut de faire dresser des échafauds dans toutes les villes. Le prince de Galles le quitta, indigné de sa cruauté non moins que des injures personnelles qu'il en avait reçues. Le sang ruisselle en Espagne. La France fait de nouveaux efforts en faveur de Henri de Transtamare. Il part avec de nouvelles troupes, passe l'Èbre à Azagra, et entre sur les terres de Castille. En ce moment il saute de cheval en présence de son armée, baise la terre et jure de ne jamais plus quitter cette terre, vainqueur ou vaincu. Burgos lui ouvre ses portes. Pierre se défendait mieux qu'à la première révolution, à l'aide de quarante mille Maures que lui avait amenés le roi de Grenade, son allié. Bientôt l'arrivée de Duguesclin, avec six cents chevaliers français, rappelle la victoire sous les drapeaux de Transtamare. Duguesclin et Henri marchent à la rencontre de Pierre jusqu'à Montiel. On en vint aux mains le 14 mars 1369 ; l'armée de Pierre ne se défendit pour ainsi dire pas et prit la fuite dès le premier choc. Pierre, au lieu de suivre ou de rallier les fuyards, se jette dans le château de Montiel ; son rival l'investit sur-le-champ et lui ferme toute retraite.

Dans cette perplexité, Pierre offre des sommes immenses à un officier français pour le laisser échapper (les historiens espagnols dirent Duguesclin; mais la loyauté chevaleresque de ce héros nous permet de douter de leur récit, contredit d'ailleurs par Froissard, écrivain contemporain). Cet officier, feignant d'entrer dans les vues du prince, l'attira dans sa tente à la faveur des ombres de la nuit. Aussitôt qu'il y fut arrivé, Henri de Transtamare, prévenu de ce qui se passait, accourut : « Où est le roi de Castille? demanda-t-il. A ces mots, Pierre, qui n'avait pas été reconnu de son frère, s'avançant avec fierté : Me voici, lui dit-il. » Henri l'accabla de sanglantes invectives, et en même temps s'élançant sur lui avec fureur, il le blessa de sa dague au visage. Une lutte féroce s'engagea entre les deux frères; mais bientôt Pierre tomba frappé de plusieurs coups de poignard. Ainsi périt, à l'âge de trente-cinq ans, un des princes les plus cruels dont l'histoire d'Espagne fasse mention. Il ne manquait ni d'esprit, ni de courage, ni d'application, et l'on pense que si l'on eût soigné davantage son éducation, au lieu d'un tyran et d'un monstre on en eût fait un prince aimable et vertueux.

HENRI II, DIT TRANSTAMARE. 1369-1379.

ARAGON : **PIERRE IV, DIT LE CÉRÉMONIEUX.**

NAVARRE : **CHARLES II, DIT LE MAUVAIS.**

PORTUGAL : **FERDINAND Ier.**

« Les états de Castille, dit un historien, pensant moins à avoir un roi légitime qu'à en avoir un bon, s'empressèrent de baiser la main de leur libérateur, et passèrent également l'éponge sur le vice de sa naissance, sur son fratricide et sur son usurpation. »

Des vertus réelles firent d'ailleurs excuser, oublier du moins, et le défaut d'un titre légitime, et le meurtre d'un méchant frère. Henri II se montra généreux et reconnaissant, vertus que l'on ne rencontre pas toujours sur le trône. Duguesclin fut fait connétable de Castille, seigneur des villes de Soria, d'Almazan, d'Atiença, de Séron, et reçut cent mille écus d'or ; tous les chevaliers qui l'avaient accompagné furent également comblés de richesses et d'honneurs, et les partisans de Henri, Castillans et Aragonais, n'eurent pas lieu de porter envie aux Français.

Ce prince ne se vit pas d'abord paisible possesseur du trône qui lui avait coûté tant de travaux. Le roi de Portugal, ligué avec l'Aragon, le roi de Grenade et la Navarre, voulut faire valoir ses droits à la couronne de Castille, comme seul légitime héritier, en qualité d'arrière-petit-fils de Sanche le Brave. D'un autre côté, le duc de Lancastre, fils d'Edouard III, se mit sur les rangs, à l'instigation du roi d'Aragon, en vertu des droits de Constance son épouse, fille de Pierre le Cruel et de Marie Padilla ; il prit même le nom et les armes de Castille. Henri, dans cette double lutte, déploya un courage invincible et une politique admirable, qui le firent triompher de ses adversaires et assurer le trône à ses descendants ; mais la mort ne lui permit pas de jouir long-temps de ses triomphes. Il mourut à l'âge de quarante-six ans, étouffé par une goutte remontée (29 mai 1379).

JUAN OU JEAN Ier. 1379-1390.

ARAGON : **PIERRE LE CÉRÉMONIEUX**, jusqu'en 1387.

CHARLES III, DIT LE **NOBLE**.

PORTUGAL : **FERDINAND Ier**, jusqu'en 1383.

JUAN OU JEAN Ier.

A la mort de Henri II, les mêmes prétentions se réveillèrent de la part du roi de Portugal et du duc de Lancastre, qui cette fois se liguèrent ensemble pour conquérir et se partager la Castille. Jean ne donne pas le temps à ses ennemis de l'attaquer. Il entre dans le Portugal, s'empare d'Alméida et de Badajoz, et réduit le roi Ferdinand à faire la paix. Elle est conclue au moyen du mariage de Jean, veuf depuis peu de temps de Léonore d'Aragon, avec Béatrix, infante de Portugal. Les états de Portugal assemblés à Estremos approuvent ce mariage ; mais ils stipulent que le premier fils qui en naîtrait serait roi de Portugal à l'âge de quatorze ans ; que la régence appartiendrait à la veuve de Ferdinand, et qu'enfin le roi de Castille ne pourrait jamais entrer en Portugal avec des troupes. Ferdinand meurt (1383). Au mépris de ce récent traité, Jean s'avance pour prendre possession du royaume de Portugal. Les Portugais ne veulent pas le reconnaître et nomment pour régent le grand-maître d'Avis, fils naturel de Pierre le Justicier. Jean fait le siège de Lisbonne ; la peste le force à le lever ; après avoir détruit la plus grande partie de son armée (1384).

Les états de Portugal, assemblés à Coïmbre, déclarent le trône vacant, fondés sur une loi fondamentale rendue sous Alphonse 1, qui porte textuellement que, « si la fille du roi épouse un prince ou un seigneur d'une nation étrangère, elle ne sera pas reconnue pour reine. » En conséquence, on cassa comme nulles et forcées les décisions des états d'Estremos, qui appelaient à la couronne Béatrix, reine de Castille ; ensuite, sur la proposition d'Alvarez Pereyra, on élut pour roi le grand-maître d'Avis, sous le nom de Jean I (1385). Le roi de Castille rentre aussitôt en Portugal avec une armée de quarante mille hommes, tandis que sa flotte pénètre dans le Tage et s'avance sur Lisbonne. Son intrépide rival s'avance avec dix mille hommes jusques à Aljubarotta, où on en vint aux mains. Les Castillans, quoique fatigués par une longue marche et par des chaleurs excessives, dédaignèrent de se reposer avant d'attaquer un ennemi si faible et qu'ils regardaient d'avance comme vaincu. Mais cet ennemi était frais, avantageusement posté, et animé contre les Castillans d'une fureur qui doublait ses forces. Si au lieu d'attaquer les Portugais, on se fût contenté de les cerner et de leur couper les vivres, on les forçait à se rendre, et la conquête du Portugal était infaillible; mais les Castillans firent la même faute que les Français avaient faite à Crécy et à Poitiers, et qu'ils devaient bientôt renouveler à Azincourt; ils combattirent avec précipitation et en désordre, et furent enfoncés de toutes parts par les Portugais; à peine la bataille dura-t-elle une demi-heure. Les Castillans, poursuivis avec vigueur dans leur déroute, perdirent plus de dix mille hommes, au nombre desquels se trouvaient trois princes du sang et l'élite de la noblesse.

La bataille d'Aljubarotta est regardée par les Portugais comme ayant assuré à jamais leur indépendance, et chaque année, le 14 août, ils célèbrent l'anniversaire de cette glorieuse journée.

Le duc de Lancastre, suivi de six mille Anglais, passe en Galice, où le peuple et la noblesse se déclarent pour lui. Il est proclamé roi de Castille, à Saint-Jacques (1386), tandis que le monarque portugais s'emparait de Chaves. Cependant l'armée anglo-portugaise, quoique formidable, fit peu de progrès, arrêtée qu'elle fut bientôt par la peste et la disette. Deux mille lances françaises, commandées par le duc de Bourbon, font changer la face des choses. L'Anglais effrayé offre la paix; elle est acceptée et réglée par un traité conclu à Bayonne, aux principales conditions suivantes: Le duc et la duchesse de Lancastre renonceraient au nom et aux armes de Castille; leur fille Catherine épouserait le fils aîné de Jean, l'infant Henri, qui prendrait alors le titre de prince des Asturies, à l'imitation des fils aînés d'Angleterre, appelés princes de Galles. Ce traité signé en 1387, fut confirmé par les états de Castille, l'année suivante.

Vers cette époque l'Espagne fut délivrée, à cinq jours d'intervalle, de deux tyrans contemporains de Pierre le Cruel; nous voulons parler de Charles le Mauvais, et de

Pierre le Cérémonieux. Le premier fit une fin digne de lui, en périssant dans les flammes. Épuisé par ses excès en tous genres, il s'était fait envelopper dans un drap imbibé d'eau-de-vie, pour ranimer les restes de la chaleur naturelle; mais un valet de chambre mit le feu à ce drap par imprudence, et le roi expira dans d'horribles tourments. Charles II, ou le Mauvais, est encore plus connu dans l'histoire de France que dans celle d'Espagne, par son ambition, son avarice, ses débauches infâmes, ses trahisons, son impiété et ses emportements. Il eut pour successeur son fils Charles III, dit le Noble.

Pierre IV, dit le Cérémonieux, était d'une dissimulation profonde, d'une ambition démesurée, d'une cupidité insatiable, ingrat, cruel, fin, perfide, faisant servir indifféremment à sa grandeur les crimes, les vertus et les talents; peu heureux à la guerre, mais ardent, appliqué, éclairé, plein de ce courage d'esprit et de cette fermeté intrépide qui, s'ils étaient joints aux qualités du cœur, formeraient les plus grands et les meilleurs rois. Son règne de cinquante-un ans est mémorable par de grandes usurpations, de grands crimes et de grands malheurs. Son fils, Jean I, lui succéda; ainsi les mêmes trônes de Castille, d'Aragon et de Portugal, qui, quelques années auparavant avaient été occupés en même temps par trois souverains appelés Pierre, se trouvaient actuellement appartenir à trois rois du nom de Jean I.

Le roi de Castille mourut, le 9 octobre 1390, d'une chute de cheval qu'il fit dans une espèce de tournoi. Ce prince n'était ni aussi grand ni aussi guerrier que son père, mais il était aussi bienfaisant, et peut-être plus sage et plus vertueux. On lui doit plusieurs lois et règlements utiles, entre autres le décret qui assujettit les justices particulières des seigneurs aux justices royales; rien de plus sage depuis l'établissement de la monarchie, que cette mesure qui fut reçue aux applaudissements de tout le royaume.

Jean laissait de son premier mariage avec Léonore d'Aragon deux fils, Henri et Ferdinand ; il ne laissa point d'enfants de Béatrix, sa seconde femme.

HENRI III, DIT LE MALADIF. 1390-1406.

ARAGON : **JEAN Ier**, jusqu'en 1395. — **MARTIN.**

NAVARRE : **CHARLES III**, DIT LE **NOBLE.**

PORTUGAL : **JEAN Ier**, DIT LE **GRAND** ET LE **PÈRE DE LA PATRIE.**

Henri III est proclamé à Tolède. Ce prince n'avait que onze ans. Sa minorité fut agitée par les débats des différents seigneurs qui prétendaient à la régence, et ne fut pas moins orageuse que toutes celles qui l'avaient précédées. La guerre civile semblait l'élément naturel de cette noblesse Castillane, si fière et si turbulente, veillant autour du trône de ses rois avec une inquiète jalousie, et limitant, par la rébellion, la prérogative royale qui tendait à s'agrandir. A la faveur de ces troubles, le Portugal reprit une attitude menaçante, et les Maures de Grenade essayèrent une irruption. Henri, que la nature avait dédommagé, par le don d'une âme forte, de la faiblesse de son corps, voulut remédier aux maux intérieurs et extérieurs qui désolaient sa patrie, en se saisissant des rênes du gouvernement, quoiqu'il n'eût pas encore quatorze ans, âge fixé pour la majorité des rois en Espagne. Il commença dès lors à faire les délices de ses sujets par ses excellentes qualités. S'étant fait rendre compte des revenus de l'état et de leur emploi, il n'épargna pas ses proches et modéra les pensions trop fortes qu'ils s'étaient fait adjuger. Il résulta de là des cabales et des révoltes qu'il vint à bout d'étouffer, non sans beaucoup de peine. Le Portugal, en 1396, ayant rompu la paix avec la Castille, Henri lui fait face, et soutient une guerre de trois ans, qui n'offrit aucun évènement remarquable. Les pirates d'Afrique étant venus ensuite insulter les côtes de Castille, Henri, l'an 1400, envoya contre eux ses flottes qui firent la conquête de Tétuan. Un impôt, appelé *moneda*, qui frappait principalement les paysans, faisait déserter les campagnes. Henri, dans les états qu'il tint, l'an 1401, à Tordésilas le supprima, et fit plusieurs règlements pour mettre un frein à l'avarice des juges et des receveurs des revenus de la couronne. Frappé de la réputation du fameux Timour-Bey, plus connu sous le nom de Tamerlan, Henri lui envoya des ambassadeurs, qui furent témoins de la bataille où ce conquérant fit prisonnier le sultan Bajazet. Tamerlan, sensible à la démarche du roi de Castille, lui envoya à son tour, en 1402, une ambassade chargée de magnifiques présents. Les Maures de Grenade ayant fait, l'an 1406, une irruption subite dans le royaume de Jaën, Henri leur déclara la guerre, et convoqua les états à Tolède pour en obtenir des subsides; mais il ne put y assister à cause des infirmités qui l'accablaient depuis quelque temps. Elles le conduisirent au tombeau, le 28 décembre 1406, à l'âge de 27 ans. Dans un corps frêle et ruiné, ce prince portait la plus belle âme de son siècle; ses soins, toujours tournés vers la paix, la justice, la gloire et le bonheur de ses sujets, le firent craindre, chérir et respecter des Castillans et des étrangers. Les larmes que tous ses sujets, et surtout le peuple qui l'aimait comme un père, répandirent à sa mort, font son plus bel éloge.

Nous devons remarquer que, sous ce règne, la Péninsule offrit un contraste parfait avec ce que nous avons dit au commencement, de Pierre le Cruel. En effet, les quatre royaumes chrétiens furent alors plus heureux qu'ils ne l'avaient été depuis bien long-temps. Henri III en Castille, Martin en Aragon, Jean I en Portugal, et Charles III en Navarre, jouissaient tous en même temps du bonheur d'être aimés, et de faire goûter à leurs sujets les fruits de la paix et de l'abondance,

JEAN II. 1406-1454.

ARAGON : **MARTIN**, jusqu'en 1410; anarchie de deux ans.

FERDINAND, DIT LE **JUSTE**, depuis 1412 jusqu'à 1416.

ALPHONSE V, DIT LE SAGE ET LE **MAGNANIME**.

NAVARRE : **CHARLES III**, jusqu'en 1425. **JEAN II.**

PORTUGAL : **JEAN I**er, jusqu'en 1433.

ÉDOUARD, jusqu'en 1438.

ALPHONSE V, DIT L'AFRICAIN.

Jean II, fils de Henri III et de Catherine de Lancastre, n'avait que vingt-deux mois à la mort de son père. Les maux qu'on craignait d'une longue minorité, le peu d'estime qu'on avait pour la reine douairière, Catherine de Lancastre, et la haute réputation dont jouissait l'infant Ferdinand, oncle du jeune roi, déterminèrent les états à offrir la couronne à ce dernier. Mais il la refusa avec indignation, et ordonna sur-le-champ au connétable de Castille de déployer les étendards de la couronne pour don Jean II. Ferdinand consentit seulement, selon le vœu qu'en avait manifesté le roi, son frère, à partager avec la reine mère le fardeau de l'administration. Il fut déclaré co-tuteur et régent avec cette princesse; Catherine et Ferdinand se divisèrent l'administration du royaume. La reine eut la Galice, le royaume de Léon, la Biscaye et la vieille Castille; le régent se réserva la nouvelle Castille, Murcie et l'Andalousie, qui étaient plus exposées aux armes des Maures. Le royaume dut son repos à la sagesse et à la modération de Ferdinand. Pendant six ans qu'il exerça la régence, il remporta des avantages immenses sur les Maures de Grenade, entre autres la fameuse bataille d'*An-*

tequerra (1410), qui mit Grenade à deux doigts de sa perte. La conquête de Grenade paraissait certaine et réservée à l'infant Ferdinand, mais de plus grands intérêts l'appelaient ailleurs ; il accorda une trêve de dix-sept mois aux vaincus.

Le roi d'Aragon, Martin, mourut cette même année, le 31 mai, sans laisser d'enfants et sans avoir désigné d'héritier. En lui s'éteignait la postérité masculine des anciens comtes de Barcelone, qui avaient régné dans l'Aragon pendant 273 ans, depuis que Pétronille, fille de Ramire II, roi d'Aragon, mit le sceptre de ce royaume entre les mains de Raymond Bérenger IV, comte de Barcelone, son mari. Après la mort de Martin, le comte d'Urgel, le duc d'Anjou, Ferdinand de Castille, et plusieurs autres, prétendirent à la couronne d'Aragon, ce qui causa de grands troubles, des guerres sanglantes, une anarchie de deux ans. Enfin, on convint de nommer trois juges de chaque royaume de la monarchie aragonaise (Aragon, Catalogne et Valence), pour prononcer souverainement sur les droits des prétendants. Après quatre mois de conférences, le tribunal souverain, assemblé à Caspé, défère la couronne d'Aragon à l'infant Ferdinand de Castille. Sur les neuf juges qui composaient le tribunal, il en avait eu six, à la tête desquels était saint Vincent-Ferrier, qui publia solennellement la sentence, le 28 juin 1412. Ferdinand se rendit aussitôt à Saragosse, où il fut proclamé et couronné. Le comte d'Urgel seul protesta, les armes à la main, contre l'élection de Ferdinand ; mais il fut vaincu, fait prisonnier et enfermé dans le château d'Uruena.

Quoique devenu roi d'Aragon, Ferdinand conservait toujours le titre et le pouvoir de co-régent de Castille. Pour serrer plus étroitement les nœuds qui unissaient sa nouvelle à son ancienne patrie, il maria son fils aîné Alphonse, avec l'infante dona Maria, sœur du roi de Castille. Peu de temps après la célébration de ce mariage, Ferdinand se disposait à aller visiter la reine, sa belle-sœur, quand il fut attaqué d'une maladie qui le mit au tombeau le 2 avril 1416. Son fils ainé lui succéda sous le nom d'Alphonse v.

Par la mort du roi d'Aragon, prince dont la bravoure et la prudence avaient préservé la Castille des maux auxquels l'exposaient ordinairement les minorités, la régence fut dévolue à la reine seule. Elle ne l'exerça pas longtemps ; on la trouva morte dans son lit le 18 juin 1418. Les cortès, assemblées à Madrid le 7 mars de l'année suivante, déclarèrent le roi majeur ; mais on prévoyait bien qu'il n'aurait pas la force de gouverner, comme l'avait fait son père à son âge. Le jeune roi avait été mal élevé par sa mère, femme paresseuse et indolente, qui se laissait gouverner par ses domestiques ; il avait la même faiblesse de caractère, et il devait être livré à la domination des favoris. Ce prince ayant épousé, en 1420, Marie d'Aragon, sa cousine, fille du roi Ferdinand, les infants d'Aragon, don Juan et don Henri, frères de Marie, vinrent s'établir à la cour de Castille, dans l'espérance de s'emparer de toute l'autorité, sous un monarque fait pour être gouverné. Mais don Alvare de Lune était déjà maître de l'esprit du roi, ou plutôt il était roi lui-même sous le nom de son maître. Les entreprises de l'infant don Henri n'aboutirent qu'à le faire jeter en prison, où il resta trois ans et d'où il ne sortit que sur les instances et les menaces de son frère, le roi d'Aragon (1425). Une ligue puissante parvint cependant à éloigner le favori de la cour ; mais l'ambition de ceux qui voulaient le remplacer auprès du roi mit bientôt tout en combustion. Jean II rappela Alvare de Lune pour rétablir l'ordre (1428). Ce fut le moment de la plus grande puissance du favori, qui força au silence et à l'inaction tous ses adversaires, même l'infant don Henri, aidé des rois d'Aragon et de Navarre, ses frères.

Pour occuper les esprits et empêcher les révoltes de se renouveler, Alvare engagea son maître à faire la guerre aux Maures. Ce projet réunissait toujours les suffrages de tous les Castillans. L'occasion paraissait favorable, car le royaume de Grenade était plus que jamais divisé par les factions. Le roi entra dans ce royaume avec une armée de cinquante mille hommes, et pénétra jusqu'à la vue de la capitale. Il gagna la célèbre bataille de Figuières, où les Grenadins perdirent plus de vingt mille hommes ; mais, au lieu de profiter de son avantage pour assiéger Grenade, il se retira dans ses états (1431). La guerre continua avec les Maures pendant plusieurs années avec des succès variés, et les mécontentements des ennemis d'Alvare de Lune ne cessèrent de troubler le royaume. En 1439, l'orage qui s'éleva contre le favori devint si violent, qu'il fut obligé de se retirer de la cour. On cabala pour empêcher son retour, et l'année suivante, l'infant don Henri, prince des Asturies, que le roi Jean II son père venait de marier avec Blanche de Navarre, entra dans le complot. Le monarque, s'étant mis en marche pour réduire les mécontents, tomba entre leurs mains à Médine del Campo, et ne s'en retira qu'après avoir signé un traité par lequel il bannissait son favori pour six ans. Cet exil, aussi pénible au roi qu'à Alvare, fut bien abrégé à la demande même du prince des Asturies, qui se laissait gouverner par Pacheco, comme son père par le connétable de Lune. La reine Marie étant morte en 1445, Alvare de Lune négocia, à l'insu de son maître, son mariage avec Isabelle, fille de Jean, roi de Portugal. Le mariage fut célébré en 1447 ; mais le favori se trouva mal de son choix. La jeune reine, fatiguée du despotisme de ce ministre, excite le roi à se délivrer de l'esclavage où il les tenait l'un et l'autre. On lui suppose plus de crimes qu'il n'en fallait pour le perdre. Il est arrêté et décapité sur un échafaud à Valladolid en 1453. Le faible monarque se repentit ensuite d'avoir sacrifié ce favori à sa femme, et s'en repentit jusqu'à sa mort, arrivée le 21 juillet 1454.

De son premier mariage avec Marie d'Aragon, il laissa Henri, prince des Asturies, qui lui succéda ; du second mariage il eut Isabelle, que nous verrons plus tard régner en Castille, et un fils nommé Alphonse.

HENRI IV. 1454-1474.

ARAGON : **ALPHONSE V**, jusqu'en 1458.

JEAN II, ROI DE NAVARRE.

NAVARRE : **JEAN II**, ROI D'ARAGON.

PORTUGAL : **ALPHONSE V**, DIT **L'AFRICAIN**.

Le règne de Henri IV fut encore plus malheureux que celui de son père. Le mépris des lois et de l'autorité royale; la licence la plus effrénée, la perfidie, la trahison, les assassinats, les guerres civiles, les scènes les plus scandaleuses, tels sont les tableaux qu'offrent les vingt ans de ce règne. Le roi, la reine Jeanne, les ministres, les grands, donnaient l'exemple de la plus honteuse dépravation. Nous passerons sous silence toutes ces turpitudes pour arriver à l'évènement le plus extraordinaire qui en fut la suite, et dont l'histoire n'offre aucun autre exemple. En 1464, une conjuration qui se tramait sourdement parmi la noblesse éclata tout-à-coup en plein jour au milieu de Madrid, où les mécontents s'étaient rassemblés. Henri accourt pour la réprimer; peu s'en fallut qu'il ne fût enlevé par les conjurés. Pour se tirer d'embarras, il s'engage à reconnaître pour son successeur l'infant Alphonse, son frère, et laissa à cinq commissaires le soin de remédier aux troubles du royaume. Il fait plus, il a l'imprudence de remettre Alphonse entre les mains des chefs de la ligue. Maîtres de la personne de ce prince, ils le mettent à leur tête, et s'étant rendus, le 5 juin 1465, dans la plaine d'Avila, ils y procèdent juridiquement à la déposition du roi. On éleva au milieu de la plaine un vaste théâtre, au milieu duquel paraissait sur un trône l'effigie du roi revêtu de ses ornements, une couronne sur la tête, un sceptre en main, et l'épée de justice à son côté. L'accusation contre le monarque fut lue à haute voix, et la sentence de déposition prononcée en présence d'une nombreuse assemblée. Après la lecture du premier article des charges, l'archevêque de Tolède s'avança et ôta la couronne posée sur la tête de l'effigie; après celle du second article, le comte de Placentia arracha l'épée de justice; à la fin du troisième, le comte de Bénavente enleva le sceptre; enfin, à la suite du quatrième, don Diégo Lopez de Stuniga renversa l'effigie du trône; elle fut aussitôt foulée aux pieds et chargée d'insultes et d'imprécations. Après cette étrange et extravagante cérémonie, Alphonse monta sur le théâtre où l'on venait d'outrager la majesté royale d'une manière si sanglante. Tous les grands du royaume se jetèrent à ses pieds, et le proclamèrent roi sous le nom d'Alphonse XII.

Cette scène, préparée pour produire un grand effet sur la multitude, ne fit qu'exciter l'indignation du peuple qui, de toutes parts, s'offrit pour venger l'outrage fait à son légitime souverain. Henri se vit bientôt à la tête de cent mille hommes; mais, au lieu d'employer cette armée à terrasser les rebelles, il se laisse amuser par des propositions d'accommodement, consent à une trêve, et licencie ses troupes. L'audace des conjurés se ranime, et la guerre civile continue. Alphonse étant mort le 5 juillet 1468, les rebelles offrent la couronne à Isabelle, sœur du roi, qui a la générosité ou plutôt l'habileté de la refuser; mais elle demande et elle obtient d'être nommée princesse des Asturies, et reconnue en cette qualité pour héritière de la couronne de Castille et de Léon. Le roi acquiesce aux désirs de sa sœur, par un traité que les rebelles lui font signer; traité par lequel il répudiait sa femme Jeanne de Portugal, et déclarait illégitime la fille de cette princesse, aussi nommée Jeanne. Isabelle, assurée du trône, se vit bientôt recherchée par différents souverains. Le roi de Portugal la demandait pour lui-même; le roi d'Aragon, pour Ferdinand son fils; le roi de France, Louis XI, pour son frère le duc de Guienne. Isabelle fixa son choix sur Ferdinand, que son père venait de nommer roi de Sicile, et d'associer à la souveraine puissance dans les états d'Aragon. Henri IV, qui s'était réservé le droit de choisir l'époux de sa sœur, ne fut pas consulté, et pendant qu'il était en Andalousie, Ferdinand, prévenu par ses partisans, arriva secrètement à Valladolid, où le mariage fut célébré en présence de l'archevêque de Tolède (1469). Le roi, irrité en apprenant cette nouvelle, légitima Jeanne, la proclama son héritière, et voulut conclure son mariage avec le duc de Guienne, qui la demandait, n'ayant pu obtenir Isabelle. Mais ce prince, sur les soupçons qu'il avait de son illégitimité, refusa de l'épouser.

Au milieu de ces conflits, le tumulte et les troubles étaient plus fréquents que jamais dans toutes les parties de l'Espagne. Les grands mettaient des armées nombreuses en campagne pour leurs querelles particulières; ils assiégeaient et prenaient des villes. En plusieurs endroits, le peuple massacrait les Juifs et les nouveaux Chrétiens. A Jaën, dans une sédition pareille, le connétable Michel Luc fut tué d'un coup d'arbalète, pendant qu'il entendait la messe. Le duc de Médina Sidonia et le marquis de Cadix s'étaient fait la guerre en Andalousie pendant plusieurs années, comme des princes souverains; à la fin, le premier, pour s'autoriser en quelque façon, se déclara pour le prince Ferdinand et pour l'infante Isabelle, qu'on nommait alors le roi et la reine de Sicile.

Cependant un grand nombre de seigneurs travaillaient à réconcilier le roi avec sa sœur et son beau-frère. Henri parut se rendre à leurs raisons, et consentit à une entrevue avec Isabelle. Elle eut lieu à Ségovie; le roi traita la princesse avec beaucoup d'égards; Ferdinand, averti de ce qui se passait, arriva bientôt à Ségovie, et reçut du roi l'accueil le plus gracieux. Pour célébrer la réconciliation, Henri alla publiquement à l'église cathédrale avec le roi et la reine de Sicile, le jour de l'Epiphanie ; ils dînèrent ensuite ensemble. A la suite de ce repas, il fut attaqué d'un violent mal de côté et douleurs d'entrailles, qui firent supposer à beaucoup de personnes qu'il avait été empoisonné. Il languit encore quelques mois, et mourut le 12 décembre 1474.

Telle fut la fin d'Henri IV, roi de Castille, après avoir occupé le trône pendant nombre d'années, sans avoir jamais gouverné. Cependant ce prince ne manquait pas de bonnes qualités. Il n'eût pas déshonoré le trône, si la mauvaise éducation et la flatterie n'eussent corrompu son naturel, et ne l'eussent précipité dans les vices les plus honteux. « Sa vie, dit Ferréras, est un grand miroir où les souverains peuvent apprendre ce qu'ils doivent éviter pour régner heureusement. »

Quelques faits honorables signalèrent le règne de ce prince; il enleva aux Maures Gibraltar, que les Chrétiens avaient perdu sous le règne d'Alphonse XI. A la vérité, il fut redevable du recouvrement de cette place importante, bien moins à son habileté qu'aux divisions de ses ennemis et à la trahison d'un mahométan converti à la foi chrétienne. Ses prétentions sur le comté de Barcelone ne furent pas couronnés du même succès.

Les Catalans, opprimés par Jean II. roi d'Aragon, avaient pris les armes pour se faire justice ; ils avaient révoqué, par un acte solennel, leur serment d'obéissance à ce prince, le déclarant, lui et leurs descendants, indignes de monter sur le trône ; ils tentèrent ensuite d'établir en Catalogne une forme de gouvernement républicain. Dans cette fermentation, un parti se forma pour reconnaître le roi de Castille. Henri se hâta de prendre le titre de roi de Barcelone ; mais il ne sut pas mettre cette rébellion à profit. Son favori, Pacheco, marquis de Villena, qui ne voulait pas la guerre, négocia avec Louis XI, relativement à ce projet, et le résultat de ses intrigues fut de le faire avorter complètement. Les deux rois, Louis XI et Henri, ayant eu une entrevue à Mauléon, retournèrent chacun dans leurs états, pleins de mépris l'un pour l'autre. Henri trouva que Louis était mesquin et ignoble, et Louis, que Henri était fastueux et sot. Villena fut puni de sa perfidie par l'exil, et c'est alors qu'il se joignit à la ligue qui procéda un peu plus tard à la déposition du monarque dans la plaine d'Avila. Il joua même un des principaux rôles dans cette ignoble mascarade, ce qui ne l'empêcha pas de rentrer plus tard en grace, et de conserver les faveurs de son maître jusqu'à sa mort.

Nous allons arriver à l'époque où la nation espagnole va s'élever au plus haut point de puissance et de gloire. Tous ces petits royaumes, qui divisaient depuis si long-temps la Péninsule, ont déjà disparu en partie, et il ne reste que deux grandes monarchies, la Castille et l'Aragon; c'est de l'union de ces deux royaumes que va sortir la nationalité espagnole.

CHAPITRE VI.

Depuis le règne de Ferdinand et d'Isabelle, jusqu'à l'avènement de la dynastie des Bourbons au trône d'Espagne.

PÉRIODE DE DEUX CENT VINGT-SIX ANS, DE **1474** A **1700**.

FERDINAND ET ISABELLE, rois catholiques d'Espagne.
1474-1504.

NAVARRE : **JEAN II**, jusqu'en 1479.

ÉLÉONORE, puis **FRANÇOIS PHÉBUS**.

PORTUGAL : **ALPHONSE V**, jusqu'en 1481.

JEAN II, jusqu'en 1495. — **EMMANUEL LE FORTUNÉ**.

Aussitôt que l'archevêque de Tolède fut informé de la mort du roi Henri IV, il en fit prévenir Ferdinand qui était en Aragon, en lui donnant dans sa lettre le titre de roi de Castille et de Léon. Isabelle engagea, de son côté, son mari à venir en toute hâte prendre possession de son royaume. Le 13 décembre, Ferdinand et Isabelle furent proclamés à Ségovie, et reconnus par la plupart des seigneurs. Après quelques contestations sur la forme du gouvernement, on décida que le roi et la reine gouverneraient conjointement ; que l'on mettrait le nom du roi avant celui de la reine, dans les actes publics, mais qu'il ne pourrait rien faire d'important sans le consentement de la reine.

Cependant un parti puissant menaçait la royauté naissante de Ferdinand et d'Isabelle. Tandis qu'ils étaient proclamés à Ségovie, Jeanne, cette fille illégitime de l'épouse de Henri IV, se faisait reconnaître pour reine à Placentia, grace aux intrigues du marquis de Villena, fils de l'ancien favori du feu roi. Ce seigneur forma bientôt une ligue, dans laquelle entrèrent un grand nombre de mécontents, et qui fut appuyée par les armes d'Alphonse, roi de Portugal, oncle de la princesse Jeanne. Les deux partis en vinrent aux mains aux environs de Toro, et la Providence décida la question en faveur de Ferdinand; son droit demeura le seul positif, avec d'autant plus de raison qu'il s'était assuré la victoire par des dispositions dignes d'un capitaine expérimenté et habile (1476). Tels furent les commencements de sa fortune de roi; nous verrons bientôt comment il sut en poursuivre le cours. Jeanne, se voyant abandonnée du plus grand nombre de ses partisans, aima mieux renoncer au monde, et se soumettre aux conditions dures qu'Isabelle lui dicta. Elle prit le voile dans le monastère de Coïmbre, où l'année d'après elle fit profession.

Pour assurer la tranquilité de la Castille au dehors et au dedans, il restait à conclure la paix avec la France. On y réussit, le 9 novembre 1478, après une assez longue guerre.

Jean II, roi d'Aragon et de Navarre, étant mort le 19 janvier 1479, Ferdinand, son fils, lui succéda au royaume d'Aragon, et réunit cette couronne à celle de Castille. La Navarre fut alors séparée de l'Aragon, et eut pour reine Eléonore, fille de Jean II et de Blanche, sa première femme, qui était fille de Charles III, dit le Noble. Eléonore ne régna que quelques jours, étant morte le 10 février suivant, après avoir déclaré héritier du royaume François Phébus, son petit-fils.

En 1480, Ferdinand et Isabelle convoquèrent les cortès de Castille à Tolède, pour réformer les abus qui s'étaient introduits sous le règne de Henri IV. On abolit les graces imprudemment accordées par le feu roi ; on envoya des commissaires dans les provinces pour entendre sur les lieux les plaintes des peuples opprimés par les grands.

Dans toutes les mesures qu'il prit, dès le commencement de son règne, Ferdinand était parfaitement secondé par la reine son épouse ; et il est juste de reconnaître qu'elle contribua beaucoup au succès de ses plans, quand ce ne serait que pour avoir introduit dans le conseil son confesseur, le fameux Cisnéros, qui depuis acquit, par tant de preuves d'une haute capacité administrative, le droit de dire qu'il menait l'Espagne avec son cordon de Saint-François. Cisnéros, plus connu sous le nom de cardinal Ximénès, eut l'art de calmer l'inquiétude jalouse des grands vassaux. En attendant de pouvoir les mettre dans l'impuissance de nuire, il détourna dans les travaux de la guerre étrangère cette fièvre factieuse, mal héréditaire de l'aristocratie castillane. Nous le verrons bientôt extirper ce germe de discorde civile.

Assuré de l'obéissance au-dedans et de la considération au-dehors, qu'il s'était ménagée par d'honorables traités, ce ne fut qu'après l'exécution de ces plans préparatoires, que Ferdinand entreprit d'achever la ruine du mahométisme en Espagne. Le temps s'était écoulé pour ces royaumes musulmans, enfants d'une brillante conquête, avec plus de rapidité que pour ceux qui sont l'ouvrage d'une politique lente et laborieuse : la plupart avaient vécu ; l'anarchie décomposait le reste.

Les premiers ordres de l'état rivalisèrent de zèle et firent à l'envi des sacrifices pour assurer le succès de cette grande entreprise. Le clergé surtout y contribua de ses richesses, car la sainte cause de la religion était particulièrement intéressée dans cette croisade, d'ailleurs si nationale.

Les Maures ne possédaient plus que le royaume de Grenade : mais ce royaume était formé des plus riches et des plus riantes contrées de la Péninsule. L'industrie mauresque en retirait encore d'immenses revenus. D'ailleurs, le voisinage de l'Afrique servait d'appui à ces héritiers des anciens vainqueurs, et les Maures expulsés les favorisaient comme les dépositaires des espérances et des moyens d'un retour à la conquête. Le tribut auquel les souverains de Grenade s'étaient soumis depuis Alphonse X, était refusé toutes les fois qu'ils comptaient sur l'impunité. Durant les guerres civiles des règnes précédents, lorsque les rois de Castille avaient réclamé les bénéfices de leur suzeraineté, les Musulmans ne craignirent pas de répondre : « Nous avons du fer et non de l'or pour les Chrétiens ; dans tous les lieux où l'on battait monnaie pour payer le tribut, on fabrique maintenant des armes pour s'en affranchir. » Les embarras du moment firent ajourner la réplique que méritait cette audacieuse réponse. Cependant les Maures n'avaient plus assez de force pour tant de fierté; ils étaient arrivés à l'heure de leur ruine, rendue de plus en plus imminente par ces insensées divisions, sans lesquelles on eût dit qu'ils ne pouvaient exister, non plus que sans tournois, sans romans et sans fêtes.

Depuis le refus du tribut, une sorte de trêve avait été consentie entre les Chrétiens et les Maures ; ce qui n'empêchait pas de temps en temps des escarmouches sur les frontières, et quelques courtes expéditions, qui semblaient n'avoir pour but que de se tenir en haleine. C'est ainsi qu'en 1481 les Maures s'étaient emparés de Zahara par un heureux coup de main. L'année suivante, soit émulation, soit ressentiment, le marquis de Cadix et Diègue de Merlo, gouverneur de Séville, voulurent en représailles enlever la jolie ville d'Alhama, place forte, mais alors dépourvue de garnison, et qui n'était qu'à sept lieues de Grenade. Trois audacieux soldats, ayant planté des échelles contre les murs, égorgèrent les sentinelles et l'alcade, puis ouvrirent les portes aux troupes qui s'étaient, à la faveur des ténèbres, avancées sous les remparts. Albohassem, roi de Grenade, tenta jusqu'à trois fois, mais sans succès, de recouvrer cette place. Ce prince avait depuis long-temps excité le mécontentement national, en répudiant Aixa, son épouse, pour s'unir à Zoraïde, chrétienne, qui avait abjuré la foi de ses pères, et en faisant périr les enfants qu'il avait eus de la première, pour ouvrir le chemin du trône à ceux de Zoraïde. Un seul des fils d'Aixa, Boabdil, avait échappé à sa cruauté. Tandis que son père était occupé au siège d'Alhama, Boabdil se mit à la tête des Abencerrages, tribu qui lui était dévouée, marcha sur Grenade, et se fit proclamer roi. Albohassem prit la fuite et se réfugia à Malaga, auprès d'Abdullah-Zagal, son frère. Alors commença entre le père et le fils une guerre qui entraîna la ruine des Maures. Boabdil, voulant faire face aux Chrétiens en même temps qu'à son père, vint mettre le siège devant Lucéna, mais le comte Cabra, son frère Gonzalve de Cordoue, depuis si fameux par ses victoires, qui lui valurent le surnom de grand capitaine, et Alphonse d'Aguilar le forcèrent de lever le siège, et lui livrèrent une bataille dans laquelle les Maures perdirent la moitié de leur armée, l'étendard royal, et leur jeune roi qui fut fait prisonnier. (20 avril 1483).

La captivité de Boabdil ramena son père sur le trône ; mais Ferdinand, dans la vue d'entretenir la division parmi ses ennemis, rendit la liberté au jeune roi, après avoir conclu avec lui un traité qui le mettait tout entier dans sa dépendance. En effet, bientôt cette guerre atroce entre le père et le fils recommença avec plus d'acharnement. Albohassem mourut au milieu de ces agitations. Son frère Zagal parvint à se former un parti contre Boabdil, son neveu ; mais vaincu, écrasé dans plusieurs rencontres par les forces de son adversaire, que soutenaient les armes de Ferdinand, il vint se rendre au roi de Castille et obtint la permission de passer en Afrique.

Les Chrétiens n'en poursuivirent pas moins leurs succès. Toutes les villes du royaume de Grenade, successivement assiégées, tombèrent au pouvoir de Ferdinand et d'Isabelle.

Quand le royaume de Grenade fut réduit à un rayon de quelques lieues autour de la capitale, le siége de cette ville fut résolu. Ferdinand s'avança contre Grenade avec quarante mille fantassins et dix mille hommes de cavalerie, presque tous chevaliers. Cette armée, après avoir ravagé la plaine de Grenade, vint camper à deux lieues de cette ville, le 5 avril 1491. Ferdinand ne songea pas à enlever de vive force une place défendue par plus de trente mille hommes, et par une population immense qui s'était encore accrue de tout le reflux de la population des villes et des campagnes environnantes ; c'eût été exposer le succès de son entreprise aux chances de combats meurtriers, et faire dans tous les cas répandre inutilement du sang. Il se contenta d'investir avec soin la ville et d'attendre, dans un camp retranché, que la famine lui livrât une proie qui ne pouvait plus lui échapper.

Boabdil et les Maures, qui s'étaient attendus à être attaqués avec l'impétuosité ordinaire aux Castillans, perdirent courage, en voyant ce flegme politique de leur ennemi, qui comptait pour rien la longueur du temps, les travaux et les dépenses, pour arriver à ses fins. Ils tâchèrent en vain d'attirer les assiégeants à une bataille décisive, comme leur dernière ressource ; ils avaient à faire au prince le plus sage de son temps, qui n'était pas d'humeur à risquer en un seul jour le fruit de dix ans de succès.

La reine Isabelle était venue dans le camp avec ses enfants. Une nuit, le feu prit à sa tente, et se communiqua si rapidement aux tentes voisines, qu'en un instant le camp parut entièrement embrasé. Tandis qu'on s'occupait d'arrêter les progrès de l'incendie, le roi rangea une partie des troupes en bataille, pour tenir en respect les Maures qui auraient pu profiter de cet accident. Si cet évènement donna quelques espérances aux assiégés, elle fut de courte durée. En effet, pour prévenir le retour de pareils accidents, et pour faire entendre en même temps aux Maures que rien n'était capable de rebuter les Castillans, la reine forma un projet des plus extraordinaires. A la place du camp qui venait d'être brûlé, elle fit construire une ville en pierres. Cet ouvrage immense fut commencé et achevé en moins de soixante jours, tant on y travailla avec ardeur. On voulait donner à la nouvelle ville le nom d'Isabelle; la reine s'y opposa, en disant que cette guerre étant entreprise pour le triomphe de notre sainte Foi, c'était là le seul nom qui convînt à une ville bâtie pour assurer ce triomphe. Elle reçut donc le nom de *Santa-Fé* qu'elle porte encore aujourd'hui; monument immortel de la constance, de la religion et de l'héroïsme de cette princesse.

La construction de Santa-Fé enleva aux Maures tout espoir. Une sorte de frénésie s'empara d'eux; ils faisaient de sanglantes sorties, et repoussés aussitôt dans leurs murs, comme des lions dans leurs antres, ils tombaient dans une sorte d'accablement stupide. En revenant à eux-mêmes, ils versaient des pleurs et s'abandonnaient à tous les effets de la douleur et du désespoir; il tendaient leurs mains tremblantes vers le palais de leur prince, comme s'il eût pu les défendre, et l'accablaient d'injures, comme s'il eût été la cause unique de leur malheur. Ils entraient dans les mosquées, couraient aux tombeaux de leurs ancêtres, embrassaient les colonnes, et revenaient à travers les flammes, allumées par eux-mêmes, pour toucher une dernière fois ces marbres, témoins splendides de la gloire et de la puissance des temps qui n'étaient plus.

La capitulation fut signée le 25 novembre. On convint que Grenade ouvrirait ses portes le 6 janvier, fête de l'Epiphanie, et qu'en attendant on livrerait aux Castillans quatre cents otages des principales familles. Boabdil, d'après ce traité, devait recevoir un apanage de cinquante mille ducats de rentes, et aurait la permission de passer en Afrique ou de rester en Espagne avec ses biens et sa famille ; on laissait à tous les habitants de Grenade, Maures ou Juifs, le libre exercice de leur religion, la possession de leurs biens, leurs lois, leurs magistrats, leurs coutumes, etc. Malgré les avantages promis par cette capitulation, quelques faquirs fanatiques soulevèrent le peuple, et Boabdil craignit un instant pour sa vie. Il parvint, à force de prières et de larmes, à calmer l'effervescence de la multitude, et pour prévenir le retour de pareils désordres, il s'empressa de livrer tous les forts aux vainqueurs, et passa dans leur camp.

Les rois catholiques firent leur entrée solennelle à Grenade, le 6 janvier 1492, après que l'étendard de la Croix et celui de Castille eurent été arborés sur l'Alhambra et sur les principaux édifices. C'est ainsi que Grenade, après avoir été sous la domination des Maures pendant sept cent soixante-dix-neuf années, retourna sous celle des Chrétiens, et ce fut alors seulement que furent effacées les dernières traces de la funeste bataille de Xérès.

Tandis que les Chrétiens entraient dans Grenade, le roi Boabdil se retirait dans les montagnes des Alpuxares, avec ceux de ses sujets qui s'étaient attachés à sa destinée. Arrivé au sommet du mont Padul, ce prince malheureux s'arrêta pour jeter un dernier regard sur Grenade; il vit les bannières chrétiennes flotter sur les minarets de l'Albaysin et de l'Alhambra, et des larmes coulèrent de ses yeux. « Oui, mon fils, lui dit la fière Aixa sa mère, pleurez comme une femme cette ville que vous n'avez pas su défendre comme un homme. » Boabdil passa depuis en Afrique et y périt misérablement.

Les rois catholiques pourvurent de fortes garnisons toutes les places conquises, et réunirent à la couronne le marquisat de Cadix. Ils avaient d'abord permis aux Maures qui étaient restés et qui s'étaient soumis, le libre exercice de leur religion ; cette consolation, que la politique avait laissée aux vaincus, la politique la leur ravit bientôt, et les

Maures furent dans la dure alternative de passer en Afrique ou de se faire chrétiens. Un grand nombre accepta cette dernière condition; mais ceux qui s'étaient retirés dans les Alpuxares, témoignèrent leur horreur du baptême, par le massacre des prêtres chrétiens qu'on leur avait envoyés, et par la longue et sanglante guerre qu'ils soutinrent avant d'être réduits.

Le bannissement des Juifs d'Espagne suivit de près la prise de Grenade. On en fait monter le nombre à trente mille familles, qui emportèrent des richesses immenses de la Péninsule; car les Juifs s'étaient saisis de toutes les branches du commerce, que l'indolence des Espagnols leur abandonnait.

Toute l'Europe, et l'Italie surtout, célébra avec transport l'expulsion des Maures et le triomphe de la religion chrétienne. En Occident, c'était une sorte de compensation des pertes que les Chrétiens avaient faites dans ce siècle en Orient; le Koran triomphait en Asie, en Afrique, en Grèce, et menaçait l'Italie. Cette dernière contrée était alors le théâtre des guerres les plus cruelles, des intrigues et des factions; les papes et les empereurs d'Allemagne s'en disputaient la conquête ; le roi de Naples, le duc de Milan, les républiques de Venise, de Florence et de Gênes, ainsi que d'autres petits souverains, se soutenaient en s'appuyant tantôt de l'autorité des papes, tantôt de celle des empereurs; malgré les malheurs publics et les guerres, le commerce, les arts, les lettres et les sciences jetaient un brillant éclat sur l'Italie, qui la première avait reçu ces trésors précieux, échappés des ruines de Constantinople et de la Grèce, et commençait à les répandre dans toutes les parties de l'Europe.

La France, gouvernée par Charles VIII, et réunie tout entière sous son empire, était plus puissante que jamais; débarrassée des Anglais et des grands fiefs qui tinrent si long-temps ses forces divisées; devenue forte et tranquille au-dedans, elle jetait les yeux sur l'Italie, et se préparait à l'envahir.

L'empire d'Allemagne toujours divisé, toujours occupé de guerres intestines, voyait s'élever la puissance de la maison d'Autriche, qui depuis qu'Albert avait mis la couronne impériale dans cette maison, ne cessait de s'agrandir, non par des conquêtes, mais par d'heureuses alliances. En ce moment, Maximilien, roi des Romains, venait de se marier avec l'héritière de Bourgogne, et sa famille, si inférieure en éclat et en antiquité à celle de France, commençait à en être la rivale.

L'Angleterre, sous le pouvoir d'un roi sage et modéré (Henri VII), respirait enfin après les violentes secousses qui l'avaient ébranlée pendant les longues et sanglantes divisions des maisons d'York et de Lancastre. La Hongrie et la Pologne défendaient à peine leur liberté contre la puissance formidable des Turcs.

Les autres états du nord de l'Europe n'apparaissaient encore que sur un plan très-reculé, et ils ne sont arrivés que plus tard sur le théâtre des contestations politiques, dont le foyer était alors dans le midi.

Tel était l'état de l'Europe à l'époque de la prise de Grenade. Aucun prince ne paraissait craindre la puissance de l'Espagne, et cependant elle allait devenir la plus formidable qu'il y eût alors dans le monde chrétien.

Tandis que Ferdinand et Isabelle unissaient leurs efforts pour achever d'effacer du sol de la Péninsule les traces de la domination musulmane, d'autres génies concouraient avec eux à l'enfantement de cette vaste monarchie qui, sous le sceptre de Charles-Quint, devait bientôt s'avancer dominatrice orgueilleuse et du vieux empire d'Occident, et d'un monde nouveau. Christophe Colomb découvrait l'Amérique.

On sait que ce grand homme, promené de refus en refus, repoussé de la cour de Madrid comme de celle de Portugal, comme du conseil des marchands de Gênes, sa patrie, tournait enfin ses pas du côté de l'Angleterre, lorsque Isabelle le fit rappeler. Ce fut dans la ville nouvelle qu'elle venait de bâtir, à Santa-Fé, qu'elle signa avec Colomb un traité pour la découverte d'un nouveau monde (17 avril 1492). Quelques mois après (3 août), ce hardi navigateur partit avec trois petits navires appelés caravelles, du petit port de Palos, en Andalousie, pour cette merveilleuse conquête d'îles et de continents, dont jusque-là personne n'avait même soupçonné l'existence, si l'on excepte le génie de Platon qui, deux mille ans auparavant, avait imaginé l'Atlantide. La constance, les travaux, les malheurs de Christophe Colomb ont placé ce nom aussi haut qu'il soit donné à l'homme d'atteindre. Je dis ses malheurs, car il n'a pas même manqué à sa gloire d'être payé par l'orgueil des cours de la plus affreuse ingratitude, c'est-à-dire plongé dans les cachots, chargé de fers, en son héroïque vieillesse.

A peu près en même temps, Bernard Diaz, et après lui Vasco de Gama, découvraient aussi en quelque sorte les Indes orientales, en frayant au commerce le passage, jusque-là inconnu, du cap de Bonne-Espérance; et, après eux le grand Albuquerque fondait un empire au Portugal.

Les succès de Christophe Colomb, dans ses voyages, excitèrent l'émulation d'Améric Vespuce, gentilhomme Florentin établi en Espagne. Etant parti de Cadix, en 1497, avec quatre vaisseaux que le roi Ferdinand lui fournit, il se mit à courir les mers sur les traces de Colomb, aborda dans le continent du Nouveau-Monde, et par les progrès qu'il y fit, dans le cours de dix-huit ans, acquit l'honneur que Colomb néanmoins méritait mieux que lui, de donner son nom à tout un hémisphère.

Ferdinand et Isabelle ne négligeaient rien pour affermir l'autorité monarchique et pour défendre ses priviléges contre l'aristocratie espagnole. A la mort des grands maîtres de Saint-Jacques, d'Alcantara et de Calatrava, les rois ne pourvurent point à leur remplacement, et déclarèrent qu'à l'avenir le roi seul aurait la grande maîtrise de ces ordres. Une bulle des souverains pontifes sanctionna cette décision, et la rendit perpétuelle et irrévocable. Pour comprendre toute la portée de cette mesure, il faut se rappeler que ces trois ordres possédaient d'immenses richesses, et étaient composés des plus nobles et des plus vaillants chevaliers, qui tous juraient obéissance et fidélité absolue à leur grand-maître. Celui-ci jouissait donc sur les membres de son ordre d'une autorité plus grande que celle du souverain, et souvent, dans les règnes précédents, on avait vu les grands-maîtres tourner cette autorité contre le monarque lui-même. La perte de ces grandes maîtrises fut donc aussi funeste à la noblesse que l'acquisition en fut utile à la royauté.

Se voyant désormais bien affermis dans leurs états, les rois catholiques devinrent attentifs aux grands évènements de l'Europe, et songèrent à étendre au dehors leur domination. Par un traité conclu avec Charles VIII, Ferdinand obtint la restitution du Roussillon et de la Cerdagne, acquise autrefois par Louis XI, à condition que le roi catholique ne s'opposerait pas à l'expédition projetée par le monarque français contre le royaume de Naples. L'expédition eut lieu. Charles VIII traversa l'Italie au pas de course, et entra dans Naples en vainqueur ; mais bientôt il fut obligé de repasser les Alpes, après s'être sauvé, lui et sa cavalerie, à force de valeur, à la bataille de Fornoue. Son successeur Louis XII renouvela ses prétentions sur l'Italie, et alors intervint un traité entre le roi de France et Ferdinand, traité par lequel les deux monarques s'engageaient à conquérir ensemble le royaume de Naples et à le partager ensuite. La première partie de cette convention fut seule exécutée ; mais quand il s'agit du partage, Ferdinand ne voulut plus en entendre parler ; et il parvint par force et plus souvent encore par ruse et par perfidie, à chasser les Français de ce royaume. Le 1er janvier 1504, le royaume de Naples passa en entier sous la domination de Ferdinand.

Le 26 novembre de la même année, la reine Isabelle

mourut d'hydropisie à l'âge de 51 ans. De trois enfants qu'elle avait eus, il ne lui restait que Jeanne, mariée en 1490 à Philippe, archiduc d'Autriche, fils de l'empereur Maximilien et de Marie de Bourgogne; de ce mariage était né un fils, nommé Charles, qui reçut à sa naissance le titre de duc de Luxembourg. Isabelle, par son testament, laissait la couronne de Castille à l'infante Jeanne, et à Charles, son petit-fils; mais attendu le dérangement d'esprit de Jeanne, le roi Ferdinand était institué régent et administrateur de la monarchie, jusqu'à ce que le duc de Luxembourg eût atteint sa vingtième année. Elle laissait au roi les grandes maîtrises des ordres militaires, la moitié du produit des mines de l'Amérique, et une pension d'un million d'écus sur les revenus de la couronne. Les exécuteurs testamentaires étaient Ferdinand, le cardinal Ximénès, archevêque de Tolède, l'évêque de Palentia, etc.

Ce que nous avons dit de cette princesse, dans ce court résumé d'un règne si glorieux, nous dispense de rien ajouter à son éloge.

FERDINAND, roi d'Aragon et administrateur de la Castille. 1504-1516.

JEANNE LA FOLLE, ET **PHILIPPE I****ᵉʳ**, SURNOMMÉ LE **BEAU**, rois de Castille.

CATHERINE ET **JEAN D'ALBRET**, rois de Navarre; réunion de la Navarre espagnole à l'Aragon.

PORTUGAL : **EMMANUEL LE FORTUNÉ.**

Les précautions, consignées formellement dans la testament d'Isabelle, étaient trop sages et trop combinées dans l'intérêt de l'Etat, pour plaire aux grands, qui n'espéraient ressaisir leur puissance qu'à la faveur des troubles qu'ils pourraient exciter. Ils firent jouer tous les ressorts possibles pour semer la mésintelligence entre Ferdinand et l'archiduc son gendre. Le peu de génie de ce dernier favorisa singulièrement leurs projets ; et les dispositions du testament, quelque précises qu'elles fussent, laissaient encore de larges ressources à la mauvaise foi des commentateurs respectifs, sous prétexte que la clause du testament qui lui refusait l'administration du royaume de sa femme était honteuse pour lui. Philippe voulut la faire cesser. Après mainte contestation, Ferdinand consentit à partager cette administration avec son gendre. Mais quand Philippe arriva en Espagne, et qu'il vit accourir à lui toute la noblesse castillane, que Ferdinand avait tenue si long-temps sous une verge de fer, il se crut en droit d'élever ses prétentions, et ce ne fut plus au partage de l'administration, mais à la couronne même qu'il prétendit. Ferdinand, pour éviter une guerre civile avec ses enfants, renonça à l'administration de la Castille et se retira en Aragon. Philippe se fit aussitôt proclamer roi de Castille. Il commença son règne par destituer les gouverneurs, les ministres et les magistrats que Ferdinand avait placés ; ces innovations, les profusions du jeune roi, l'espèce de prison dans laquelle il retenait la reine, le privilége ôté aux grands de se couvrir devant lui, parce que la noblesse flamande qui l'avait amené avec lui ne pouvait jouir de cette distinction, firent bientôt regretter Ferdinand, prince sévère à la vérité, mais judicieux, équitable, gouvernant par lui-même et parfaitement instruit du génie, des coutumes et des lois de la nation ; déjà quelques grands parlaient de se soulever, lorsque la mort surprit Philippe à Burgos, le 25 septembre 1505, après une maladie de six jours.

La mort précipitée d'un époux qu'elle aimait avec une tendresse excessive, acheva de troubler la raison de Jeanne. Ce ne fut pas sans peine qu'elle consentit qu'on enfermât le corps de son mari dans un cercueil qui la suivait partout, et qu'elle faisait de temps en temps ouvrir, pour avoir la triste satisfaction de contempler un si cher objet. Enfin, cette reine désolée se retira à Tordesilas avec ce cercueil qu'elle appelait son trésor, passant une vie, qui fut très-longue, à ne se nourrir pour ainsi dire que de sa douleur, ou à se battre avec des chats. Elle avait eu de son mariage six enfants, qui tous portèrent des couronnes; 1° Charles, roi d'Espagne et empereur d'Allemagne; 2° Ferdinand, roi de Hongrie et de Bohême, empereur après l'abdication de son frère; 3° Eléonore, épouse de Jean II, roi de Portugal et de François I, roi de France; 4° Isabelle, reine de Danemarck, épouse de Christian II; 5° Marie, épouse de Ladislas, roi de Hongrie; 6° Catherine, née posthume, reine de Portugal, épouse de Jean III.

Cependant il fallait pourvoir à l'administration du royaume, que Jeanne était incapable de gouverner, en attendant la majorité de son fils Charles. Ce fut un nouveau sujet d'intrigues et de cabales. Les grands renouvelèrent leurs brigues, et chaque faction voyait le salut de l'état dans le succès de ses plans. Les uns voulaient déférer l'administration des affaires à l'empereur Maximilien, d'autres au roi Ferdinand; plusieurs proposaient le roi de Portugal, d'autres le roi de Navarre. Le cardinal Ximénès, le meilleur citoyen, comme le plus habile homme de l'état, sut faire pencher la balance en faveur de Ferdinand. Mais ce prince était alors à Naples, où l'avait appelé la crainte d'une trahison présumée de Gonsalve de Cordoue; les grands choisirent pour régents, en son absence, Ximénès, l'amirauté, le connétable, le duc de l'Infantado, le duc de Najera, André del Burgo, et le seigneur de Vere, flamand. Les régents déférèrent unanimement la présidence du conseil à Ximénès, homme supérieur en intelligence à tout ce qui l'entourait.

Le cardinal, agissant au nom de la reine, s'empara des principales places fortes, soit en prodiguant les promesses et les menaces, soit en répandant des largesses auxquelles il sacrifia noblement son immense fortune. Lorsque Ferdinand arriva de Naples, il n'eut qu'à s'asseoir sur le trône, que les heureuses combinaisons de Ximénès lui avaient préparé. Tout s'apaisa; le calme se rétablit, l'ordre et les lois recommencèrent leur cours.

Le cardinal Ximénès entreprit alors à ses frais la conquête d'Oran ; ce grand homme voulait rendre aux Maures les maux qu'ils avaient faits à sa patrie, et surtout assurer les côtes d'Espagne, insultées sans cesse par des escadres de corsaires, sorties du port d'Oran. La ville fut emportée d'assaut ; mais dans le temps où Ximénès songeait à pousser ses conquêtes, la jalousie des grands et celle du roi le forcèrent à revenir en Espagne (1509). L'année suivante, Ferdinand, encouragé par les succès de Ximénès, entreprit de conquérir toute la côte d'Afrique, depuis Oran jusqu'à Tunis. Les succès les plus brillants couronnèrent d'abord cette entreprise. Bougie, Tlemcen, Alger, Tunis se reconnurent vassales du roi d'Espagne ; mais des revers détruisirent bientôt ces belles espérances, et de toutes ces conquêtes, il ne resta qu'Oran.

En 1511, le roi se préparait lui-même à s'embarquer pour l'Afrique, avec un armement formidable, quoique son expérience lui montrât combien ses conquêtes dans ce pays étaient précaires, lorsqu'il fut pressé par le pape Jules II de venir à son secours, menacé qu'il était par les armes du roi de France et de l'empereur, qui voulaient le faire déposer dans un concile. Ferdinand parvint sans peine à retirer l'empereur de son alliance avec la France ; il fit ensuite passer des troupes en Italie, et dans le même temps il persuada au roi d'Angleterre, son gendre, de porter la guerre en France pour faire une diversion. La nouvelle ligue, formée entre le pape, l'empereur, le roi d'Aragon et les Vénitiens fut publiée solennellement à Rome, le 4 octobre 1511. La guerre se fit avec ardeur entre les Français et les confédérés ; nous n'entrerons dans ces interminables affaires d'Italie, qui sont étrangères à l'histoire d'Espagne proprement dite, qu'autant qu'elles y auront un rapport direct et intéressant.

Cette guerre amena un résultat mémorable, qui n'est pas très-glorieux pour Ferdinand. Désirant porter les hostilités en France, il demanda à Jean d'Abret, roi de Navarre, la permission pour ses troupes de traverser ce pays. Le Navarrais refusa, dans la crainte de se compromettre avec la France. Aussitôt, Ferdinand réunit ses forces à Victoria, envahit la Navarre et en peu de temps acquit la possession de tout le royaume, réduisant la famille royale à se réfugier en France. Cette nouvelle conquête fut annexée au royaume d'Aragon, et Ferdinand la défendit avec succès contre l'invasion des Français (1512).

En 1513, Ferdinand et Louis XII firent une trêve pour un an; dès lors le roi d'Aragon parut peu s'occuper des affaires d'Italie, et il paraissait même disposé à convertir sa trêve avec la France en paix durable. Ses dispositions modérées avaient deux causes : des troubles sérieux en Aragon, puis l'affaiblissement de ses forces qui semblait lui présager sa fin prochaine. Il mourut le 23 janvier 1513, dans la soixante-quatrième année de son âge, après avoir régné quarante-deux ans en Castille et trente-sept en Aragon.

Ferdinand eut toutes les qualités qui font les grands rois, excepté la plus essentielle, qui est la bonne foi. Jamais prince ne fut moins esclave de sa parole. Il comptait pour rien ses engagements, lorsqu'il trouvait son avantage à les violer. Loin de rougir de sa mauvaise foi, il s'en vantait. On a souvent cité cette réponse qu'il fit en apprenant que Louis XII avait refusé d'entrer dans une négociation qu'il lui proposait, alléguant pour raison qu'il avait été trompé deux fois, et qu'il ne voulait pas l'être une troisième : « Deux fois, s'écria Ferdinand, en jurant; il en a bien menti, l'ivrogne, je l'ai trompé plus de dix fois. »

L'inquisition fut établie en Espagne, sous le règne de Ferdinand et d'Isabelle.

A la mort de Ferdinand, voici l'état des provinces et royaumes que son successeur était appelé à posséder.

Du chef d'Isabelle : la Vieille et la nouvelle Castille,

les Asturies, Léon, Galice, l'Estramadure, l'Andalousie, Murcie et la Biscaye.

Du chef de Ferdinand : l'Aragon, la Catalogne, Valence et Maïorque, la Sardaigne et la Sicile.

Acquisition de Ferdinand et d'Isabelle : le Roussillon, Grenade, Naples, la Navarre, et les contrées découvertes en Amérique.

A l'exception de la Sardaigne, de la Sicile et de Naples, toutes les autres possessions appartenant à la Péninsule formèrent le royaume d'Espagne, dont Ferdinand peut être considéré comme le premier roi, quoiqu'il n'en ait pas porté le titre.

MONARCHIE ESPAGNOLE. — MAISON D'AUTRICHE.

CHARLES Ier (l'empereur **CHARLES V**, DIT **CHARLES QUINT**). 1516-1556.

PORTUGAL : **EMMANUEL LE FORTUNÉ**, jusqu'en 1521.
JEAN III.

Ecrire l'histoire complète du règne de Charles-Quint, serait écrire l'histoire de l'Europe entière pendant les quarante années que ce prince occupa le trône. En effet, les affaires d'Espagne, durant tout ce temps, se trouvent mêlées à celles de l'Europe entière, qui travaille laborieusement à l'enfantement de cet équilibre politique, ébauché par le traité de Passau, et achevé par celui de Westphalie, quatre-vingt-douze ans plus tard [1]. Les limites de cet ouvrage ne pouvant admettre un plan si vaste, nous nous bornerons aux évènements de la Péninsule ; si quelquefois

---

[1] Le célèbre Robertson, en consacrant deux volumes in-4° à son admirable histoire du règne de Charles-Quint, n'a encore prétendu faire qu'un abrégé.

Quoiqu'en Espagne, dont nous nous occupons ici spécialement, ce prince porte le nom de Charles 1, nous l'appellerons habituellement Charles-Quint, nom sous lequel il est plus connu.

il nous arrive d'en mentionner d'un ordre plus général, ce sera parce qu'ils sont liés trop intimement aux autres pour être séparés.

Charles, duc de Luxembourg, archiduc d'Autriche, fils aîné de Philippe et de Jeanne, se trouva héritier de la monarchie espagnole à la mort de son aïeul Ferdinand. Outre les vastes contrées qui composaient l'héritage de Ferdinand et d'Isabelle, et dont nous avons donné le détail plus haut, Charles possédait souverainement, comme représentant de la maison de Bourgogne, la Flandre, les Pays-Bas; le duché de Luxembourg et la Franche-Comté; ainsi, à l'âge de seize ans à peine (il était né le 25 février 1500), il se trouvait le plus puissant monarque de l'Europe.

En apprenant la maladie de Ferdinand, Charles qui se trouvait à Bruxelles, avait envoyé en Espagne Adrien, doyen de Louvain, pour épier la position des partis, et veiller aux intérêts de l'héritier légitime. A la mort du roi, Adrien réclama la régence, en vertu de la commission qu'il avait reçue; le conseil s'opposa fortement à cette prétention; mais le cardinal Ximénès, auquel la régence avait été laissée par le testament du feu roi, ne contesta pas à cet inattendu rival un vain titre, et consentit à partager l'administration avec lui; mais, de fait, il continua à être le maître de tout. Le conseil de Castille adressa une lettre de félicitation à Charles, en lui donnant le titre de roi, et l'invita à visiter son nouvel héritage. En réponse, le prince confirma le cardinal dans la régence. Les états d'Aragon refusèrent à Charles le titre de roi, tant que vécut la reine sa mère.

Pendant sa courte administration, le cardinal Ximénès, quoique âgé de près de quatre-vingts ans, se distingua par sa capacité, son activité et son énergie; son premier antagoniste fut le roi détrôné de Navarre, Jean d'Albret, qui crut pouvoir profiter de la transition d'un règne à l'autre pour recouvrer ses états. Mais le duc de Nájera, nommé vice-roi de Navarre, força le malheureux Jean à battre en retraite; ni Jean [1], ni son épouse, Catherine de Foix, ne survécurent long-temps à ce nouveau malheur.

Cependant l'administration de Ximénès faisait murmurer les grands, qui, regardant toujours les *interim* de la monarchie comme un casuel de leurs attributions, s'indignaient de se voir supplantés par un prêtre, naguère simple cordelier. Quand, pour réparer les brèches faites aux revenus de la couronne il commença à révoquer ou à diminuer les dons exorbitants concédés à quelques familles, leur mécontentement ne connut plus de bornes. Trois députés de la noblesse lui furent envoyés pour lui demander en vertu de quelle autorité il exerçait ses fonctions, « car, disaient-ils, il ne pouvait tenir ses droits de Ferdinand, puisque lui-même n'était que simple administrateur, ni de Charles qui, étant mineur, ne pouvait faire aucun acte de souveraineté. » Le cardinal, après les avoir écoutés avec beaucoup de sang-froid, leur dit : « Vous me demandez en vertu de quels droits j'exerce la régence, je vais vous le faire voir à l'instant; » et, ouvrant une croisée du palais où la scène se passait, il leur montra sur la place un corps de troupes considérable, en ordre de bataille, et soutenu par une formidable artillerie, et il ajouta : « Voilà mes droits, messieurs, osez-vous les contester? Je vous déclare que c'est avec ces pouvoirs que je gouvernerai l'Espagne jusqu'à la venue du prince. « Ces paroles refroidirent aussitôt la turbulence des seigneurs.

Il faut convenir que ce grand homme fit un bon usage de ses moyens, et que la monarchie espagnole de Ferdinand et de Charles-Quint lui a de grandes obligations. Ximénès fut l'habile destructeur de l'oligarchie en Espagne;

---

[1] Ils ne laissèrent à leur fils fils Henri d'Albret, que ce qui leur restait en deçà des Pyrénées, et le vain titre de roi de Navarre. Jeanne d'Albret, fille de ce dernier, porta ce modique héritage et ce titre dans la maison de Bourbon, par son mariage avec Antoine de Bourbon Enfin, le fils de Jeanne, notre célèbre Henri IV, réunit cette succession à la France.

c'est par ses conseils que Ferdinand et Isabelle triomphèrent des grands, et ce qui doit paraître admirable, c'est que ce triomphe s'opéra sans violence, sans abus de la force, sans effusion de sang. Son administration, dit avec raison un écrivain espagnol, est un modèle à proposer à tous les ministres : ses lumières égalèrent sa fermeté; et son opposition constante à la noblesse ne coûta jamais rien au respect dû à la naissance, de même que sa bonté pour les petits ne lui fit jamais perdre de sa dignité. Il faut ajouter à ces traits divers, trop insuffisants pour peindre un si grand homme, qu'au milieu de la plus immense fortune, il vécut constamment comme le plus austère cénobite ; et que, favorisant les lettres et les arts, il méprisa le faste, et fut insensible à l'attrait de toutes les voluptés qui dominent les hommes.

Les Castillans étaient impatients de voir leur nouveau souverain ; mais Charles, attaché aux Pays-Bas où il avait été élevé, ne se pressait pas de se rendre à leurs vœux. Enfin, sur les instances de son grand-père, l'empereur Maximilien, il partit au mois d'août 1517, et débarqua à Villaviciosa dans les Asturies, le 19 septembre suivant. Le cardinal Ximénès, ayant appris son arrivée, se hâta d'aller à sa rencontre ; mais il fut surpris, à Roa, sur la route, par une maladie qui le conduisit au tombeau, le 8 novembre, à l'âge de quatre-vingts ans.

Charles convoqua les cortès de Castille en 1518, et s'y fit solennellement reconnaître pour roi. Il éprouva plus de difficulté en Aragon, et surtout en Catalogne et à Valence, où l'on ne voulait le reconnaître que comme régent, pendant la vie de sa mère, à qui seule appartenait la couronne. Cependant ces difficultés s'aplanirent, et le titre de roi ne lui fut pas plus contesté dans l'Aragon qu'ailleurs. Pendant qu'il était à Barcelone pour terminer ces affaires, il arriva un évènement qui devait avoir une grande influence sur sa vie future, sur ses états héréditaires et enfin sur toute l'Europe ; c'était son élévation au trône impérial, vacant par la mort de son aïeul Maximilien. L'électeur de Saxe et François I avaient été les candidats portés par les électeurs. Le premier avait plus de chances de succès ; mais il refusa cet honneur, et engagea les électeurs à donner leurs voix au roi d'Espagne, petit-fils de l'empereur décédé. On suivit cet avis, et de là naquit la rivalité qui subsista si long-temps entre François I et Charles-Quint.

La même année que Charles recevait la couronne impériale d'Allemagne, Fernand Cortez faisait pour lui la conquête d'un empire plus vaste encore, du Mexique.

Charles eut beaucoup de peine à obtenir de l'argent de ses nouveaux sujets, pour les frais de son voyage en Allemagne, et il eut beaucoup de peine à apaiser les soulèvements qui eurent lieu dans plusieurs villes. Néanmoins il partit (1520), laissant la régence au cardinal Adrien. Charles s'embarqua au mois de mai pour l'Angleterre, afin de concerter avec Henri VIII le moyen d'abaisser la France. De là il devait se rendre en Allemagne (1520).

Le départ du roi n'était pas fait pour calmer l'agitation : la fermentation devint générale, et bientôt l'explosion se fit. Les *communeros* de Ségovie pendirent tous les alguazils et officiers royaux, dont ils purent se saisir. La ville de Zamora mit plus d'atrocité encore dans les effets de son ressentiment. Valladolid imita Ségovie, et les scènes tragiques eurent lieu à Madrid, ainsi que dans les principales villes de la Castille et de Léon. Le gouvernement impopulaire qui représentait le roi se vit dans la situation la plus périlleuse. Un des chefs de la rébellion, Padilla de Tolède, profita de la consternation des régents et de l'incertitude qui en était la suite, pour entrer à Tordésilas, et s'emparer de la reine folle, afin de donner à la révolte un fantôme de chef, ou peut-être un motif de légitimité. Les ordres les plus rigoureux furent expédiés au nom de cette princesse. Le cardinal Adrien, s'étant sauvé à la faveur d'un déguisement, se réfugia à Rioseca, d'où il écrivit à Charles qu'il risquait de perdre l'Espagne, s'il ne hâtait son retour.

L'empereur, en apprenant ce qui se passait en Castille, associa à la régence le connétable et l'amirauté de Castille. Le duc de Najera, gouverneur de Navarre, envoya une armée aux régents, et le roi de Portugal leur prêta cinquante mille ducats. Alors on voit changer la face des affaires. Burgos se soumet ; le connétable et l'amirauté se trouvent bientôt à la tête de cinquante mille hommes. Le comte de Haro, fils du connétable, prend Tordésillas d'assaut, arrache la reine des mains des rebelles et enlève presque tous leurs députés assemblés dans cette ville.

Haro, secondé par le comte d'Onate, livra une bataille dans les environs de Villalar, aux *communeros* commandés par Padilla. Les royalistes furent vainqueurs ; Padilla et presque tous les chefs de parti populaire furent faits prisonniers. Dès le lendemain, ils subirent tous la peine capitale (1521). Valladolid, Medino del Campo, Ségovie, Avila, Salamanque et Zamora se soumirent. La seule ville de Tolède, animée par dona Maria Pacheco, veuve de Padilla, persista dans sa révolte. Cette femme intrépide s'empara de l'Alcazar, et contraignit les troupes royalistes, qui déjà s'étaient introduites dans la ville, à l'évacuer. Tolède fut bientôt bloquée par plusieurs divisions de l'armée royale, qu'un premier succès avait triplé de nombre ; mais les *communeros*, animés, soutenus par le grand caractère que déployait Maria Pacheco, se défendirent avec la plus rare intrépidité. Enfin privés de vivres, sans espérance d'être secourus, ils furent obligés de capituler. La médiation du clergé leur fit obtenir une amnistie complète, à condition qu'ils poseraient les armes. La seule Maria Pacheco, soit qu'elle n'espérât pas de grace, soit que le supplice de son époux l'eût rendue implacable, soutint dans l'Alcazar un siège de plus de trois mois. Enfin, ayant perdu tout espoir de résistance, elle se sauva avec son jeune fils, tous deux déguisés en paysans de l'Estramadure, vers le Portugal. Tout fut fini, et l'arrivée de Charles acheva bientôt d'assurer la tranquillité (1522).

L'empereur était débarqué à Santander, le 16 juillet. De là il se rendit à Palentia, puis à Tordésilas pour visiter sa mère, et enfin à Valladolid, où il publia une amnistie solennelle; quatre-vingts personnes des plus compromises en étaient cependant exceptées; mais dix ou douze seulement furent punies du dernier supplice. Le conseil d'Espagne demandait encore des exemples de sévérité. « Je n'y consentirai jamais, répondit Charles, c'est assez de sang répandu. » La réponse qu'il fit à un délateur mérite d'être citée. Cet homme informa l'empereur du lieu où était caché un gentilhomme excepté de l'amnistie : « Vous auriez mieux fait, lui dit le monarque, de l'avertir que je suis ici, que de me dire où il est. »

Pendant les troubles suscités par les *communeros*, Henri d'Albret fit, à l'instigation et avec le secours des Français, une tentative sur la Navarre. L'armée française assiégea et prit Pampelune. Parmi les officiers espagnols qui se distinguèrent à ce siége, on cite Ignace de Loyola, depuis fondateur de la célèbre société de Jésus. Cependant les Français, au lieu de se fortifier en Navarre, ayant voulu pénétrer dans la Castille, furent battus à Nava des Esquiros, et rechassés au-delà des Pyrénées.

Après l'échec reçu en Navarre, François I, jaloux de la puissance toujours croissante de Charles Quint, renouvela ses prétentions sur le duché de Milan ; ce prince cherchait obstinément une occasion pour commettre au sort des armes la question de prééminence, que les électeurs de l'empire avaient décidée entre lui et Charles, en donnant la préférence à ce dernier.

On sait que cette guerre, qui dura plusieurs années, et dans laquelle les troupes impériales obtinrent une assez constante supériorité, se termina par la fameuse journée de Pavie, qui mit le roi de France entre les mains de son peu généreux rival (1521 à 1525). Nous n'entrerons pas dans les détails de cette guerre qui appartiennent plus à l'histoire de France, d'Italie et d'Allemagne, qu'à celle d'Espagne.

A la même époque François Pizarre faisait la conquête du Pérou, et ajoutait encore un empire aux immenses possessions de Charles Quint.

La victoire de Pavie étonna l'Europe, et répandit l'inquiétude chez tous les princes. Naples, la Sicile, le Roussillon, avec la Navarre et la Lombardie, appartenaient à Charles Quint ; souverain des Pays-Bas et de la Franche-Comté, il enveloppait la France d'un vaste réseau, et, maintenant qu'il tenait son roi prisonnier, qui l'empêchait d'écraser cette puissance? Alors l'Europe entière devenait la proie d'un seul homme. Ces réflexions changèrent les dispositions de la plupart des princes qui étaient entrés dans la ligue contre la France, et les mesures qu'ils prirent empêchèrent Charles Quint de tirer de sa victoire tout le parti qu'il en eût pu espérer.

François 1 fut transféré à Madrid. Avant son arrivée en Espagne, Charles avait assemblé son conseil, et avait demandé comment il devait traiter son prisonnier. « Comme votre frère et votre ami, lui avait dit l'évêque d'Osma, et lui rendre la liberté, sans autre condition que de devenir votre allié. » L'impitoyable duc d'Albe opina qu'il fallait le retenir en prison, et conquérir la France qui se trouvait destituée du secours de son souverain. Charles Quint était trop clairvoyant pour croire à la possibilité d'exécuter ce dernier avis, et trop peu généreux pour suivre le premier. Il se contenta de mettre la rançon de son prisonnier au plus haut prix possible, et de lui dicter une paix, dont les conditions humiliantes ne pourraient être exécutées. C'était un moyen de se réserver l'occasion de crier à la mauvaise foi de son rival.

François fut forcé d'abandonner toutes ses prétentions sur les états de Milan, de Gênes, de Naples, des Pays-Bas et de Bourgogne ; il offrait même de rendre au connétable de Bourbon, dont la trahison avait le plus contribué à sa défaite, ses diverses dignités et ses états. La paix de Madrid (1526) confirma toutes ces douloureuses concessions, avec la condition subsidiaire que si, au bout de six mois, elles n'étaient pas rigoureusement accomplies, François viendrait se remettre en prison.

Lorsqu'après le retour du roi de France dans ses états, Charles Quint lui fit demander l'exécution du traité de Madrid, François I, pour toute réponse, fit assister l'envoyé de l'empereur à une audience des députés de Bourgogne, qui déclarèrent au roi qu'il n'avait pas le pouvoir de démembrer aucune province de la monarchie. En même temps, on publia la ligue formée entre le pape, le roi de France, la république de Venise, François Sforce, duc de Milan, et toutes les puissances de l'Italie, pour arrêter les progrès de l'empereur. Le roi d'Angleterre se déclara protecteur de cette ligue, dont le pape Clément VII était le chef. Mais les efforts de la ligue, mal dirigés, amenèrent de nouveaux revers; Rome fut prise d'assaut et pillée par les troupes du connétable de Bourbon, qui fut tué au commencement de l'attaque, et le pape devint prisonnier de l'empereur. Charles Quint, qui reçut à Burgos la nouvelle de cet évènement, désavoua en public l'entreprise du connétable comme sacrilége; il prit le deuil, le fit prendre à sa cour, et poussa la dissimulation jusqu'à ordonner des prières pour la délivrance du pape, à qui d'un trait de plume il pouvait rendre la liberté. Il exigea pour la rançon du Saint-Père 400 mille écus d'or, la remise de plusieurs places fortes, et l'engagement de ne point mettre obstacle aux prétentions de l'empereur sur Naples et sur Milan; il rendit aussi la liberté aux enfants de France, qu'il retenait en otage, et reçut deux millions de François I. Henri VIII et le roi de France déclarèrent alors solennellement la guerre à Charles Quint. Celui-ci répondit avec aigreur au héraut d'armes que lui avait envoyé François, et il accusa ce monarque d'avoir manqué à sa parole. François répondit par des propos injurieux; et il résulta de ces altercations entre les deux souverains un défi en combat singulier, qui fit un très-grand bruit en Europe et n'eut pas de suite.

On était généralement las de la guerre; les princes chrétiens, oubliant leurs fatales inimitiés, consentirent à déposer les armes. Quelques ouvertures faites par le pape amenèrent la paix de Cambrai, qui fut signée en partie sur les mêmes bases que celle de Madrid (1529). Peu de temps après, Charles Quint quitta l'Espagne, pour venir à Bologne en Italie, où il se fit couronner roi de Lombardie et empereur des Romains, par ce même pape qu'il retenait naguères prisonnier.

Bientôt Charles fut dans le cas de se montrer à la hauteur des obligations que lui imposait son titre, comme protecteur de la chrétienté. Soliman, empereur des Turcs, ayant attaqué la Hongrie et la Bohême, fut repoussé par l'empereur chrétien, qui commandait en personne son armée. Immédiatement, après la guerre contre les Turcs, Charles Quint, qui jusqu'alors avait paru peu sensible à la gloire militaire, entreprit, en 1535, contre le fameux Hariadan-Barberousse, une expédition qu'il voulut diriger en personne. Cette expédition réussit complètement; il replaça sur le trône de Tunis Muley-Hassem, vassal du roi d'Espagne, qui avait été expulsé par Barberousse; trente mille Turcs furent passés au fil de l'épée, et vingt mille esclaves chrétiens furent délivrés de l'esclavage.

Sur ces entrefaites, François Sforce, duc de Milan, meurt et lègue ses états à l'empereur qui les lui avait rendus. Cet évènement réveilla les prétentions de la France sur ce pays. Nouvelle guerre, dans laquelle les Français, après un début victorieux, éprouvent des revers et sont réduits à rétrograder. Charles pénètre en Provence, et bientôt la disette et les maladies qui déciment son armée le forcent à la retraite. Une trêve de dix ans fut conclue entre les deux souverains, par l'intermédiaire du pape, et l'empereur rentra en Espagne.

Sa conduite dans ce pays, depuis la révolte des *communeros*, lui avait complètement gagné l'affection du peuple. Comme l'expérience lui avait appris à être politique, les déférences qu'il montrait aux coutumes nationales, la préférence qu'il accorda aux habitants du pays, le soin qu'il prit d'identifier ses intérêts et ses projets avec ceux des Espagnols, lui firent acquérir sur ses sujets un ascendant que peu de ses prédécesseurs eussent jamais obtenu.

Malgré ses fréquentes absences d'Espagne, son règne ne fut plus troublé par des insurrections, à moins qu'on ne veuille donner ce nom à une révolte des Maures, qui demandaient à reprendre leur ancienne religion. Charles s'y refusa, leur ordonna de quitter le royaume, s'ils ne voulaient pas être chrétiens. Deux mille d'entre eux passèrent en Afrique; un plus grand nombre se soumit à l'Église; mais tout le reste prit les armes. Une armée marcha aussitôt contre eux; ils furent chassés de fort en fort, de montagnes en montagnes, jusqu'à ce qu'affaiblis, épuisés, ils furent obligés de déposer les armes et de plier sous le joug de fer des vainqueurs. Ce fut la seule insurrection sous ce règne; mais sous celui de Philippe II il y en eut une bien plus formidable, comme nous le verrons bientôt (1524).

Charles avait épousé en 1525 la princesse Isabelle, sœur de Jean III, roi de Portugal; de ce mariage était né en 1527 l'infant don Philippe, qui fut proclamé prince d'Espagne l'année suivante. C'était la reine Isabelle, que Charles chargeait de la régence d'Espagne, quand ses affaires l'appelaient en Allemagne ou en Italie; plus tard, quand son fils eut atteint dix-huit à vingt ans, il lui laissait cette charge pour l'accoutumer à l'art si difficile de gouverner.

Les ruineuses expéditions de Charles Quint avaient tari les sources de la prospérité publique; il fallait recourir aux subsides. Il assembla à Tolède les cortès de Castille et de Léon, et sollicita l'établissement de nouveaux impôts. Il éprouva un refus et congédia l'assemblée, le cœur plein d'indignation, mais en ayant l'air d'approuver les raisons apportées par le clergé et la noblesse pour motiver leur résolution. Depuis cette époque les nobles et les prélats ne furent plus appelés à ces assemblées; on n'y admit que les seuls représentants des villes. Du reste, la tranquillité publique ne fut nullement troublée; mais dans les autres états de Charles tout ne se passa pas aussi paisiblement. La demande de nouveaux subsides souleva la ville de Gand, et tous les Pays-Bas menaçaient de suivre cet exemple. Une prompte répression pouvait seule arrêter le désordre. Charles sollicita du roi de France la permission de traverser ses états; elle lui fut accordée. François I oublia qu'il tenait en son pouvoir son plus grand ennemi; il l'accueillit avec magnificence, et rejeta fièrement la proposition que lui fit un courtisan de le retenir prisonnier. La révolte des Pays-Bas fut promptement apaisée par la présence du maître, qui fit punir de mort quelques-uns des principaux coupables, en exila un grand nombre, et supprima les priviléges de la ville de Gand (1540).

L'année 1541 fut fatale à Charles Quint. Les corsaires d'Afrique infestaient les côtes d'Espagne et d'Italie, et y répandaient de continuelles alarmes. Charles résolut d'aller détruire Alger, le repaire principal de ces pirates. Il réunit à grands frais une nombreuse armée et une flotte considérable, et, malgré l'avis de Doria, son amiral, il mit à la voile au mois d'octobre, dans la saison la plus orageuse de l'année. La descente s'opéra sans difficulté; la ville d'Alger fut investie, et Charles Quint vint camper à l'endroit qui porte encore le nom de fort l'Empereur. Mais un ouragan épouvantable détruisit sa flotte, renversa son camp et le força à une retraite désastreuse. Une grande partie de sa flotte et de son armée fut détruite.

Au retour de cette expédition, où il courut les plus grands dangers, le refus qu'il fit de donner au roi de France l'investiture du Milanais engagea une nouvelle guerre, terminée par la paix de Crespy, qui remettait les choses à peu près dans le même état qu'auparavant (1544).

Depuis cette époque, jusqu'à la fin de son règne, Charles Quint ne fut occupé que des affaires d'Allemagne, agitée alors par le protestantisme. Mais cette partie de la vie politique de Charles, quoique fort intéressante, est étrangère à l'histoire d'Espagne, où le protestantisme, grace à l'inquisition, ne put jamais pénétrer. Dans cette période de son règne, il déploya toutes les ressources, toute l'activité de son génie encore dans toute sa force ; et cependant son étoile pâlit ; il éprouva de cruels revers ; il put s'apercevoir, comme l'a dit un écrivain célèbre, que « sa puissance n'était plus qu'un amas de grandeurs et de dignités, entouré de précipices. »

Fatigué des affaires, tourmenté par les douleurs de la goutte, dont les accès devenaient de plus en plus fréquents, il songea à passer le reste de ses jours dans la retraite. Dans ce dessein, il fit venir à Bruxelles son fils Philippe, qu'il avait marié en 1555 à Marie, reine d'Angleterre, et il lui remit solennellement ses états héréditaires des Pays-Bas, le 25 octobre 1555. Le 16 janvier de l'année suivante, il abdiqua pareillement la couronne d'Espagne, et de toutes les possessions dépendantes de l'ancien et du nouveau monde, en faveur de ce prince. Enfin, le 7 septembre suivant, il envoya à son frère Ferdinand, déjà roi des Romains, les ornements impériaux, avec sa renonciation à l'empire. Dix jours après, il s'embarqua à Flessingue pour l'Espagne, accompagné de ses sœurs, Marie, douairière de Hongrie, et Eléonore de France. Puis, disant au monde un éternel adieu, le 24 février 1557, il se retira au monastère de Saint-Just, dans l'Estramadure, ne retenant auprès de lui qu'un petit nombre de domestiques. Ce fut là qu'il goûta les délices de la vie privée, partageant son loisir entre les exercices du cloître, la culture d'un jardin dont il avait tracé lui-même le plan, et des expériences de mécanique. Il mourut dans cette retraite le 21 septembre 1558, dans la cinquante-neuvième année de son âge.

Telle fut la fin de Charles Quint, sous le règne duquel

la fortune de la maison d'Autriche fut prodigieuse. Tout concourut à la puissance de ce prince pendant plusieurs années, « et pour lui procurer un nouveau genre de grandeur, dit Montesquieu, le monde s'étendit, et l'on vit paraître un nouveau monde sous son obéissance. » Ce prince avait un maintien noble, des manières élégantes et polies; il parlait peu et souriait rarement. D'une fermeté persévérante, lent à se décider, prompt à exécuter, montrant autant de fécondité dans les ressources que de sagacité dans le choix des moyens; doué d'un jugement froid, toujours maître de lui, ne se laissant jamais dominer par l'amour des plaisirs, il fut tout entier à son ambition et triompha facilement des obstacles. Quoique sa duplicité fût connue, il savait si bien feindre la générosité et la sincérité, qu'il trompait constamment ceux qui avaient déjà été dupes de ses artifices. Il avait le talent de connaître les hommes et de les employer utilement pour ses intérêts. Aucun souverain n'a mieux connu l'art de se faire et de conserver des alliés. Quoiqu'il eût presque toujours les armes à la main, il cherchait plutôt à étendre sa puissance que sa renommée militaire, et se montrait plus jaloux du pouvoir des souverains que de la gloire des généraux. On lui a reproché d'aspirer à la monarchie universelle, et tout porte à croire qu'il l'aurait établie dans sa famille, s'il avait réussi à pacifier l'Allemagne et à rendre héréditaire la couronne impériale. Lorsqu'il trouva des obstacles insurmontables, il détourna ses regards d'un monde qu'il ne pouvait subjuguer tout entier, et s'enferma dans un cloître.

Quoique Charles Quint eût peu étudié les lettres dans sa jeunesse, il protégea les sciences et les arts. Il pensionnait plusieurs savants, et prenait plaisir à converser avec eux. Il passait des heures entières avec l'historien Guichardin; il combla le Titien d'honneurs et de présents, et disait avec complaisance que ce grand artiste l'avait immortalisé trois fois. Il se plaisait à le voir travailler, et le pinceau étant un jour tombé des mains du peintre, Charles Quint le ramassa, et le lui remit en disant : « Le Titien est digne d'être servi par un empereur. » La protection qu'il accordait aux artistes et aux gens de lettres, tenait moins aux sentiments des beaux-arts qu'à l'envie d'être loué. L'histoire nous apprend qu'il se plaignait quelquefois des flatteurs ; mais l'histoire dit aussi qu'il faisait une pension considérable à l'Arétin, qui le louait avec exagération.

PHILIPPE II, 1556-1598. — Roi de Portugal depuis 1580.

PORTUGAL : **JEAN III**, jusqu'en 1557.

SÉBASTIEN, jusqu'en 1575.

HENRI I**er**, jusqu'en 1580. — **PHILIPPE** D'ESPAGNE.

Les guerres de Charles Quint avaient ruiné l'Espagne ; elles avaient aussi considérablement diminué la population dans ce pays, qui s'était encore affaiblie par de fréquentes émigrations vers le nouveau monde. Au lieu de méditer des conquêtes, il eût été plus sage de se borner aux limites de l'ancien territoire, et de ne s'occuper que d'y faire fleurir la paix, les arts, la justice et le bonheur ; mais Philippe II voulut imiter l'ardeur belligérante de son père, sans avoir ni son génie ni sa grandeur d'âme ; et sous son règne commencèrent à se manifester les symptômes d'une décadence qui devait parvenir rapidement à son dernier période.

Philippe II, dans les dernières années que son père était resté en Allemagne, avait assez habilement gouverné la Péninsule. Dès qu'il se fut assis sur le trône, il eut à soutenir contre la France une guerre que lui avait léguée le vieux monarque, et, dans cette occasion, il vit le pape Paul IV se ranger parmi ses ennemis. Il chargea le duc d'Albe de faire poser les armes au pontife ; pour lui, il se rendit à l'armée qui pénétrait en France et que renforçait un corps considérable de troupes anglaises, qu'il avait bien de la peine à obtenir de son épouse Marie, reine d'Angleterre, ou plutôt du parlement anglais. Il assista, le 10 août 1557, à la victoire que cette armée, sous la conduite du duc de Savoie et du comte d'Egmont, remporta sur les Français à Saint-Quentin. En accomplissement d'un vœu formé dans cette circonstance, il érigea le magnifique couvent de l'Escurial, consacré à saint Laurent, dont la fête se célèbre ce jour-là.

Les hostilités recommencèrent, dès l'année suivante, avec plus de vigueur et non moins de succès pour les armes de Philippe, grace aux grands capitaines et aux excellents soldats que lui avait laissés son père. Ses alliés, les Anglais, perdirent Calais, et ce revers abrégea les jours de la reine Marie. Philippe brigua inutilement la main de la nouvelle reine Elisabeth, sa belle-sœur ; cependant son veuvage ne dura pas long-temps; lorsque la paix de Cateau-Cambrésis mit fin à la longue lutte entre la France et l'Espagne, sous des conditions, en général, favorables à cette dernière, il épousa, en vertu d'une clause du traité, la princesse Isabelle, fille de Henri II, promise d'abord à son fils, l'infant don Carlos (1559).

La cour d'Espagne avait fait, jusqu'au commencement du règne de Philippe, sa résidence à Tolède. L'an 1560, il la transféra à Madrid, qui dès lors est devenue la capitale de l'Espagne. Ce fut à cette époque que Philippe commença la lutte terrible qu'il entreprit pour rétablir par la force l'unité de la foi dans tous ses états. A Naples et dans la Lombardie, il rencontra peu d'obstacles, parce que les nouvelles doctrines n'y avaient fait encore que peu de progrès; mais il n'en fut pas ainsi des Pays-Bas. Le sang coule à flots sur les échafauds et sur le champ de bataille ; on sait quelle triste célébrité a acquis le duc d'Albe, l'impitoyable exécuteur des mesures violentes dictées par son maitre.

L'inflexible et cruelle sévérité de Philippe lui suscita

des ennemis, non-seulement parmi les peuples, mais jusqu'au sein de sa famille. L'infant don Carlos, son fils, las des rigueurs qu'il exerçait à son égard, entretenait des correspondances avec les rebelles des Pays-Bas, ou du moins portait un vif intérêt aux malheureux Flamands. La cause de la mort de ce prince, et les circonstances de cette mort sont encore une de ces énigmes historiques, dont le mot ne sera peut-être jamais trouvé. Quoiqu'il en soit, don Carlos, alors fils unique de Philippe et héritier présomptif de la couronne, fut arrêté le 18 janvier 1568, et mourut en prison le 24 juillet suivant, les uns disent étranglé, les autres empoisonné par l'ordre de son père. La mort de don Carlos fut suivie de près de celle de la reine Isabelle de France, et l'opinion publique accuse encore Philippe II d'avoir sacrifié cette illustre victime à ses soupçons et à sa jalousie.

Tandis que la révolte des Pays-Bas occupait une partie des forces de l'Espagne, une autre sédition non moins dangereuse éclata au sein même de la Péninsule. Les Mauresques (c'était le nom que l'on donnait aux descendants des Maures retirés dans les Alpuxares) se soulevèrent, malgré les soins qu'on s'était donnés pour les mettre hors d'état de secouer le joug. L'Afrique et la Turquie leur avaient fourni des hommes et de l'argent. Cinquante mille hommes se trouvèrent bientôt en armes; ils élurent pour leur roi un descendant de l'ancienne famille royale de Grenade, nommé, depuis sa conversion au christianisme, Don Ferdinand de Valor, et qui reprit son ancien nom d'Aben Humayra. Ils s'emparèrent de plusieurs villes, et commirent des excès atroces, pillant, tuant, massacrant les Chrétiens, sans distinction ni d'âge ni de sexe, avec des raffinements inouïs de cruauté. Le marquis de Los Velès fut d'abord envoyé contre les rebelles; mais ses efforts furent impuissants pour les réduire. Si Selim II eût envoyé, comme il l'avait promis, une flotte et une armée au secours du nouveau roi Mahomet-Aben-Humaya, l'Espagne dénuée de troupes réglées, toutes alors occupées en Flandre, aurait couru risque de tomber encore une fois, du moins en partie, au pouvoir des Musulmans. Les généraux Espagnols, malgré plusieurs combats sanglants dans lesquels ils eurent l'avantage, ne terminèrent point cette guerre difficile. Le roi prit le parti de donner le commandemant suprême à don Juan d'Autriche, fils naturel de Charles-Quint. Les soldats reçurent avec une joie incroyable leur nouveau chef, en qui ils retrouvaient les traits, l'activité, le courage et la grandeur d'âme de son père. La fortune seconda les talents du jeune prince. Les Mauresques, vaincus dans toutes les rencontres, furent réduits à accepter l'amnistie que leur offrait Philippe II. Une partie des rebelles passa en Afrique, le reste fut transféré dans la Castille, et la paix fut rétablie dans le royaume de Grenade (1571).

Tandis que Philippe était occupé à réprimer cette révolte en Espagne, ses vaisseaux faisaient au loin des conquêtes dans l'Archipel au-delà de Gange. L'île de Luçon ou de Mariella avec la multitude de celles qui l'avoisinent, tombèrent sous sa puissance, et le nom collectif de Philippines qu'on leur donna, transmit à la postérité celui du monarque sous lequel elles furent conquises.

La réputation que s'était acquise Don Juan d'Autriche en terminant la guerre contre les Mauresques, le fit appeler au commandement général de la flotte que la république de Venise, le pape et l'Espagne envoyaient pour combattre les Turcs. Le 7 octobre 1571, les Chrétiens et les Ottomans en vinrent aux mains dans le golfe de Lépante. Don Juan par sa valeur força la victoire à se déclarer pour lui. Cinquante galères turques furent brûlées ou coulées à fond, cent trente tombèrent au pouvoir des vainqueurs; trente mille Turcs périrent dans le combat, dix mille furent faits prisonniers, et quinze mille esclaves chrétiens recouvrèrent la liberté. Don Juan voulait poursuivre sa victoire, et faire voile immédiatement sur Constantinople;

c'était le seul parti qu'il eût à prendre, et dans la consternation où étaient les Musulmans, on pouvait non-seulement leur enlever leur capitale, mais les chasser de l'Europe. Le conseil de don Juan, et les autres chefs de la flotte s'opposèrent à ce projet [1]; et les vainqueurs ne surent pas profiter de leur triomphe.

Cependant les troubles continuaient toujours dans les Pays-Bas. Le duc d'Albe, qui était devenu l'exécration du pays, où il avait fait périr, dit on, plus de dix-huit mille personnes par la main des bourreaux, fut enfin rappelé (1572). Il fut remplacé par Requesens. Celui-ci s'empressa d'abolir les odieux monuments par lesquels le duc d'Albe avait voulu immortaliser ses succès contre les révoltés; mais il ne put apaiser la révolte qui était devenue une révolution générale et inévitable : il mourut fort heureusement pour sa réputation.

Don Juan d'Autriche fut encore chargé de la difficile mission de pacifier les Pays-Bas. Peut-être son influence eût-elle balancé celle du prince d'Orange, si la jalousie de Philippe, redoutant ses succès, ne l'eût entravé dans toutes ses opérations. On dit que ce prince voulait épouser Elisabeth d'Angleterre et se rendre indépendant dans les Pays-Bas. Il mourut de chagrin ou de poison, et nomma au commandement de l'armée espagnole son neveu Alexandre Farnèse, prince de Parme. Celui-ci ne put que faire rentrer sous la domination espagnole les villes et provinces vallonnes de Flandre, d'Artois et du Hainaut;

---

[1] Il est probable que les conseillers de don Juan agissaient d'après les instructions qu'ils avaient reçus de Philippe, qui était jaloux de son frère. Quand on félicita ce roi sur un si heureux succès, il répondit gravement : « Don Juan a gagné la bataille, il pouvait la perdre, il a beaucoup hasardé ! » Telles furent les paroles froides par lesquelles il tempéra les éloges et l'enthousiasme général qu'avait excités la conduite de don Juan.

Le pape, en apprenant la victoire de Lépante, s'écria : *Homo fuit missus à Deo, cui nomen erat Joannes* : Il y eut un homme envoyé de Dieu, et cet homme se nommait Jean.

les provinces du nord, réunies en confédération particulière, sous le nom de Sept-Provinces-Unies, se déclarèrent indépendantes et nommèrent pour leur stathouder ou gouverneur le prince d'Orange, puis, après sa mort, son fils Maurice de Nassau.

Pendant que la république des Provinces-Unies parvenait à se soustraire à l'obéissance de Philippe, ce prince était dédommagé de cette perte par une acquisition plus importante, et qui plaçait sous un même sceptre toutes les parties de la Péninsule. Le roi de Portugal, Sébastien, venait de perdre la vie dans une expédition qu'il avait tentée en Afrique contre le roi de Maroc (4 août 1578). Ce prince n'était âgé que de vingt-cinq ans, et n'était pas encore marié. Son oncle, le cardinal Henri, âgé de soixante-sept ans, était le seul héritier mâle de la couronne; il fut proclamé. Les prétendants à la couronne de Portugal pensèrent dès lors à faire valoir leurs droits sur un trône qui semblait devoir être bientôt vacant; en effet, Henri mourut le 31 janvier 1580. Un grand nombre de concurrents se présentaient; ceux qui avaient les droits les plus réels étaient les descendants des filles du roi don Manuel, prédécesseurs de Sébastien. Ces deux princesses étaient : Isabelle, mère de Philippe II, et Béatrix, épouse du duc de Savoie. Isabelle était morte et avait laissé ses droits à Philippe; cependant les ducs de Savoie, ceux de Parme et de Bragance faisaient valoir leurs prétentions respectives; ces deux derniers avaient épousé les filles d'un fils d'Emmanuel, mort avant de régner. Les Portugais, qui détestaient les étrangers, et surtout les Espagnols, repoussèrent tous ces prétendants, et choisirent don Antonio, prieur de Crato, enfant naturel de don Louis, fils d'Emmanuel.

Philippe jugea alors qu'il était temps d'appuyer ses droits par la force. Une flotte de cent voiles, sous le commandement du marquis de Santa-Cruz, se dirigea sur Lisbonne, tandis qu'une armée conduite par le duc d'Albe envahissait les frontières du Portugal.

Don Antonio fut battu aux environs de Lisbonne ; il se retira successivement avec une poignée de partisans à Coïmbre, à Oporto, à Viane de Minho ; et finalement, chassé de partout, il céda à la fortune, et se retira en Angleterre. Le Portugal passa sous la domination espagnole avec une répugnance peu déguisée. En 1581, les cortès de Portugal, convoquées à Tancar, reconnurent Philippe pour roi, mais à condition que le Portugal formerait toujours un royaume séparé et indépendant, dont la capitale serait Lisbonne. Philippe fit son entrée dans cette ville le 29 juin de la même année. Il y prolongea son séjour jusqu'en 1583, et dans cette intervalle il reçut la soumission du Brésil, et des vastes établissements des Portugais en Afrique et dans les Indes orientales. Avant de retourner à Madrid, il fit reconnaître Philippe, son fils, en qualité de son héritier; il laissa la vice-royauté à l'archiduc Albert d'Autriche, avec une armée de douze mille hommes, et une flotte de soixante vaisseaux de guerre.

Cependant la guerre continuait toujours dans les Pays-Bas. La nouvelle république, soutenue par les armes d'Elisabeth d'Angleterre, résistait à tous les efforts de l'Espagne. En même temps les flottes anglaises ravageaient les côtes du Pérou, du Chili, et l'amiral Drack venait brûler vingt-huit vaisseaux dans le port de Cadix, Philippe résolut alors d'accabler de toute sa puissance sa plus mortelle ennemie, l'ennemie de la religion catholique, la meurtrière de Marie Stuart. Il consacra plusieurs années à préparer dans les ports d'Espagne, de Portugal et d'Italie, l'armement le plus formidable qui eût encore paru sur l'Océan. Il consistait en cent-cinquante vaisseaux, montés par trente mille hommes de débarquement, et toute la fleur de la noblesse espagnole; le duc de Parme devait se joindre à la flotte avec un pareil nombre de soldats; on avait le plan des ports d'Angleterre, et l'espoir de faire prendre les armes à tous les catholiques anglais et aux amis de l'infortunée Marie-Stuart; les trésors, les munitions, l'artillerie, répondaient au nombre, à la force des vaisseaux et au courage des soldats espagnols, réputés alors la meilleure infanterie de l'Europe. Rien ne paraissait mieux concertée que cette grande entreprise, et l'espoir d'un succès, qui paraissait si assuré, fit donner à cette flotte le nom de l'*Invincible armada*.

La flotte espagnole sortit de Lisbonne au mois de juillet 1588. En entrant dans la Manche elle rencontra l'escadre anglaise commandée par Howart et le célèbre Drack. Ces habiles marins, trop faibles pour résister à l'attaque de la flotte espagnole, gagnèrent le vent, évitèrent l'abordage, et parvinrent à s'emparer du galion qui portait les trésors de l'armée. Dans une autre circonstance, Drack enleva encore deux vaisseaux aux Espagnols. Mais ces avantages étaient loin d'être décisifs, et ne purent empêcher la flotte *invincible* d'arriver à Dunkerque. Le duc de Parme n'était pas prêt; il apporta de vaines raisons, et fit des efforts inutiles. Les Espagnols éprouvèrent de nouveaux échecs; un de leurs galions échoua près de Calais; deux autres vaisseaux furent pris par les Hollandais; une tempête horrible acheva d'accabler la flotte et de détruire les espérances de l'Espagne. Medina Sidonia, commandant de la flotte, ne comptant plus sur la jonction du prince de Parme, et se voyant bloqué par les Anglais et les Hollandais dans Dunkerque et dans Nieuport, assembla un grand conseil, où il fut décidé que l'on regagnerait l'Espagne. En conséquence la flotte tourna les côtes d'Angleterre, d'Ecosse et d'Irlande; mais le 29 août elle fut assaillie par la plus furieuse tempête dont on eût entendu parler depuis plus d'un siècle; douze vaisseaux, jetés sur les rivages d'Angleterre, tombèrent au pouvoir des ennemis; cinquante périrent sur les côtes de France, d'Ecosse, d'Irlande, de Hollande, de Danemarck; autant environ, mais démâtés, brisés, sans artillerie, sans munitions, triste débris d'un armement si formidable, eurent le bonheur d'arriver les uns après les autres à Santander. Tel fut le résultat de l'entreprise la plus grande de ce règne, elle coûta à l'Espagne vingt millions de ducats, vingt-cinq mille hommes et cent vaisseaux.

Au reste Philippe supporta ce malheur avec une constance héroïque. En apprenant cette accablante nouvelle, il se contenta de dire froidement : « J'avais envoyé cette flotte combattre les Anglais et non les tempêtes ; que la volonté de Dieu soit faite! » Le lendemain il ordonna aux évêques de rendre graces à Dieu de lui avoir conservé quelques débris de sa flotte, et il écrivit au pape : « Très-saint père, tant que je resterai maître de la source, je regarderai comme peu de choses la perte d'un ruisseau ; je remercie l'arbitre suprême des empires, qui m'a donné le pouvoir de réparer facilement un malheur que mes ennemis ne doivent attribuer qu'aux éléments qui ont combattu pour eux. » Une seconde expédition n'eut pas un meilleur sort.

Dans le temps qu'il attaquait l'Angleterre, il soutenait en France la ligue nommée *sainte*. Il accepta avidement la qualité de protecteur que les ligueurs lui donnèrent. Si le but de cette ligue était d'exclure du trône de France un prince protestant, les vues de Philippe étaient plus intéressées. Il comptait sur le démembrement de ce royaume, triste fruit du secours d'une puissance étrangère! Philippe se croyait si sûr de sa proie, qu'il disait déjà : « Ma bonne ville de Paris, ma bonne ville d'Orléans. » Si la religion catholique servait de masque à ce faux zèle, la conversion de Henri IV déjoua les desseins et de la ligue et de l'Espagne. Les bandes espagnoles, qui soutenaient Mayenne dans la capitale, en sortirent au moment où ce prince y entrait en vainqueur. On sait que Henri IV assista à leur départ près de la porte Saint-Denis, et dit aux officiers qui le saluaient : *Adieu, messieurs, mais n'y revenez plus.*

Henri IV commençait dans les Pays-Bas une carrière de représailles, qui aurait pu faire expier au roi catholique la longue injustice de ses agressions, lorsque ce dernier lui demanda la paix. Elle fut signée à Vervins le 2 mai 1678. On restitua de part et d'autre ce qu'on s'était pris. Le comté de Charolais resta à l'Espagne; c'est tout le fruit que recueillit Philippe II d'une guerre qui, de son propre aveu, lui coûta plus de cent millions de ducats. Philippe mourut peu de temps après, le 13 septembre 1598, dans la soixante-douzième année de son âge, et la quarante-troisième de son règne.

Il n'y a point de prince dont on ait écrit plus de bien et plus de mal que de Philippe II. Les historiens espagnols le comparent à Salomon; les protestants l'appelaient le *démon du midi*. Les uns et les autres ont exagéré. Philippe, né avec un génie vif, élevé, vaste et pénétrant, possédait dans un degré éminent l'art de gouverner les hommes; son caractère convenait parfaitement à celui des Espagnols; fier et réservé, il s'attira surtout l'admiration des Castillans, qui trouvaient leurs propres traits réfléchis dans l'imposante gravité de leur souverain. Philippe réunissait de grandes qualités et de grands vices; il protégea le génie comme Auguste; sa politique eut quelque chose de celle de Tibère; il ressembla, par l'amour du travail, à Vespasien; son ambition fut celle de son père; il aspirait comme lui à la monarchie universelle; mais personne ne l'égala pour le flegme et la tranquillité de l'âme, qui ne l'abandonnèrent pas jusque dans ses derniers moments. Avec l'éducation qu'il avait reçue, et selon l'esprit qui dominait au seizième siècle, ce prince, d'un caractère sombre et réservé, ne pouvait être que le tyran des hérétiques. Il soutint successivement, et souvent tout à la fois, la guerre contre la Turquie, la France, l'Angleterre, la Hollande, et presque tous les protestants de l'empire, sans avoir jamais d'allié, pas même la branche allemande de sa maison; et l'on peut croire que, sans ses efforts, le protestantisme aurait envahi toute l'Europe. Mais ces guerres étrangères se tournèrent contre Philippe et contre l'Espagne elle-même, dont elles amenèrent la décadence. Les succès de Henri IV, de Guillaume d'Orange et d'Elisabeth triomphèrent de la politique et des armes de Philippe. La prépondérance de l'Espagne descendit avec lui dans le tombeau.

PHILIPPE III, roi d'Espagne, de Portugal et des Indes. 1592-1621.

Philippe III avait vingt ans, lorsque la mort de son père le rendit maître du plus vaste empire du monde, et dont les possessions étaient tellement répandues sur toute la surface du globe, qu'on a dit avec raison que le soleil ne se couchait jamais dans ses états. Cependant cette superbe monarchie, qui avait pesé sur le continent de tout le poids de ses armes et de sa politique, commençait à perdre considérablement de son influence et de sa splendeur. Il aurait fallu d'autres mains que celles de Philippe III pour ramener l'Espagne dans les voies de la prospérité. Ce prince faible, sans caractère, était peu capable d'exercer l'autorité souveraine, et son règne devait être, comme il le fut, celui de ministres intrigants et ambitieux.

Le premier soin de Philippe, en arrivant aux affaires, fut de se décharger du gouvernement sur son favori, don François de Roxas de Sandoval, marquis de Denia, qui fut fait tout à la fois duc de Lerme, grand d'Espagne et premier ministre. Ce seigneur, d'un génie borné et sans expérience, n'était pas plus capable que son maître de régir un si vaste empire; aussi en laissa-t-il le soin à Rodrigue Calderon, son secrétaire. Ce fut donc cet homme, fils d'un simple soldat, qui gouverna la monarchie espagnole sous le nom de Philippe III et du duc de Lerme.

Philippe, qui ne se sentait pas né pour la guerre, ne sortit de son indolence habituelle que pour faire la paix avec les vieux ennemis de l'Espagne, au prix que chacun d'eux voulut ; il négocia dès lors avec l'Angleterre la paix qui fut conclue en 1604. Il proposa aux Hollandais une trêve, sans pouvoir l'obtenir, et se vit condamné à la continuation de la guerre dans un pays où l'Espagne avait versé tant de sang et de trésors.

Philippe II avait cédé les Pays-Bas à l'archiduc Albert, en lui donnant sa fille Isabelle. Les états assemblés à Bruxelles venaient de ratifier cet arrangement au moment où le roi d'Espagne mourut. L'archiduc avait des talents militaires : mais il trouvait un redoutable adversaire dans Maurice de Nassau, nouveau stathouder des Provinces-Unies. Sous la conduite de ce nouveau chef, les Hollandais poursuivirent la consolidation de leur indépendance, en même temps que le commerce agrandi leur préparait un nouvel empire au-delà des mers. Le siège d'Ostende est l'évènement le plus mémorable de cette série d'opérations militaires, dans lesquelles Maurice et l'archiduc rivalisèrent de talents. Le siège de cette place, réputée imprenable, dura trois ans et trois mois ; les Espagnols y perdirent quatre-vingt mille hommes, et les Hollandais soixante mille.

L'armée des Etats se dédommagea de cette perte par la prise de plusieurs villes d'une moindre importance. Cependant il devenait de plus en plus difficile à l'archiduc de soutenir la lutte dans laquelle il se trouvait engagé. Il ne l'avait entreprise que sur la promesse des secours de l'Espagne, et ces secours n'arrivaient jamais. Le duc de Lerme ruinait le trésor par ses profusions, au lieu de payer les troupes ; elles se mutinèrent, et passèrent au nombre de trois mille, sous les drapeaux du prince Maurice.

Le duc de Lerme et Calderon eurent recours aux moyens les plus désastreux pour combler le vide du trésor royal. On augmenta les impôts, et la valeur de la monnaie de *vellon* (*de billon*) fut doublée, ce qui occasionna un surcroît d'élévation dans le prix des consommations usuelles. La cupidité des étrangers, excitée par la perspective certaine d'un bénéfice considérable, donna lieu à l'introduction d'une énorme quantité de pièces de cuivre de leur fabrication, avec lesquelles ils attirèrent à eux tout l'argent du royaume.

Dans ces circonstances, Philippe se trouvant dans l'impossibilité d'envoyer des secours à l'archiduc Albert, consentit à traiter avec les Provinces-Unies, par la médiation de la France.

Par ce traité qui fut signé à la Haye le 9 avril 1609, l'Espagne reconnaissait l'indépendance de la Hollande, lui accordait la liberté de trafiquer dans les deux Indes, et finalement accordait aux états la qualification *d'Illustres seigneurs*. Ainsi la monarchie espagnole perdit sans retour sept des dix-sept provinces qui comprenaient jadis les Pays-Bas.

Par l'effet des mêmes inspirations pacifiques, Philippe voulut consolider la paix existante avec la France par des mariages. L'infant Philippe épousa Elisabeth, fille de Henri IV, et Anne d'Autriche fut mariée à Louis XIII.

C'est ainsi qu'il obtint la paix au dehors; mais il ne put ramener la prospérité dans la Péninsule. Imbu de préjugés contre les Mauresques, qui, quoique restés tranquilles depuis leur dernière révolte, étaient un sujet continuel d'inquiétude pour le gouvernement ; il résolut de les expulser définitivement de la Péninsule. L'édit d'expulsion fut publié et exécuté en 1610, et plus de deux cent mille habitants, presque tous cultivateurs laborieux, s'exilèrent sans retour. Le roi s'aperçut enfin de la blessure qu'il avait faite à son pays. Pour ranimer l'agriculture qui commençait à languir, moins peut-être par suite de l'expulsion des Maures, que par l'émigration continuelle des hommes actifs et entreprenants, qui s'empressèrent d'aller chercher fortune en Amérique, Philippe accorda la noblesse et l'exemption de guerre à ceux qui cultiveraient la terre. Mais cet édit fut insuffisant pour remplir les vides causés par tant d'émigrations.

Le duc de Lerme qui, par sa mauvaise administration, avait tant contribué à la décadence de la puissance espagnole, perdit l'appui de son maître. Philippe accorda sa faveur et la placé de premier ministre au duc d'Uzeda, fils du ministre disgracié.

Le reste de son règne n'offre rien d'intéressant. Au moment où il croyait pouvoir vivre dans la tranquillité, il fut attaqué d'une fièvre lente, contre laquelle luttèrent en vain les efforts de la médecine. La maladie ayant pris un caractère plus grave, il sentit sa fin approcher, et témoigna alors le regret d'avoir porté, dans l'administration des affaires, tant d'indolence et de facilité. Un évènement bizarre, et qui peint bien le caractère lent et circonspect de la nation espagnole, vint hâter sa mort. Dans la salle même où il travaillait, il y avait un brasier très-ardent, le roi se trouva incommodé de la chaleur et demanda qu'on ôtât le feu. L'officier chargé de cette fonction était absent, et personne n'osa remplir ce soin. Pendant qu'on cherchait cet officier, le roi perdit connaissance, et il fallut le porter mourant dans son lit ; il rendit le dernier soupir le 31 mars 1621, dans la quarante-troisième année de son âge ; il avait régné, ou plutôt végété sur le trône vingt-trois ans ; il laissa la monarchie, plus malade qu'il ne l'avait reçue, à son fils du même nom que lui.

PHILIPPE IV, roi d'Espagne et des Indes. 1621-1665.

PORTUGAL : **PHILIPPE**, jusqu'en 1640.

FAMILLE DE BRAGANCE. **JEAN IV**, jusqu'en 1656.

ALPHONSE VI.

Philippe iv n'avait que seize ans à la mort de son père. Il se trouvait majeur, en vertu d'un décret rendu par Philippe ii qui fixait la majorité des rois d'Espagne à quatorze ans : mais il était aussi faible, aussi incapable que son père, et l'histoire de son règne est uniquement celle du ministère despotique autant que peu éclairé du comte duc d'Olivarès ; cet homme ayant entièrement subjugué son maître, l'entretint dans une mollesse voluptueuse, pour donner carrière à son ambition avec pleine impunité. En France aussi, à la même époque, se trouvait un ministre qui gouvernait à son gré le roi et la monarchie ; mais si le cardinal de Richelieu exerçait avec despotisme ce pouvoir dont il était revêtu, il avait une toute autre capacité qu'Olivarès ; il sut préparer la grandeur et la gloire de sa nation, en un mot, il fut le précurseur du siècle de Louis XIV, tandis que le ministre espagnol ne fit que hâter la ruine de la sienne et préparer les malheurs du règne de Charles II.

La politique de Henri IV qui méditait l'abaissement de la maison d'Autriche, avait été abandonné à la mort de ce prince pendant la minorité de Louis XIII. Mais elle fut reprise par Richelieu, et la France se trouva bientôt à la tête d'une ligue menaçante contre l'influence de cette maison d'Autriche, si puissante pendant tout le seizième siècle. Olivarès n'était pas de force à lutter contre un tel antagoniste ; tous ses projets, toutes ses tentatives, tous ses efforts venaient échouer contre les calculs et l'habile politique du cardinal.

Après l'expiration de la trêve avec la Hollande, l'Espagne voulut recommencer la guerre, quoique la France soutînt les Provinces-Unies. Les Espagnols eurent d'abord quelques avantages qui flattèrent l'orgueil d'Olivarès ; mais bientôt les Hollandais prirent leur revanche, et l'histoire des Provinces-Unies n'est plus qu'une suite non interrompue de conquêtes et de victoires maritimes. Les flottes hollandaises dévastent le Pérou et toutes les possessions espagnoles de l'Amérique, s'emparent d'une partie du Brésil, arrachent en peu d'années l'Inde aux Portugais, et cette république, que la mer tolérait sur les côtes infertiles de la Frise et du Zuiderzée, marche, étendant ses vastes bras sur les deux mondes, jusqu'au moment où la suprématie maritime passe sans retour du côté des Anglais.

Les ressources de l'Espagne étaient anéanties ; elle était pourtant forcée d'armer de nouveau pour sauver une partie de ses possessions dans les deux Indes. Les particuliers vinrent au secours de l'état par un don volontaire. Ces sacrifices généreux restèrent sans fruit. Trois flottes furent détruites, ou par la peste, ou par le canon des Hollandais.

La France déclara de nouveau la guerre, sous le prétexte de la violation du droit des gens dans la personne de l'électeur de Trèves, enlevé de son palais et transporté dans la citadelle d'Anvers. Cette guerre, la plus longue, la plus sanglante et la plus funeste qu'eût éprouvée l'Espagne depuis près de six siècles, dura vingt-quatre ans avec un mélange de bons et de mauvais succès. A ce fléau se joignit chez l'un et l'autre peuple celui des guerres civiles, des séditions et des révoltes.

L'Espagne ne comptait d'alliée que l'autre branche de sa maison, attaquée par la Suède, les protestants et la France, et affaiblie par une guerre de quatorze ans. Cependant la fortune lui fut favorable pendant les cinq premières années ; deux fois la France fut envahie, au midi et au nord, et l'Espagne put se croire au moment de reprendre son ancien ascendant. L'année 1640 fit bientôt évanouir ses espérances. Les efforts inouïs qu'elle avait été obligé de faire pour entretenir des armées sur les frontières de Picardie, de Hollande aux Pyrénées, et des escadres sur toutes les mers, avaient achevé d'épuiser ses ressources. Olivarès, ne sachant plus où donner de la tête, viole les privilèges d'exemption des diverses provinces réunies à la Castille, et leur demande à la fois des hommes et de l'argent. Valence, la Biscaye, la Navarre murmurent ; l'Aragon refuse ; la Catalogne se soulève, Barcelone proclame l'insurrection et se détache de la monarchie espagnole ; les Castillans sont partout massacrés, et le vice-roi lui-même succombe le premier à la fureur des Catalans.

Presque au même instant, une autre révolution se manifeste et s'accomplit en Portugal, et ce royaume se sépare de l'Espagne, sans commotion, sans secousse, et sans qu'aucun gouverneur, aucun commandant de forteresse fa se résistance. Le vice-roi seul perdit la vie; les autres membres du gouvernement espagnol furent arrêtés, la garde désarmée, et le duc de Bragance proclamé roi sous le nom de Jean IV. Tout cela fut fait en un instant, et un Castillan, en voyant les transports de Lisbonne, qui offrait plutôt le spectacle d'une fête que celui de l'accomplissement d'une grande révolution, s'éria : « Est-il possible qu'un si beau royaume ne coûte qu'un feu de joie à l'ennemi de mon maître ! »

L'Europe entière apprit la nouvelle de la révolution portugaise avant Philippe IV lui-même. Aucun des courtisans n'osait la lui apprendre. Enfin Olivarès s'avançant d'un air serein dit en riant au roi : « Sire, la tête a tourné au duc de Bragance; il vient de se faire proclamer roi de Portugal, sa folie vous vaudra une confiscation de douze millions. » Philippe, ne comprenant pas sans doute toute la gravité de l'évènement, se contenta de répondre : « Il faudra mettre ordre à cela, » il n'en sortit pas davantage de son aptitude ordinaire.

La révolte des Catalans, soutenue par la France, fut un incendie qui faillit embraser la monarchie entière ; Milan, Naples, la Sicile, se soulevèrent au bruit des révolutions qui agitaient la Péninsule. On eût dit que les liens qui avaient attaché ensemble plutôt qu'uni les diverses parties dont s'était péniblement composée la grande monarchie de Philippe II, venaient de se rompre, et qu'elle allait tomber en dissolution.

La mort du cardinal de Richelieu, suivie de près de celle de Louis XIII, sembla devoir mettre un terme à tant de désastres. Olivarès, débarrassé de son terrible antagoniste, voyant la France près d'être livrée aux troubles d'une longue minorité, pouvait espérer de rétablir les affaires de l'Espagne. Mais l'Espagne qui lui imputait ses souffrances n'en voulait plus. La reine, les grands, le conseil, se réunirent pour demander son éloignement. Philippe céda malgré lui ; il déclara d'abord qu'il n'aurait plus de premier ministre ; mais bientôt don Louis de Haro, neveu d'Olivarès, remplaça son oncle, et se ménagea plus de popularité. La souplesse de son génie convenait mieux à son époque que l'entêtement et l'orgueil du comte-duc.

Mais ni la mort de Richelieu, ni celle de Louis XIII, n'avaient changé la politique de la France. Mazarin avait continué les projets de Richelieu, et Anne d'Autriche, veuve de Louis XIII, sacrifiait sa tendresse pour son frère et pour sa patrie, à la gloire et à l'agrandissement des états de son fils Louis XIV.

La révolte des Catalans n'était point apaisée, et la guerre étrangère continuait avec la même activité. Le grand Condé, alors duc d'Enghien, célébra l'avènement au trône de Louis XIV encore enfant, par la célèbre bataille de Rocroi, où les meilleures troupes de l'Espagne, les débris de sa vieille infanterie furent taillés en pièces. Quelque temps après, l'armée navale éprouva, en vue de Carthagène, un désastre aussi funeste pour elle, que Rocroi l'avait été pour les vieilles bandes de son infanterie.

Le pape Urbain VIII renouvela, en 1644, ses sollicitations pour la paix, démarche qu'il avait déjà tentée plusieurs fois ; la république de Venise joignit ses instances à celles du souverain pontife ; alors commencèrent à Munster et à Osnabruck ces conférences célèbres qui aboutirent après quatre ans au traité de Westphalie. Le nord de l'Europe arriva enfin au repos (1648), mais l'Espagne protesta contre le traité, qui lui imposait de trop grands sacrifices. Elle comptait sur les guerres de la Fronde, qui embarrassaient alors Mazarin ; cependant don Louis de Haro ne retira aucun profit ni de ses intrigues, ni des fautes de la cour de France, ni des erreurs ambitieuses de Condé, qui porta un moment sa brillante valeur et sa fortune sous les drapeaux espagnols.

Enfin, après de nouveaux revers en Flandre, en Italie et en Catalogne, Philippe se décida à accepter la paix aux conditions que lui offrait Louis xiv. Don Louis de Haro et le cardinal Mazarin s'abouchèrent dans l'île des Faisans, sur la petite rivière de la *Bidassoa*, pour dresser les articles du fameux traité des Pyrénées. Après trois mois de débats, les clauses furent arrêtées et rédigées en cent vingt quatre articles, et le traité fut signé le 17 novembre 1659. La plus importante disposition de ce traité était le mariage de l'infante Marie-Thérèse avec Louis xiv; mais il était stipulé qu'au moyen de la somme de cinq cent mille écus qu'elle recevrait en dot, cette princesse renonçait expressément à tous ses droits éventuels à la couronne d'Espagne. Par les autres articles, l'Espagne cédait à la France le Roussillon, le Conflans, la meilleure partie de l'Artois, et ses droits sur l'Alsace, déjà cédée à la France par le traité de Munster; de son côté la France rendait toutes ses conquêtes dans les Pays-Bas, dans le Milanais et en Catalogne, et abandonnait la protection qu'elle avait accordée au Portugal.

Philippe, n'ayant plus d'ennemis à combattre hors de la Péninsule, songea à ramener les Portugais sous sa domination. Jean iv était mort; sa veuve, Louise de Guzman, qui, durant la minorité de son fils Alphonse vi, gouvernait le Portugal avec autant de prudence que d'habileté, crut qu'il était de son devoir, en se préparant à la guerre, de faire tout ce qui dépendait d'elle pour l'éviter; elle tenta la voie des négociations. Philippe ne voulut rien entendre; les troupes espagnoles franchirent la frontière, et les hostilités commencèrent de part et d'autre avec une égale fureur. L'issue de la guerre fut favorable aux Portugais; conduits par le comte de Schomberg, ils remportèrent une victoire complète dans la première campagne en 1663; l'année suivante la bataille de Castel-Rodrigo ne leur fut pas moins favorable ; enfin en 1665, la bataille de Villaviciosa, gagnée par Schomberg le 17 juin fut décisive. L'armée espagnole fut complètement défaite, et cette victoire assura le trône à la maison de Bragance.

Cependant les maladies et les contrariétés continuelles qu'avait éprouvés Philippe, avaient altéré sa constitution ; la défaite de ses troupes à Villaviciosa lui porta le coup fatal. La lettre qui contenait cette triste nouvelle échappa de ses mains, et à peine eut-il articulé cette pieuse exclamation : « C'est la volonté de Dieu ! » qu'il tomba sans connaissance. Il ne reprit ses sens que pour entendre les murmures de ses sujets qui accusaient les ministres d'avoir sacrifié la gloire castillane. Fatigué d'un règne si orageux, Philippe, qui désirait achever ses jours dans le repos, se montra disposé à entrer en négociations pour la paix avec la cour de Lisbonne ; mais à peine étaient-elles entamées, qu'il fut attaqué d'une dyssenterie qui le conduisit au tombeau, il mourut le 17 septembre 1665, âgé de soixante-un ans, et après en avoir régné quarante-quatre.

CHARLES II. 1665-1700.

PORTUGAL : **ALPHONSE VI**, jusqu'en 1643. **PIERRE II.**

Charles II, fils de Philippe IV, n'avait que quatre ans à la mort de son père. Le testament du défunt monarque instituait sous la présidence de la reine Marie-Anne d'Autriche, un conseil de régence composé du président de Castille, du vice-chancelier d'Aragon, de l'archevêque de Tolède, du grand inquisiteur, d'un grand d'Espagne, et d'un conseiller d'état. La reine nomma grand inquisiteur le père Nitard, jésuite allemand, son confesseur, et par là lui donna l'entrée au conseil, ou plutôt elle le mit à la tête des affaires. Isabelle avait de même autrefois élevé au pouvoir un simple moine, son confesseur ; mais il y avait autant de différence entre Ximénès et le p^re Nitard, qu'entre Isabelle et Marie-Anne d'Autriche.

Don Juan d'Autriche, fils illégitime de Philippe IV, s'étant mis à la tête des grands, contraignit la reine, en 1669, à l'éloigner. Il quitta l'Espagne pour aller à Rome en qualité d'ambassadeur. Il avait contribué à la paix qui fut signée, le 13 février 1668 à Lisbonne, entre l'Espagne et le Portugal.

Après ce dernier traité, l'Espagne pouvait espérer jouir de quelque repos ; mais ses possessions d'Amérique étaient ravagées par d'audacieux pirates, connus sous le nom de *flibustiers* ; en 1670, Porto-Bello et d'autres places furent pillées, brûlées, saccagées, sans que la faible Espagne fût en état d'arrêter ces brigandages.

Cependant une nouvelle guerre éclata avec la France. Cette fois la Hollande, l'ancienne ennemie de l'Espagne, devient son alliée, et combat avec elle pour arrêter l'ambition de Louis XIV. Cette guerre se termina en 1678 par la paix de Nimègue, qui enleva définitivement à l'Espagne la Franche-Comté et plusieurs places des Pays-Bas.

La paix de Nimègue fut suivie du mariage de Charles II avec la princesse Louise d'Orléans, nièce de Louis XIV (août 1679). Quelque temps après, arriva la mort de don Juan d'Autriche, que l'on a appelé avec raison le dernier des grands hommes de la maison d'Autriche d'Espagne.

Toutes les difficultés n'avaient pas été aplanies entre la France et l'Espagne par le traité de Nimègue. Le 10 août 1684, ces deux puissances convinrent à Ratisbonne d'une trêve de vingt ans, mais elle n'en dura que cinq. Le roi d'Espagne, après la mort de sa femme Louise d'Orléans, accéda à la ligue d'Augsbourg, formée à l'instigation de Guillaume de Nassau, prince d'Orange, entre la Hollande, l'empereur, les princes d'Allemagne et le roi de Suède, pour arrêter l'ambition de Louis XIV. Mais le grand roi sut déjouer les projets de ses ennemis, et l'Espagne eut lieu de se repentir d'être entrée dans la coalition. Depuis 1690 jusqu'en 1697, époque du traité de Ryswick, l'Espagne, obligée de se défendre sur ses frontières et dans les Pays-Bas, comme partout où s'étendait encore sa chancelante domination, éprouva partout les mêmes adversités; la fortune ne lui fut favorable qu'à Campredon et Valcourt. En Flandre, les alliés perdirent la bataille de Fleurus, de Lens et de Steinkerque; en Catalogne, les Espagnols celles de Ter et de Barcelone; en Italie, celles de Staffarde et de Marsaille, où le nom de Catinat brilla d'un nouveau lustre. Ces nouveaux désastres entraînèrent la prise d'Urgel, de Roses, de Palamos, d'Hostalrich, de Girone et de Barcelone, en Catalogne; de Luxembourg, de Mons, de Charleroi, de Namur, dans les Pays-Bas, et de Carthagène, dans les Indes. Enfin, après tant d'actions si meurtrières, les alliés commencèrent à se lasser d'une guerre qui ne servait qu'à accroître le pouvoir et la gloire de la France. Louis, de son côté, qui avait déjà ses vues sur l'Espagne, désirait déposer les armes avant la mort de Charles II, dont la proximité était annoncée par les infirmités continuelles de ce monarque. Il avait en outre besoin de repos, et quand les alliés offrirent la paix, il était à la veille de la demander lui-même. Enfin les plénipotentiaires de la France, de l'Angleterre, de la Hollande et de l'Espagne, se réunirent à Ryswick, et la paix générale fut signée le 20 septembre 1697. Les parties contractantes s'y firent de réciproques restitutions, et l'Europe se retrouva au même point où l'avaient mise les traités de Westphalie et de Nimègue. L'Espagne, plus qu'aucune autre puissance, eut à se louer de la générosité de Louis XIV; mais cette générosité, comme nous le verrons bientôt, n'était pas tout-à-fait désintéressé.

Les intentions du roi de France n'échappèrent pas à son heureux antagoniste le prince d'Orange, qui, déjà placé sur le trône de la Grande-Bretagne, mit tout en œuvre pour les déjouer. Comme Charles II n'avait eu d'enfants ni de sa première femme, Louise d'Orléans, ni de la seconde, Marie-Anne de Luxembourg, fille de l'électeur palatin, Guillaume imagina de faire signer à La Haye, par les plénipotentiaires des cours intéressés dans la succession d'Espagne, un partage anticipée de cette monarchie. Par ce traité, le fils aîné de l'électeur de Bavière, petit-fils, par sa mère, de Philippe IV, devait avoir la Péninsule hispanique, les Indes et les Pays-Bas ; le dauphin aurait eu pour sa part les royaumes de Naples et de Sicile, avec les provinces de Guipuscoa, et enfin Charles, archiduc d'Autriche, fils de l'empereur Léopold, le duché de Milan. La mort prématurée du jeune prince bavarais changea ces dispositions ; mais immédiatement se forma une seconde répartition qui assignait à l'archiduc les royaumes d'Espagne et des Indes, ajoutait la Lorraine aux domaines dévolus au dauphin, et donnait par compensasation, au duc de Lorraine, le duché de Milan.

L'empereur, qui voulait pour lui la succession tout entière, s'éleva fortement contre ce partage. Louis XIV, qui avait les mêmes prétentions, garda le silence, mais fit secrètement intriguer à Madrid, par son ambassadeur le marquis d'Harcourt.

Cependant la nouvelle de ces arrangements ayant transpiré en Espagne, y excita l'indignation publique, et jeta l'alarme dans l'esprit faible de Charles II. Depuis long-temps la grandesse ne cessait de le presser de se désigner un successeur, afin de prévenir les maux cruels dont la nation était menacée ; mais, incapable de rien décider par luimême, il consulta diverses personnes dont les avis furent aussi différents que les intérêts. L'irrésolution du monarque donna aux ambassadeurs de France et d'Allemagne le temps d'influencer les ministres et de se créer des partisans à la cour. D'Harcourt l'emporta enfin, et son habileté parvint à gagner à la cause qu'il soutenait, la noblesse, le peuple et le clergé. Malgré les efforts inouis des partisans de l'Autriche, Charles II, par un testament solennel, rédigé et signé le 2 octobre 1700, désigna pour son successeur et son héritier le duc d'Anjou, second fils du dauphin de France, et petit-fils de Louis XIV et de Marie-

Thérèse d'Autriche, fille de Philippe IV. En signant cet acte qui dépouillait la maison d'Autriche en faveur de celle de Bourbon, sa rivale, Charles s'écria : « Grand Dieu, c'est vous qui donnez et reprenez les empires ! » Un mois après, Charles II mourut à l'âge de trente-neuf ans (1 novembre 1700), après avoir nommé une junte pour gouverner la Péninsule, jusqu'à l'arrivée du nouveau souverain.

CHAPITRE VII.

Depuis l'établissement de la dynastie des Bourbons, jusqu'à nos jours.

ÉPOQUE DE CENT QUARANTE-CINQ ANS, DE **1700** A **1845**.

PHILIPPE V. 1700-1746.

(Interruption de sept mois en 1724 par son abdication en faveur de Louis I).

PORTUGAL : **PIERRE II**, jusqu'en 1706. **JEAN V.**

Philippe v, duc d'Anjou, deuxième fils de Louis, dauphin de France, et de Marie-Anne de Bavière, né à Versailles, le 19 décembre 1683, appelé à la couronne d'Espagne par le testament de Charles II, fut déclaré roi d'Espagne à Fontainebleau, le 16 novembre 1700, et à Madrid, le 24 du même mois. Quelque temps après, il se mit en route pour aller prendre possession d'un nouveau royaume.

Arrivé sur les bords de la Bidassoa, Philippe v congédia tous les Français de sa suite, à l'exception du duc d'Harcourt, qui l'accompagna à Madrid en qualité d'ambassadeur de Louis XIV. Le voyage du nouveau roi ne fut qu'une marche triomphale jusqu'à Madrid, où il fit son entrée, le 14 avril 1701. Les grandes qualités de ce prince le rendaient digne de l'amour de ses nouveaux sujets, et les acclamations du peuple étaient la confirmation du choix de Charles II; mais ce choix devait recevoir une sanction plus glorieuse encore sur les champs de bataille.

Cependant rien n'annonçait que ce début pacifique dût être bientôt suivi d'une guerre si longue et si sanglante. Toutes les puissances de l'Europe, à l'exception de l'empereur, avaient reconnu le nouveau roi. Mais bientôt l'empereur Léopold, à la faveur de la jalousie qu'inspirait à l'Europe l'agrandissement des Bourbons, parvint à former une ligue pour détrôner Philippe V. Cette ligue, appelée la *Grande Alliance*, fut conclue à La Haye, le 7 septembre 1701, entre l'Empire, l'Angleterre, et la Hollande, qui parvinrent à y faire entrer plus tard la Savoie, le Portugal et le roi de Prusse.

Le commencement de cette guerre cruelle fut mêlé de succès et de revers. Philippe entreprit, contre l'avis de son grand-père, et du cardinal Porto-Carrero, son ministre, un voyage en Italie, où sa générosité lui gagna tous les cœurs, surtout des habitants de Naples, qui lui firent don de sept cent mille ducats. Ce prince avait fait ce voyage dans l'espoir de chasser les impériaux de l'Italie; mais, apprenant que les alliés menaçaient déjà l'Espagne, il se hâta de revenir à Madrid. Les Anglais et les Hollandais venaient d'attaquer l'Andalousie, tandis que le duc d'Ormond portait ses armes dans la Galice. La flotte anglaise, composée de quatre-vingts vaisseaux, enleva, dans le port de Vigo, vingt-trois vaisseaux français et espagnols, qui accompagnaient les galions venant de Mexique, et fit un butin immense. Vers ce temps-là, Philippe ayant ôté sa faveur au cardinal Porto-Carrero et à don Emmanuel Arias, le crédit passa au cardinal d'Estrées, et plus particulièrement à la princesse des Ursins, qui s'était emparée de l'esprit du roi et de la reine.

On se battait déjà depuis trois ans en Europe pour la succession d'Espagne, lorsque l'archiduc Charles partit d'Angleterre en 1704, pour aller soutenir dans la Péninsule ses droits à la couronne. Il vint d'abord à Lisbonne, où il traita avec le roi de Portugal, puis il se présenta devant Barcelone et devant Cadix ; mais ces deux places furent préservées par la fermeté de leur gouverneur. Les Anglais se dédommagèrent sur Gibraltar, qu'ils enlevèrent sans résistance, et dont ils prirent possession au nom de la reine Anne. Cette place est, depuis cette époque, restée au pouvoir des Anglais.

En 1706, l'archiduc reparaît sur les côtes de Valence, et une révolution éclate en sa faveur dans la province de ce nom. A son arrivée en Catalogne, des traîtres lui livrent les forteresses de Lérida et de Tortose; Barcelone est forcée de capituler; et l'archiduc y est proclamé roi.

En 1706, Philippe v, ayant avec lui le maréchal de Tessé, assiège son rival dans Barcelone. La flotte française, qui bloquait cette ville, se retira tout-à-coup devant la flotte anglaise; Philippe est forcé de lever le siège et de battre en retraite sur Madrid. Toute la Catalogne est soumise par lord Péterboroug et l'archiduc.

Quarante mille Anglais et Portugais, conduits par Galloval et Las Minas, s'avancent par l'Estramadure et marchent sur Madrid. Philippe fuit de sa capitale, ses ennemis y entrent, et l'archiduc est proclamé à Madrid. Les Castillans, dans cette détresse, montrèrent un grand attachement pour Philippe v. La proclamation de l'archiduc ne se fit que par l'armée envahissante ; les habitants n'y prirent aucune part. Bientôt ils accoururent en foule se ranger sous les étendards de leur roi, retiré à Burgos ; d'un autre côté, Berwick s'avançait sur la capitale, interceptant les convois de l'armée anglo-portugaise ; à son approche, l'archiduc évacue Madrid, et Philippe y entre aux acclamations de la multitude.

Cependant les généraux français sont battus à Ramillies, les Pays-Bas échappent à Louis xiv, et le prince Eugène bat de nouveau les Français devant Turin.

En 1707, la révolte des Catalans, des Aragonais et des Valenciens en faveur de l'archiduc, devient plus menaçante. Le dévouement du reste de la nation ne se dément pas. Toutes les classes de citoyens concourent par des dons volontaires aux besoins de la guerre. La bataille d'Almanza, gagnée par Berwick sur les confédérés, immortalise Berwick, et rétablit les affaires de Philippe.

Ce fut le lendemain de cette bataille, que le duc d'Orléans, à qui le commandement en chef était donné, arriva en Espagne. Mais ce prince, qui avait des talents guerriers, s'indemnisa par d'autres exploits. Il réduisit sous la domination de Philippe les royaumes de Valence et d'Aragon, et la forteresse de Lérida se rendit à ses armes. Des intrigues de cour le forcèrent à quitter l'Espagne.

Le 25 août de la même année, la naissance d'un prince, qui assurait la stabilité de la succession au trône, combla de joie les Castillans. La guerre se compliquait cependant; et, malgré les succès des alliés contre Louis XIV, succès qui affaiblissaient les ressources de la maison de Bourbon, elle ne se soutenait pas sans gloire.

Dans la campagne de 1708, Philippe perdit la Sardaigne et Port-Mahon, soumit Tortose, et dans le royaume de Valence, Denia et Alicante.

En 1709, Louis XIV, accablé par ses revers, se vit dans la dure nécessité de demander la paix à ses ennemis et à ceux de Philippe. Les alliés exigèrent que le roi de France les aidât à détrôner son petit-fils. « J'aime mieux, dit noblement Louis, faire la guerre à mes ennemis qu'à mes enfants, » et la guerre continua. Cette magnanimité dans le malheur ne fut pas favorisée par le sort des armes. La funeste journée de Malplaquet vint ajouter un désastre de plus à tant d'infortunes. Ne pouvant obtenir la paix, Louis XIV rappela les troupes françaises qui combattaient en Espagne, et abandonna son petit-fils à ses propres efforts. Philippe perdit deux batailles, et se vit obligé de sortir une seconde fois de Madrid où l'archiduc rentra de nouveau.

Le courage de Philippe parut alors l'abandonner ; mais ranimé par la reine, il reprit bientôt de plus nobles sentiments et se montra digne de régner. En 1710, ses sujets ayant joint ses instances à celles de leur souverain, obtirent de Louis XIV qu'il leur envoyât le duc de Vendôme ; et l'arrivée de ce général, à la tête de trois mille hommes, rendit le courage aux Espagnols. Enfin la victoire de Villaviciosa, gagnée le 10 décembre 1710, par Vendôme et Philippe, fixa la destinée des Bourbons d'Espagne.

Cet heureux évènement, et surtout la mort de l'empereur Joseph 1, et l'élévation de l'archiduc Charles, son frère, à l'empire, changèrent les dispositions des puissances alliées. Si Charles, devenu empereur, était encore resté roi d'Espagne, la monarchie de Charles Quint allait être rétablie, et l'influence de la maison d'Autriche revenait aussi puissante que jamais. Ces considérations détachèrent l'Angleterre de l'alliance, et donnèrent lieu à des négociations.

La victoire de Denain, gagnée par le maréchal Villars en 1712, sauva la France et hâta la conclusion de la paix. Elle fut signée à Utrecht, le 11 avril 1713, entre Philippe et les alliés. Par un des articles de ce traité, qui fut déclaré loi pragmatique, fondamentale et inviolable, Philippe V renonçait pour lui et ses descendants à la couronne de France, et le duc de Berry, son frère, à la couronne d'Espagne. Ces formalités ayant rendu nécessaire la convocation des cortès, Philippe V profita de cette circonstance pour changer l'ordre de succession qui avait subsisté jusqu'alors en Espagne, et qui était connu sous le nom de *succession castillane*. Ce mode de succession fut remplacé par la loi salique, qui excluait les femmes de la couronne, tant qu'il y aurait des descendants mâles de la lignée de Philippe.

L'Espagne fut encore obligée de céder les Pays-Bas, ses possessions d'Italie et Gibraltar.

Cependant la Catalogne persistait encore dans la révolte;

il fallut employer la force pour la réduire, et le royaume ne fut entièrement pacifié qu'en 1714, après la prise de Barcelone et celle de Maïorque.

La reine étant morte en 1704, Philippe en fut longtemps inconsolable; il ne voulut plus habiter le palais de l'Escurial, et se retira dans le palais du duc de Medina-Celi. La princesse des Ursins qui avait été toute puissante pendant la vie de la reine, dont elle était la favorite, engagea Philippe à se remarier avec Elisabeth Farnèse, princesse héréditaire de Parme. Elle se flattait de perpétuer son crédit, sous le nom de cette nouvelle reine, qu'on lui avait représentée comme une enfant timide, sans génie, sans courage et sans talents. Mais Elisabeth était au contraire une femme d'un esprit élevé et cultivé, et n'était surtout pas d'humeur à se laisser gouverner. En arrivant en Espagne elle fit chasser Mme des Ursins, qui avait exercé tant d'empire à la cour.

Albéroni, qui avait contribué au mariage d'Elisabeth, fut nommé premier ministre. Cet homme, que l'on peut comparer à Mazarin, avait des vues grandes et utiles, et la capacité nécessaire pour les réaliser; mais il avait trop présumé des ressources de l'Espagne, en se flattant de rétablir sa domination en Italie. Il s'empara de la Sardaigne, qui était occupée par les troupes de l'empereur, et prépara un formidable armement contre la Sicile; mais les Anglais, jaloux de la marine espagnole, arment une escadre nombreuse, attaquent la flotte d'Espagne à la hauteur de Syracuse, et lui enlèvent vingt-cinq vaisseaux.

Cependant Albéroni ourdissait en France une conspiration connue sous le nom de *Cellamare*, laquelle avait pour but d'enlever la régence au duc d'Orléans, et de la faire donner, par les états de sa nation, à Philippe v; et en même temps il formait le projet de rétablir la maison des Stuarts sur le trône d'Angleterre. Mais la flotte destinée à y porter le prétendant fut dispersée; et, de son côté, le régent ayant découvert la conspiration, sut prévenir les desseins des conjurés. La conjuration de Cellamare n'eut d'autre effet que d'amener une rupture entre la France et l'Espagne ; après quelques hostilités peu importantes, Philippe demanda la paix et l'obtint à condition de renvoyer son ministre ; Albéroni fut sacrifié au salut de l'état et retourna en Italie.

Après le renvoi d'Albéroni, l'Espagne accéda (1720) au traité de la triple-alliance, conclu à La Haye, trois ans auparavant (1717), entre la France, l'Angleterre et la Hollande. Melle de Montpensier, fille du duc d'Orléans, fut mariée au prince des Asturies, et Melle de Beaujolais, la cinquième fille du régent, épousa l'année suivante (1721) don Carlos, fils aîné de la reine d'Espagne.

En 1724, Philippe v, accablé d'infirmités, de lassitude et de dégoûts, abdiqua la couronne en faveur de son fils Louis, prince des Asturies. Philippe avait alors quarante ans, et régnait depuis vingt-quatre ; mais les agitations continuelles de ce règne l'avaient complètement dégoûté des grandeurs. Il choisit pour sa retraite le magnifique palais de Saint-Ildefonse (ou *la Granja*), qu'il avait fait construire à l'imitation de Versailles. Là, il vivait avec la reine dans l'inaction la plus complète. Mais il fut bientôt arraché à ce repos par la mort de son fils, qui ne régna que sept mois. Philippe serait peut-être resté dans sa retraite, si la reine, que la couronne n'avait pas fatiguée autant que lui, ne l'eût fait remonter sur le trône. Les cortès furent assemblées pour la reconnaissance de Ferdinand, second fils du roi, en qualité de prince des Asturies.

Ce fut alors que Riperda, riche hollandais, attiré à la cour de Madrid comme directeur des manufactures, entreprit de ménager la paix entre l'empire et l'Espagne. Il se rend à Vienne, s'y tient caché dans un faubourg ; et, par la médiation du prince Eugène, il fait réussir le traité, que les plus grands politiques avaient inutilement tenté de conclure depuis treize ans. Ce traité fut signé le 30 avril 1725. Philippe renonçait aux royaumes de Naples et de

Sicile, au Pays-Bas et au Milanais, et l'empereur à l'Espagne et aux Indes. Riperda, comblé de gloire par le traité de Vienne, fut élevé à la plus haute faveur, mais bientôt le poids des affaires l'accabla. Il excita le mécontentement des Espagnols, et sa disgrace suivit de près son élévation.

La guerre qu'occasionna le siège de Gibraltar, entrepris par ordre de Philippe, fut de peu de durée; et ce prince consentit volontiers à la médiation du cardinal de Fleury, premier ministre de Louis XV. En 1729, l'Espagne et le Portugal s'unirent par une double alliance entre les infantes et les héritiers des deux monarchies.

En 1731, la mort d'Antoine Farnèse, duc de Parme, beau-père de Philippe V, livra ce duché, que les puissances de l'Europe se disputaient depuis seize ans, à l'infant don Carlos, fils de Philippe et d'Elisabeth Farnèse. Ce jeune prince passa en Italie, et fut reconnu grand-duc de Toscane et de Florence.

L'année 1732 est signalée par la conquête d'Oran et de Ceuta, sur la côte d'Afrique. L'Espagne conserve encore la dernière de ces places.

En 1733, la mort de Frédéric II, roi de Pologne, et l'élection de Stanislas Lecksinski, beau-père de Louis XV, amenèrent une nouvelle guerre entre l'empereur et la maison de Bourbon. Malgré la légitimité de l'élection de Stanislas, l'empereur, d'accord avec la Russie, força les Polonais à recevoir pour roi le fils de Frédéric. Louis XV, humilié dans la personne de son beau-père, signe une alliance offensive et défensive avec l'Espagne et la Sardaigne. A des mesures indécises, à des traités sans fruit, succédèrent alors des hostilités conduites avec vigueur. Tandis qu'une armée française passait le Rhin et qu'une autre traversait les Alpes, l'Espagne envoyait en Italie trente mille hommes, sous les ordres du comte de Montemart. L'infant don Carlos, nommé au commandement en chef de cette armée, la conduisit à la conquête du royaume de

Naples dont il s'empara sans difficulté. La Sicile fut promptement soumise à son tour, et dans cette rapide expédition don Carlos fut reçu par toute la population moins comme un conquérant que comme un souverain. Philippe V déclara son fils roi des Deux-Siciles; don Carlos fut couronné le 13 mai, aux acclamations des Napolitains, transportés de joie d'obéir à un monarque particulier et de ne plus être gouvernés par des vice-rois. D'un autre côté, les Français obtenaient d'éclatants succès en Lombardie. Ces désastres accumulés conduisirent l'empereur Charles VI à demander la paix. Elle fut signée à Vienne, le 18 novembre 1736. Par ce traité, Stanislas renonça à la Pologne; conservant le titre et les prérogatives du roi, il eut les duchés de Bar et de Lorraine, pour être à sa mort réunis à la couronne de France. Le duc François de Lorraine eut la Toscane, avec une pension de trois millions, payable jusqu'à la mort du grand-duc Jean Gaston, dernier prince de la maison de Médicis. Don Carlos fut reconnu roi des Deux-Siciles.

Une collision avec l'Angleterre succéda à cette guerre. Les hostilités eurent lieu principalement dans les mers d'Amérique et sur les côtes des Indes occidentales; elles ne furent terminées que la quatrième année du règne de Ferdinand, et elles n'offrent, sauf quelques faits d'armes isolés, que peu d'évènements importants.

En 1739, la mort de l'empereur Charles VI, replongea l'Europe dans la confusion. On voulut disputer son héritage à sa fille, l'immortelle Marie-Thérèse, malgré les traités et la pragmatique sanction reconnue par toutes les puissances. L'Espagne, d'accord avec la France, voulut saisir cette occasion de former un établissement en faveur de don Philippe, le second fils de la reine Elisabeth et du roi. Don Philippe marcha lui-même à la tête de l'armée franco-espagnole destinée à lui conquérir un état. Mais, avant la fin de cette guerre, Philippe V mourut le 9 juillet 1746, âgé de soixante-trois ans, après un règne de quarante-six.

Ce prince fut vivement regretté de la nation, et il le méritait ; car, malgré ses irrésolutions, malgré sa facilité à se laisser gouverner, surtout par Elisabeth Farnèse, qui conserva son influence sur lui jusqu'à sa mort, sa candeur, sa bonté, son esprit de justice, lui donnaient réellement des droits aux regrets des Espagnols. Il désira toujours ardemment le bien de l'Espagne, et ce désir fut en partie rempli. Le royaume retrouva sous lui une prospérité dont il n'avait pas joui depuis le règne de Philippe II. Il rétablit la discipline militaire et créa une marine ; il institua une académie à Madrid, pour perfectionner la langue nationale, enfin il protégea l'industrie et encouragea même les étrangers à venir s'établir en Espagne. Philippe fit pour la prospérité de ce royaume tout ce qu'on pouvait en attendre ; enfin, l'on ne peut douter que son élévation au trône n'ait été un évènement heureux pour la monarchie.

De trois enfants que Philippe V avait eus de sa première femme, Louise-Marie, princesse de Savoie, il ne lui restait que Ferdinand, qui lui succéda. D'Elisabeth Farnèse, il eut don Carlos, que nous avons vu élever au trône de Naples, et qui bientôt devait monter sur celui d'Espagne ; don Philippe, duc de Parme et de Plaisance ; don Louis-Antoine-Jacques, et plusieurs filles.

FERDINAND VI. 1746-1759.

PORTUGAL : **JEAN V**, jusqu'en 1750. **JOSEPH**.

Ferdinand VI fut proclamé à Madrid, le 10 août 1746. Il signala les commencements de son règne par des actes de bienfaisance. Il accorda une amnistie aux contrebandiers et aux déserteurs, et fit rendre la liberté aux détenus pour dettes, chargeant son trésor de payer leurs créanciers. Il fixa deux jours par semaine pour écouter les plaintes de ses sujets. Ce prince n'aimait pas la guerre, qu'il accusait avec raison d'avoir arrêté les progrès et la prospérité de l'Espagne. Aussi s'empressa-t-il de signer le traité d'Aix-la-Chapelle (avril et juin 1748), qui rétablissait la paix en Europe, et qui assurait à son frère don Carlos le trône des Deux-Siciles, et à l'infant don Philippe les états de Parme et de Plaisance.

Débarrassé des soucis de la guerre extérieure, il donna tous ses soins à la prospérité de ses états. Secondé par deux habiles ministres Eusenada, et surtout par Carvajal, l'homme le plus vertueux et le plus éclairé de l'Espagne, il réforma les abus introduits dans les finances, rétablit la marine, encouragea l'agriculture, le commerce, les arts, les sciences et les lettres; il fonda l'académie royale de Saint-Ferdinand, destinée à encourager l'étude de la peinture, de la sculpture et de l'architecture; il fit ouvrir un grand nombre de canaux et de routes, et par ces utiles travaux il se rendit plus cher à son peuple que beaucoup d'autres princes fameux par leurs brillantes conquêtes et leurs périlleuses expéditions. En 1756, quand la guerre éclata entre la France et l'Angleterre, Ferdinand, fidèle à son système, garda une stricte neutralité, et n'employa ses escadres qu'à protéger le commerce.

Par malheur, ce bon monarque avait toujours été d'une santé chancelante, ce qui l'empêcha de réaliser tous ses projets pour le bien de son royaume. Il était fréquemment dominé par une mélancolie qui faisait craindre pour ses jours. Dans un de ses accès, les remèdes de l'art ne produisaient sur lui aucun effet; il dut son rétablissement aux charmes de la voix de Farinelli, célèbre chanteur italien. Depuis ce moment, il prit du goût pour la musique, qui semblait seul apporter quelque soulagement à ses maux. Il fit bâtir un théâtre dans son palais de Buen-Retiro, où les plus habiles chanteurs de l'Italie furent appelés. C'était là le seul délassement que Ferdinand se permit. Les mœurs de ce roi furent toujours pures. Quoique d'un abord sévère, son caractère était doux et affable. Pendant son règne, on n'eut à lui reprocher aucune injustice. La douleur que lui causa la perte de son épouse, Marie-Thérèse de Portugal, aggrava son mal et le conduisit au tombeau à l'âge de quarante-six ans. Il mourut le 10 août 1759. Comme il ne laissait pas d'enfants, la couronne revenait à son frère don Carlos, qui régnait à Naples.

CHARLES III. 1759-1788.

PORTUGAL : **JOSEPH**, jusqu'en 1777.

MARIE ET PIERRE III, jusqu'en 1786. **MARIE**, seule.

D'après le traité de Vienne, les couronnes de Naples et d'Espagne ne devaient jamais être réunies sur la même tête. Charles, en apprenant la mort de son frère qui l'appelait au trône d'Espagne, dut remettre celui de Naples à l'un de ses fils. Comme l'aîné, Philippe, était dans un état complet d'imbécilité; le second, Charles, fut déclaré prince des Asturies et héritier présomptif du trône d'Espagne; et le troisième, Ferdinand, proclamé roi des Deux-Siciles. Charles III, après avoir nommé un conseil de régence pour gouverner pendant la minorité du jeune prince, prit congé de ses anciens sujets, que son gouvernement sage et modéré lui avait fortement attachés, et fit voile pour l'Espagne.

Son premier soin en arrivant à Madrid fut de payer les dettes de l'Etat, ou du moins d'assurer leur garantie et de rétablir le crédit public. Il signa avec empressement le pacte de famille (1761), qui assurait les droits et réunissait toutes les forces des différentes branches de la maison de Bourbon. Moins pacifique que son frère Ferdinand, il se réunit à la France dans les deux guerres qu'elle eut à soutenir contre l'Angleterre. Celle de 1762 ne fut pas heureuse pour les deux puissances alliées : l'Espagne perdit la Havane, douze vaisseaux de ligne, des trésors immenses, les îles Philippines, et fit une campagne peu glorieuse contre le Portugal soutenu par les Anglais. Charles dut renoncer à la Floride pour obtenir la paix. La guerre de 1778 eut des résultats plus favorables. Le duc de Crillon, général de S. M. C., s'empara de Mahon (1784), et l'île de Minorque fut restituée à l'Espagne, ainsi que la Floride qu'elle avait perdue quelques années auparavant.

Charles, débarrassé de cette dernière guerre, voulut aussi punir l'insolence des pirates d'Alger. Le comte O-Reilly fut chargé de l'expédition. Cet officier avait du zèle et des talents militaires que ses ennemis ne lui contestaient pas ; mais la fierté castillane voyait à regret ce général, Irlandais d'origine, obtenir la préférence du souverain. La mort du marquis de la Romana, qui périt dans une escarmouche, victime de sa fougueuse imprudence, servit de prétexte à des clameurs séditieuses ; on fut obligé de se rembarquer avec précipitation, et Charles III, dans cette funeste entreprise, aussi malheureux que Charles Quint, n'eut que la faible satisfaction de dire qu'il ne s'y était pas trouvé en personne.

Tel est l'abrégé des évènements militaires qui marquent la carrière de Charles III ; elle n'est pas sans gloire; mais, sous le rapport de l'administration de son royaume, ce prince doit exciter un bien plus vif intérêt.

Il mit beaucoup de persévérance dans l'exécution des plans d'administration et de réformes utiles qu'il se proposa, dès son avènement à la couronne d'Espagne. L'industrie fut ranimée, l'agriculture reprit des forces, tous les genres de travaux se virent encouragés. Il est peu de provinces de l'Espagne dans lesquelles le voyageur ne rencontre le nom de ce roi glorieusement inscrit sur quelque grand monument d'utilité publique. C'est Charles III qui a jeté des ponts sur les fleuves, creusé des canaux, tracé des routes, élevé des manufactures, fondé des sociétés économiques, colonisé la *Sierra-Morena*, beau désert enclavé entre la Castille et l'Andalousie ; c'est Charles III enfin qui arracha la Péninsule au monopole manufacturier et marchand de la Grande-Bretagne.

Tant que les efforts du roi se bornèrent à améliorer l'état

du commerce et de l'agriculture, à réparer des routes ou à en faire de nouvelles, ils obtinrent l'approbation générale; mais quand il voulut apporter quelques modifications à quelques usages anciens, et surtout au costume, il éprouva une incroyable résistance. Un terrible soulèvement eut lieu à Madrid (1765). L'ordre ne se rétablit que par le bannissement du ministre favori de Charles III (le marquis de Squilace) et par les soins du comte d'Aranda nommé président de Castille.

Les jésuites furent accusés d'avoir excité ce soulèvement. De quoi ne les accusait-on pas à cette époque ? de quoi ne les accuse-t-on pas encore aujourd'hui ? Quelques années auparavant, ils avaient été chassés du Portugal. En 1764, le duc de Choiseul, qui nourrissait contre eux une haine invétérée, les avait expulsés de France. Un grand nombre de courtisans avides, qui regardaient leurs vastes possessions avec un œil d'envie, souhaitaient que l'Espagne imitât l'exemple de ses voisins. On fit entendre à Charles que la tranquillité de son royaume et sa vie même étaient menacées par cet ordre puissant, et il signa le décret qui bannissait les jésuites de toutes les possessions de la monarchie espagnole. Ceux-ci acceptèrent leur sort avec résignation, et loin de murmurer, ils employèrent toute leur influence pour apaiser leurs amis irrités, et les exhortèrent avec calme, et par leur exemple, à obéir au pouvoir civil.

Dans cette circonstance, Charles céda plus à la peur et à l'intrigue qu'à une conviction réelle ; du reste, tous les autres actes de son administration n'ont trouvé que d'unanimes éloges, et sa mémoire est encore chère au peuple espagnol. Il mourut en 1788.

CHARLES IV. 1788-1808.

PORTUGAL : **MARIE**, jusqu'en 1799 ; régence du prince
JEAN, son fils.

Charles IV avait quarante ans lorsqu'il monta sur le trône

à la place de son père ; simple dans ses goûts, sévère dans ses mœurs, doué d'une intelligence assez nette, il semblait promettre un heureux avenir à l'Espagne. La faiblesse de son caractère ne s'était point encore révélée de manière à donner des inquiétudes ; loin de là, il avait montré dans sa jeunesse un caractère violent, emporté, opiniâtre, et dont la fougue avait eu souvent besoin d'être réprimée par la sévérité du roi son père. Mais dès qu'il fut arrivé au pouvoir on s'aperçut bientôt qu'il ne régnait pas seul, et que sa femme, Marie-Louise de Parme, le dominait entièrement.

Les cortès furent convoquées au mois d'août 1789, pour assister au couronnement du roi, qui eut lieu le 23 septembre. C'était le moment où commençait la révolution française. L'assemblée des cortès sembla s'inspirer des mouvements qui agitaient la France ; elle demanda des réformes, et pendant ce temps-là une violente sédition éclatait à Barcelone et sur d'autres points. Mais le ministre Florida-Blanca, homme d'expérience, que Charles III avait recommandé à son fils de conserver, et qui avait compris ce qui se passait en France, se montra plus habile et plus ferme que les ministres qui gouvernaient alors ce pays. La révolte fut sévèrement réprimée, et les cortès, congédiées poliment, se retirèrent sans mot dire. Un de leurs actes les plus importants fut une pétition adressée au roi, le 30 septembre, pour l'abolition de la loi salique, et le retour aux antiques lois de la monarchie, en matière de succession au trône. Le roi, après avoir reçu le placet, répondit qu'il avait pris une résolution convenable à cet égard, et qu'il prescrivait pour le moment de garder le plus grand secret.

Quelques guerres de peu d'importance occupèrent le commencement du règne de Charles IV ; la première avec les Anglais fut terminée par le traité de l'Escurial, du 28 octobre 1790. La seconde avec le roi de Maroc Yesid finit plus promptement encore par la mort de ce dernier. La troisième contre les Algériens se termina par la reddition d'Oran et de Mers-el-Kébir, qui furent évacués par les Espagnols, le 29 février 1792.

Mais une guerre bien autrement sérieuse devenait de plus en plus éminente. Conseillé par son habile ministre Florida-Blanca, Charles IV avait compris, dès le commencement, tous les dangers dont la révolution de France menaçait sa couronne. Il prit part aux conférences de Mantoue, et adhéra aux conventions connues sous le nom de *traité de Pavie*, qui en furent la suite. Par ce traité Charles IV s'était engagé à réunir un corps de vingt mille hommes sur les frontières des Pyrénées. Mais une intrigue de cour, conduite par la reine, qui de jour en jour acquérait plus d'influence, renversa Florida-Blanca. Ce ministre fut arrêté le 27 février 1792 et exilé dans le royaume de Murcie. Il eut pour successeur le comte d'Aranda, qui, après avoir été long-temps ambassadeur à Paris, était revenu dans son pays avec toutes les idées d'innovations alors à la mode. Ses premiers soins, dès qu'il devint ministre, furent de repousser toutes les propositions des princes français émigrés, comme aussi celles des puissances qui se préparaient à marcher contre la France révolutionnaire. Mais un pareil état de choses ne pouvait durer ; il était trop contraire aux opinions de Charles IV, et surtout à l'attachement sincère que ce prince portait à son infortuné parent. D'Aranda fut renversé, et c'est alors que l'on vit arriver au pouvoir un homme dont la faveur devait durer autant que le trône de Charles IV, et dont le nom, dans l'esprit des Espagnols, est associé avec la ruine de la monarchie. Emmanuel Godoy, né à Estramadure, d'une pauvre noblesse, était entré dans la garde du roi en 1784. Il avait eu l'adresse de se faire distinguer par la reine Marie-Louise, et en 1791 il était déjà adjudant des gardes-du-corps, et grand'croix de l'ordre de Charles III. Il acquit dès lors sur le roi un empire absolu ; ce fut lui que ce prince choisit pour succéder à d'Aranda, et en lui remettant le porte-feuilles de premier ministre, il le nomma lieutenant-général des armées, duc d'Alcudia et major des gardes-du-corps.

Dès qu'il eut appris l'horrible évènement du 21 janvier, Charles IV, au désespoir, ordonna un deuil général de trois mois ; et, malgré son humeur pacifique, malgré le mauvais état de son armée, de ses arsenaux, de son trésor, cédant à l'enthousiasme de ses peuples, il se prépara vigoureusement à la guerre. Cependant il fut prévenu par la Convention qui la déclara elle-même, le 7 mars 1793.

Nous n'entrerons pas dans les détails de cette guerre qui dura deux ans. Dirigée par Godoy, qui dressait les plans de campagne, elle fut presque toujours défensive de la part de l'Espagne, et en général mal conduite et mal exécutée. Elle se termina par le traité de Bâle (22 juillet 1795).

Par ce traité, les deux puissances, ostensiblement du moins, conservèrent toute leur indépendance, et il n'y eut aucun sacrifice de territoire, si ce n'est de la part de l'Espagne, sa portion de Saint-Domingue qu'elle abandonnait à la France. Le faible Charles IV ne vit dans ce traité que ses effets les plus immédiats pour son repos et le bonheur de ses peuples. Attribuant tout le bien à Godoy, il voulut le récompenser d'une manière extraordinaire ; il le créa grand d'Espagne, prince de la paix, puis grand amiral, généralissime, et il lui fit encore présent d'une terre considérable.

Lorsque la constitution de l'an III eut établi en France une sorte de gouvernement régulier, Godoy conçut l'extravagant projet de placer un prince espagnol sur le trône de Louis XVI ; les républicains le mystifièrent long-temps en l'entretenant de cette idée, et se servirent de son ineptie pour l'amener à une alliance offensive et défensive, conclue uniquement dans leur intérêt. Bientôt il déclara la guerre à l'Angleterre ; mais il fut battu, et l'Espagne perdit l'île de la Trinité. Cette malheureuse contrée, privée de son commerce avec les colonies, voyait son crédit s'éteindre et ses impôts augmenter. Des cris d'indignation s'élevaient de toutes parts contre le prince de la paix. Godoy, pour ne pas affronter l'orage, parut se retirer des affaires; mais pour ne rien perdre de son influence, il eut soin de se faire remplacer par Cevallos, l'un de ses parents, qui n'agissait que par ses inspirations. Il fut alors entièrement dévoué aux intérêts de la France. Durant le consulat et les premières années de l'empire, la meilleure intelligence ne cessa pas de régner entre les deux états[1]. La Toscane fut cédée, sous le nom de royaume d'Etrurie, aux infants d'Espagne établis en Italie, et l'Espagne, en retour, abandonna la Louisiane à Napoléon, qui rendit cette province importante aux Etats-Unis (1800).

Dans la guerre entre la France et l'Angleterre, Charles IV obtint de Napoléon la faculté de rester neutre, à la condition de payer un million de piastres par mois ; mais les Anglais attaquèrent les frégates qui rapportaient l'or et l'argent de l'Amérique à Cadix, et l'Espagne fut réduite à la nécessité d'armer contre la Grande-Bretagne. Une seule bataille navale devant Trafalgar anéantit la marine de Charles IV (21 novembre 1804). En même temps, Miranda soufflait dans les colonies espagnoles le feu de la liberté, et bientôt Napoléon précipitait du trône de Naples la famille de son royal allié d'Espagne.

A la vue de tant de calamités fondant à la fois sur ses peuples et sur sa famille, Charles IV fut réduit au désespoir, et rien ne paraissait devoir l'en tirer, lorsqu'une lueur d'espérance sembla lui apparaître dans le Nord. Le baron de Strogonof, nouvel ambassadeur de Russie, arrivé à Madrid vers la fin de 1806, annonça au prince de la paix

[1] Bonaparte, premier consul, reçut de son royal allié d'Espagne les insignes de l'ordre de la Toison d'or. Après le meurtre exécrable du duc d'Enghien, le roi Louis XVIII, justement indigné, renvoya les insignes de ce même ordre au roi d'Espagne, aucun Bourbon de France ne voulant, ni ne pouvant plus les porter.

qu'une formidable coalition allait se former entre la Prusse, la Russie et l'Angleterre; que le Portugal y avait accédé, et que l'Espagne était vivement sollicitée d'y prendre part.

Le cabinet de Madrid saisit avidement cette occasion de sortir de la déplorable position où il se trouvait depuis plus de dix ans, et il fut aussitôt convenu que si l'attaque de la Prusse attirait au nord les principales forces de Napoléon, une armée combinée de l'Espagne et du Portugal, qui devait être encore renforcée par un corps de Russes et d'Anglais, ferait une invasion dans le midi de la France, alors complètement dégarni de troupes et de moyens de résistance. Ce plan n'était pas dépourvu de probabilité, mais tout était subordonné à ce qui allait se passer dans le nord, et, dans le cas où l'on ne réussirait pas de ce côté, il était convenu que le plus profond secret serait gardé. L'imprudente impatience du prince de la paix perdit tout. Il adressa aux Espagnols une proclamation intempestive : « Réunissez-vous, leur disait-il, sous les drapeaux, pour la défense de la patrie, pour combattre l'ennemi de tous; préparez-vous à tous les sacrifices.... » Cet ennemi n'était pas nommé, mais personne ne pouvait s'y méprendre. C'était le jour même que Napoléon triomphait à Iéna, que cette pièce remarquable se publiait à Madrid; et ce fut à Berlin qu'il en eut connaissance. Quand on apprit en Espagne le résultat de la campagne de Prusse, Godoy et toute la famille royale furent effrayés de leur audace. On dépêcha en toute hâte à Napoléon un envoyé extraordinaire, Isquierdo, pour lui donner des explications sur l'armement qui avait été fait, et qui ne regardait que l'empereur de Maroc, désigné par le mot d'*ennemi commun ;* on redoubla de protestations de dévouement, de déclamations contre les Anglais, etc. Napoléon parut presque persuadé, et ne laissa paraître ni courroux, ni étonnement ; mais profitant de ce redoublement de zèle qu'on lui témoignait, il dégarnit l'Espagne de ses meilleures troupes, en envoya une partie avec Romana au nord de l'Europe, en Danemarck, et cantonna le reste aux environs de Florence avec le général Offaril. En même temps, il fit conclure le célèbre traité de Fontainebleau (26 octobre 1807), par lequel l'Espagne s'engageait à concourir avec lui à la conquête et au partage du Portugal.

Sur ces entrefaites, la discorde éclatait dans le sein de la famille royale. Le prince des Asturies, Ferdinand, détestait Godoy; il adressa au roi son père de vives réclamations contre lui. Cette démarche enflamma le courroux de la reine et de Godoy; on la représenta au roi comme une révolte de son fils, qui n'aspirait qu'à le détrôner. Le faible Charles fit arrêter Ferdinand, nomma une junte pour le juger, et écrivit à Napoléon que son fils ayant formé le complot de le renverser du trône, il était résolu à l'écarter d'une succession dont il s'était rendu indigne. La junte chargée de juger le prince des Asturies le déclara innocent. Alors Godoy ménagea entre le père et le fils une réconciliation qui fut rendue publique le 7 octobre 1807.

Cependant quarante mille Français sous les ordres de Murat, beau-frère de Napoléon, avaient franchi les Pyrénées, pour aller, disait-on, en Portugal, exécuter le traité de Fontainebleau. Charles IV, les accueillant comme alliés, leur ouvrit les portes de Figuières, de Barcelone, de Saint-Sébastien et de Pampelune. Mais le nombre et la marche de ces troupes, la demande qu'on lui fait de toutes les provinces situées entre l'Ebre et les Pyrénées, ouvrent les yeux au cabinet de Madrid sur les desseins secrets de Napoléon. La cour inquiète se prépare à quitter Aranjuez et à se transporter à Séville : le bruit se répand aussitôt qu'elle veut s'embarquer pour le Mexique. A cette nouvelle le peuple de la capitale se soulève et court à Aranjuez; on n'entend qu'un cri contre le prince de la paix. Une de ses voitures, déjà prête à partir, ayant paru tout attelée, les cris de fureur redoublent contre le favori; on enfonce les portes de son palais, et il n'a que le temps de se sauver dans un grenier. Le roi consterné annonce alors de son balcon qu'il ne partira pas ; et Ferdinand, qui paraît à son tour devant ce peuple, déclare qu'il ne l'abandonnera jamais. Aussitôt on le proclame roi; des cris de *vive Ferdinand !* se font entendre de toutes parts; ils retentissent aux oreilles de Charles IV ; et ses courtisans, la reine elle-même, l'invitent à déposer la couronne. Le vieux monarque n'hésita plus ; et, en présence de toute sa cour, il signa son abdication (17 mars 1808). Le lendemain, il expédia un courrier à Napoléon pour lui notifier l'avènement de Ferdinand VII au trône. Trois jours après, ce dernier fit son entrée dans Madrid, qui déjà la veille était occupée par une garnison française, sous les ordres de Murat, dont les évènements d'Aranjuez avaient précipité l'arrivée.

L'effervescence populaire s'était calmée. Quand l'ordre fut entièrement rétabli, Godoy conçut l'espoir de renouer ses intrigues; il se servit de la reine pour exciter Charles IV à revenir sur ce qu'il avait fait, et ce prince, incapable de résister, adressa, le 21 mars, une protestation secrète, qu'il remit à Murat, et dans laquelle il déclarait que son abdication était nulle et arrachée par la violence. Incertain du parti que son maître prendrait dans une question de si haute importance, Murat différa de reconnaître la royauté de Ferdinand, et engagea ce prince à aller lui-même à Burgos, à la rencontre de Napoléon, qui, disait-on, ne devait pas tarder à se rendre à Madrid. Ferdinand suivit ce conseil, et alla jusqu'à Vittoria sans rencontrer l'empereur des Français. Quelques hommes éclairés lui firent voir qu'il n'était pas prudent de dépasser cette ville ; mais ses confidents Cevallos, Escoïquiz et le duc de l'Infantado, l'engagèrent à se rendre à Bayonne, où il arriva le 20 avril. Quelques jours après, Charles IV, la reine et le prince de la paix se rendirent aussi dans cette ville, où les attendait Napoléon. Là une scène déplorable eut lieu entre le père, la mère et le fils. Le jeune prince atterré, consterné, signa enfin une abdication, par laquelle il rétrocédait tous ses droits à son père. Il ignorait en ce moment que Charles IV avait déjà formellement cédé à Napoléon, pour lui et pour les siens, tous ses droits au trône d'Espagne et des Indes, à condition d'une rente de sept millions et du château de Compiègne pour résidence. Deux jours après, il annonça lui-même cet évènement aux Espagnols, par une déclaration dans laquelle il dit qu'il venait de leur donner *une nouvelle preuve de son amour, en cédant ses droits à son auguste ami.* Ferdinand, don Carlos, son frère, et leur oncle don Antonio, furent contraints de donner leur adhésion à cet acte de leur père et de renoncer à toutes prétentions sur la couronne d'Espagne.

Le lendemain, le vieux roi, sa femme et l'infant don François de Paule, avec la reine d'Etrurie et l'inséparable Godoy, partirent, escortés par une nombreuse troupe de gendarmes, d'abord pour le château impérial de Fontainebleau, ensuite pour celui de Compiègne; Ferdinand, son frère et son oncle furent conduits dans le Berry, au château de Valençay, où ils restèrent cinq ans prisonniers (mai 1808).

Charles IV ne passa que quelques mois à Compiègne, il obtint d'être transféré à Marseille, dont le climat lui convenait mieux. De cette ville, où il résida jusqu'en 1811, il se rendit à Rome où il habita le palais Borghèse. Il mourut dans cette ville le 20 janvier 1819.

OCCUPATION DE L'ESPAGNE PAR LES FRANÇAIS.

JOSEPH BONAPARTE, roi d'Espagne.

LES JUNTES, LES CORTÈS, GUERRES DE L'INDÉPENDANCE.
1808-1814.

PORTUGAL : MARIE; régence du prince Jean au Brésil.

Nous venons de voir comment Napoléon, abusant de sa force et de la faiblesse du vieux roi Charles IV, avait arraché la couronne d'Espagne. L'histoire a depuis long-temps jugé ce fait, et Napoléon lui-même a reconnu « qu'en saisissant violemment la maison royale d'Espagne, il avait commis une faute qui a été une des premières causes de sa chute, en ce qu'elle avait perdu sa moralité aux yeux des peuples. »

Napoléon, après avoir reçu de Charles IV le titre de roi d'Espagne et des Indes, transmit cette couronne à son frère Joseph, qu'il avait récemment élevé au trône de Naples. Il donna en même temps aux Espagnols une constitution, qu'il crut propre à satisfaire les besoins et les intérêts de la nation. Mais les Espagnols s'indignèrent de recevoir un maître et des lois de celui qui, par une insigne perfidie, venait de leur enlever leurs souverains légitimes. Ils se levèrent en masse et demeurèrent intraitables. Alors commença cette lutte terrible, acharnée, persévérante, contre l'invasion étrangère. Ce fut l'époque héroïque de leurs temps modernes. Nous ne voudrions pas affaiblir, par une analyse pâle et décolorée, l'intérêt qu'inspire cette guerre de l'indépendance, où l'on vit le caractère national se réveiller avec toute sa force, toute son énergie, mais aussi avec toute sa cruauté, et l'on pourrait dire toute sa barbarie, comme au temps des guerres contre la domination des Carthaginois, des Romains ou des Arabes. Il faut lire cette histoire à part, et elle est trop étendue pour trouver place dans cet abrégé.

En même temps que les Espagnols combattaient pour repousser l'étranger, des juntes provinciales s'organisaient de toutes parts, administraient au nom de Ferdinand VII, rétablissaient les anciens privilèges des provinces, et appelaient les cortès en congrès national. Cette assemblée, réunie d'abord à Séville, puis à Cadix, rédigea une constitution beaucoup plus libérale que celle qu'avait voulu leur imposer Napoléon. Profitant de l'absence du roi, les cortès, sous prétexte de rétablir leurs anciennes libertés et franchises, détruisirent presque toutes les prérogatives de l'autorité royale, et réduisirent le monarque à n'être qu'un magistrat moins puissant qu'un président des Etats-Unis d'Amérique. Cette constitution des cortès, proclamée en 1812, fut acceptée avec enthousiasme par les uns, et regardée par les autres comme une innovation dangereuse. De là, l'origine de deux partis, qui devaient long-temps encore diviser l'Espagne. Les partisans de la nouvelle constitution furent appelés *libérales*, et ses adversaires *serviles*. Mais serviles et libéraux furent toujours d'accord pour repousser l'étranger, et leur résistance opiniâtre, secondée par les efforts de l'Angleterre, et par les malheurs de la France, finit par triompher.

Après les désastres de Moscou et de Leipzik, Napoléon, ne pouvant plus réparer tant de pertes, se vit contraint de faire revenir de la Péninsule, pour la défense du territoire français, la plus grande partie des troupes qui s'y trouvaient. Craignant de laisser cette contrée soumise à l'influence des Anglais, Napoléon résolut de rendre la couronne à Ferdinand, après lui avoir fait signer un traité par lequel le prince espagnol s'engageait de faire évacuer la Péninsule par les troupes anglaises; de payer à son père, Charles IV, une pension de neuf millions et de conserver à tous les Espagnols qui avaient servi Joseph Bonaparte leurs places et prérogatives. Mais l'exécution de cette dernière clause était bien difficile, pour ne pas dire impossible.

FERDINAND VII rétabli. 1814-1833.

PORTUGAL : **MARIE**, jusqu'en 1816.

JEAN VI, jusqu'au 10 mars 1826.

PIERRE, empereur du Brésil, son successeur, abdique en faveur de dona **MARIA II**, sa fille.

Ferdinand VII, rendu à la liberté, arriva en Espagne au mois de mars 1814. Les peuples accoururent en foule sur son passage, et jusqu'à Madrid il ne marcha qu'au milieu des acclamations et des cris de joie. Dès qu'il fut arrivé dans cette capitale, il s'occupa d'y rétablir l'autorité royale sur ses anciennes bases, et refusa la constitution que les cortès avaient faite en son absence. Il travailla ensuite à réparer tous les genres de pertes occasionnées par la guerre; il s'imposa pour y parvenir, et il imposa à sa cour et à tous ceux qui l'entouraient, les règles d'économie les plus sévères. Mais bientôt l'esprit d'agitation qui tourmentait l'Europe, et qui était le résultat nécessaire des révolutions qui venaient de s'opérer, le jeta dans de nouveaux embarras. Des soulèvements éclatèrent sur divers points, et la force qu'il fallut employer pour les réprimer ne put éteindre le feu des factions. En même temps les riches colonies, que l'Espagne possédait en Amérique, se détachèrent violemment de la mère-patrie, et proclamèrent leur indépendance. Trois expéditions, envoyées successivement pour ramener les colonies à l'obéissance, ne firent que retarder leur triomphe. Une quatrième et plus formidable allait partir pour le Nouveau-Monde, quand les troupes qui en faisaient partie, et qui étaient rassemblées dans l'île de Léon, en attendant leur embarquement, se soulevèrent et proclamèrent la constitution de 1812 (1819). L'insurrection se propagea rapidement et s'étendit sur tous les points de l'Espagne. Ferdinand, assailli, menacé, se vit contraint d'accepter cette même constitution qu'il avait refusée avec tant d'énergie. Toutes les puissances de l'Europe, à l'exception de l'Angleterre, résolurent de réprimer une rébellion qui menaçait également tous les trônes; et, réunis à Laybach, les rois de la sainte-alliance décidèrent que la France, qui avait le plus d'intérêt, serait seule chargée de cette répression dans la Péninsule. Louis XVIII mit son neveu le duc d'Angoulême à la tête de cent mille hommes, et cette armée arriva bientôt sous les murs de Madrid. Le parti révolutionnaire, qui dominait encore dans cette capitale, prit alors la résolution de l'abandonner, et contraignit Ferdinand à le suivre, d'abord à Séville, où sa déchéance fut définitivement prononcée par les cortès, onsuite à Cadix, où il resta sans déguisement prisonnier, jusqu'à ce que le duc d'Angoulême se fût rendu maître de ce dernier asile de la révolution.

La mission du prince français était de rétablir en Espagne, sur ses antiques bases, toute l'autorité monarchique ; et la volonté seule de Ferdinand vii pouvait y apporter des modifications ; mais ce fut en vain qu'après la victoire on essaya de lui faire faire quelques concessions aux principes révolutionnaires. Les chefs de la rébellion furent punis, et il n'y eut de grace que pour les subalternes et les hommes égarés. Ferdinand rentra dans toute la plénitude de son pouvoir, et les germes de la révolution parurent étouffés pour long-temps.

En 1829, Ferdinand perdit sa troisième femme. Le 11 décembre de cette même année, il épousa Marie-Christine, de Naples, qui mit au jour, le 10 octobre 1830, la princesse Marie-Isabelle-Louise, aujourd'hui reine d'Espagne.

Quelque temps avant sa mort, Ferdinand déclara sa fille aînée son héritière, et abolit la loi salique en vertu de laquelle le trône aurait appartenu à don Carlos, son frère. On fit revivre à cette occasion la décision des cortès de 1789, dont nous avons parlé, décision restée secrète jusqu'alors. Ferdinand mourut le 29 octobre 1833, laissant la régence du royaume à la reine Marie-Christine, pendant la minorité de sa fille.

FIN.

TABLE

CHAPITRE PREMIER.

Description de l'Espagne. — Premiers habitants. — Etablissement des Phéniciens et des Grecs dans la Péninsule. — Domination des Carthaginois. — L'Espagne sous les Romains. — Période commençant à une époque indéterminée et finissant au commencement du cinquième siècle.   5

CHAPITRE II.

Depuis l'invasion des Barbares. — Etablissement de la monarchie des Goths, jusqu'à sa chute.   24

Période de trois cent deux ans, de 410 à 712.

Empire gothique. — Ataulphe. — Sigéric. — Wallia.   25
Théodoric I règne à Toulouse.   26
Thorismond règne à Toulouse. — Théodoric II règne à Toulouse.   27
Euric règne à Toulouse et à Arles.   28
Alaric II règne à Arles et à Toulouse.   29
Gésalric. — Amalaric règne à Narbonne.   30
Theudis règne à Barcelone. — Theudisèle. — Agila règne à Mérida.   31

Athanagilde règne à Tolède. — Liuva I règne à Narbonne. 32
Leuvigilde règne en Espagne. 33
Récarède I. 35
Liuva II. — Vitéric. — Gondemar. — Sisebut. 36
Récarède II. — Suintila. 37
Sisenand. 38
Chintila. — Tulca ou Tulga. — Chindaswinth. 39
Receswinth. — Wamba. 40
Ervige. 42
Egiza. — Vitiza. 43
Dernier roi goth d'Espagne. — Rodrigue. 44

CHAPITRE III.

Depuis la conquête arabe et la fondation du royaume des Asturies jusqu'à la première réunion des royaumes de Castille et de Léon. 48

Période de trois cent vingt-cinq ans, de 712 à 1037.

Rois d'Espagne depuis l'invasion des Maures. — Pélage I roi des Asturies. 49
Favila. — Alphonse I dit le Catholique. 54
Froïla I, roi d'Oviédo. — Abdérame I à Cordoue. 56
Aurélio, roi d'Oviédo. — Silo, roi d'Oviédo. — Mauregat, roi d'Oviédo. 58
Bermude I ou Vérémond, roi d'Oviédo. — Haschem I à Cordoue. 59
Alphonse II, dit le Chaste et le Victorieux. 60
Ramire I, roi d'Oviédo. — Abdérame II, émir Al-Mouménim. 61
Ordogno I, roi d'Oviédo. — *Souverains de Cordoue* : Abdérame II. — Mahomet ou Mohanmed I, son fils. — Commencement du royaume de Navarre : Garcie-Ximénès I, roi. 62
Roi d'Oviédo : Alphonse III, dit le Grand. — *Souverains de Cordoue* : Mahomet I. — Almundar. — Abdallah. — *Rois de Navarre* : Garcie-Ximénès. — Fortuné, dit le moine. — Sanche-Garcie. 63
Garcie I, roi d'Oviédo — Ordogno II, roi de Léon. — *Emir de Cordoue* : Abérame III. — *Roi de Navarre* : Sanche-Garcie I. 66

Froïla II, roi de Léon. — Alphonse IV, dit le Moine. — Abdérame III, émir de Cordoue. — Sanche-Garcie I. — Garcie I. roi de Navarre. — Ramire II, roi de Léon. — Abdérame III à Cordoue. — Garcie I, roi de Navarre. 68

Ordogno III, roi de Léon. — Abdérame III à Cordoue. — Garcie I, roi de Navarre. 70

Sanche I, dit le Gros, roi de Léon. — Abdérame III. — Albacan II. — Garcie I, roi de Navarre. 71

Ramire III, roi de Léon. — Alhacan II, émir de Cordoue. — Hissem II. — Garcie I. roi de Navarre. — Sanche II, surnommé Barca. 73

Bermude II, surnommé le Goutteux, roi de Léon. — Sanche II, roi de Navarre. — Garcie II. 74

Alphonse V, roi de Léon. — Hissem à Cordoue. — Fin de la dynastie des Omniades et du royaume de Cordoue. — Garcie II, roi de Navarre. — Sanche III, surnommé le Grand. 77

Bermude III, dernier roi de Léon. — Sanche III, roi de Navarre. Erection des royaumes de Castille et d'Aragon en faveur des fils de Sanche. 81

CHAPITRE IV.

Depuis la première réunion des royaumes de Castille et de Léon, jusqu'à leur réunion définitive sous le règne de Saint-Ferdinand.

Période de cent quatre-vingt-quinze ans, de 1035 à 1230.

Royaumes de Castille et de Léon : Ferdinand I. — *Royaume de Navarre* : Garcie III. — Sanche IV. — *Royaume d'Aragon* : Ramire I. — Sanche I. — Royaume de Sobrarve, réuni à celui d'Aragon. 83

Royaume de Castille : Sanche II, dit le Fort. — *Royaume de Léon* : Alphonse VI. — *Royaumes de Castille et de Léon* : Alphonse. — *Royaume de Navarre* : Sanche IV. — *Royaume d'Aragon*. — Sanche I. — Son fils don Pèdre I, ou Pierre Sanche. — Alphonse I, dit le Batailleur. 91

Urraque et Alphonse d'Aragon. — *Navarre et Aragon*. — Alphonse I, dit le Batailleur. 102

Royaume de Castille : Alphonse-Raymond VII. — *Royaume de Navarre et d'Aragon* : Alphonse I, dit le Batailleur. — *Navarre* : Garcie Ramirez IV. — Sanche VI, dit le Sage. — *Aragon* : Ramire II. — Dona Petronilla et Raymond Berenger. — *Portugal* : Alphonse I, dit Henriquez. 107

Royaume de Castille : Sanche III. — *Royaume de Léon* : Ferdinand II. — *Aragon* : Raymond Bérenger et Pétronille. — *Navarre* : Sanche IV, dit le Sage. — *Portugal* : Alphonse Henriquez I. 112

Castille : Alphonse VIII, dit le Noble. — *Léon* : Ferdinand II. — Alphonse IX. — *Aragon* : Raymond Bérenger. — Alphonse II. — Pierre II. — Jacques I. — *Navarre* : Sanche VI. — Sanche VII, dit le Fort et l'Enfermé. — *Portugal* : Alphonse Henriquez I. — Sanche I. — Alphonse II, dit le Gros. 116

Royaume de Castille. Henri I. — *Léon* : Alphonse IX. — *Aragon* : Jacques I, dit le Conquérant. — *Navarre* : Sanche VII. — *Portugal* : Alphonse II. 125

Royaume de Castille : Ferdinand III, dit le Saint. — *De Léon et de Castille réunis*. — *Léon* : Alphonse IX. — *Aragon* : Jacques I, dit le Conquérant. — *Navarre* : Sanche VII. — Thibaut I, comte de Champagne. — *Portugal* : Alphonse II, Sanche II, dit Capet. — Alphonse III. 126

CHAPITRE V.

Depuis la réunion définitive des royaumes de Castille et de Léon, jusqu'au règne de Ferdinand et d'Isabelle. 131

Période de deux cent quarante-quatre ans, 1230 à 1474.

Royaumes de Castille et de Léon : Alphonse X, dit le Sage. — *Aragon* : Jacques I. — Pierre III. — *Navarre* : Thibaut I. — Thibaut II. — Henri I. — Jeanne I. — *Portugal* : Alphonse III. Denis, dit le Libéral et le Père de la Patrie. 135

Castille : Sanche IV, surnommé le Brave. — *Aragon* : Pierre III. Alphonse III. — Jacques II. — *Navarre* : Jeanne I et Philippe IV, roi de France. — *Portugal* : Denis, dit le Libéral et le Père de la Patrie. 144

Ferdinand IV, surnommé l'Ajourné. — *Aragon* : Jacques II. —

Navarre : Jeanne I et Philippe le Bel. — Louis le Hutin, roi de France et de Navarre. — *Portugal* : Denis, dit le Libéral et le Père de la Patrie. 146

Alphonse XI, dit le Vengeur. — *Aragon* ; Jacques II. — Alphonse IV. — Pierre IV, dit le Cérémonieux. — *Navarre* : Louis le Hutin. — Philippe le Long. — Charles le Bel. — Jeanne II et Philippe d'Evreux. — Charles II, dit le Mauvais. — *Portugal* : Denis. — Alphonse IV, dit le Brave et le Fier. 150

Pierre I, surnommé le Cruel. — *Aragon* : Pierre IV, dit le Cérémonieux. — *Navarre* : Charles II, dit le Mauvais. — *Portugal* : Alphonse IV. — Pierre I, surnommé le Justicier. — Ferdinand I. 158

Henri II, dit Transtamare. — *Aragon* : Pierre IV, dit le Cérémonieux. — *Navarre* : Charles II, dit le Mauvais. — *Portugal* : Ferdinand I. 162

Juan ou Jean I. — *Aragon* ; Pierre le Cérémonieux. — Charles III, dit le Noble. — *Portugal* : Ferdinand I, Juan ou Jean I. 163

Henri III, dit le Maladif. — *Aragon* : Jean I. — Martin. — *Navarre* : Charles III, dit le Noble. — *Portugal* : Jean I, dit le Grand et le Père de la Patrie. 167

Jean II. — *Aragon* : Martin. — Ferdinand, dit le Juste. — Alphonse V, dit le Sage et le Magnanime. — *Navarre* : Charles III. — Jean II. — *Portugal* : Jean I. — Edouard. — Alphonse V, dit l'Africain. 169

Henri IV. — *Aragon* : Alphonse V. — Jean II, roi de Navarre. *Navarre* : Jean II, roi d'Aragon. — *Portugal* : Alphonse V, dit l'Africain. 173

CHAPITRE VI.

Depuis le règne de Ferdinand et d'Isabelle, jusqu'à l'avènement de la dynastie des Bourbons au trône d'Espagne.

Période de deux cent vingt-six ans, 1474 à 1700.

Ferdinand et Isabelle, rois catholiques d'Espagne. — *Navarre* : Jean II. — Eléonore, puis François Phébus. — *Portugal* : Alphonse V. — Jean II. — Emmanuel le Fortuné. 178

Ferdinand. — Jeanne la Folle et Philippe I, surnommé le Beau. — Catherine et Jean d'Albret. — *Portugal* : Emmanuel le Fortuné. 190

Monarchie Espagnole. — Maison d'Autriche. — Charles I (l'empereur Charles, dit Charles-Quint). — *Portugal* : Emmanuel le Fortuné. — Jean III. 195

Philippe II, roi de Portugal. — *Portugal* : Jean III. — Sébastien. — Henri I. — Philippe d'Espagne. 209

Philippe III, roi d'Espagne, de Portugal et des Indes. 219

Philippe IV, roi d'Espagne et des Indes. — *Portugal* : Philippe. — Famille de Bragance. — Jean IV. — Alphonse VI. 222

Charles II. — *Portugal* : Alphonse VI. — Pierre II. 228

CHAPITRE VII.

Depuis l'établissement de la dynastie des Bourbons, jusqu'à nos jours.

Epoque de cent quarante-cinq ans, de 1700 à 1845.

Philippe V. — *Portugal* : Pierre II. — Jean V. 233

Ferdinand VI. — *Portugal* : Jean V. — Joseph. 242

Charles III. — *Portugal* : Joseph. — Marie et Pierre III. — Marie, seule. 244

Charles VI. — *Portugal*. — Marie. — Jean. 246

Occupation de l'Espagne par les Français. — Joseph Bonaparte, roi d'Espagne. — Les Juntes, les Cortès, guerres de l'indépendance. — *Portugal* : Marie. 254

Ferdinand VII. — *Portugal* : Marie. — Jean VI. — Pierre. — Dona Maria. 256

FIN DE LA TABLE.

— Lille, typ. L. Lefort. 1852. —

A la même Librairie :

COLLECTION DE VOL. IN-12

brochés avec jolies couvertures imp.,
et ornés d'une vignette.

Histoire de Pierre d'Aubusson.
Histoire de Du Guesclin.
Histoire de Stanislas.
Histoire de Théodose-le-Grand.
Histoire de Turenne.
Histoire de Pie VI.
Histoire de Pie VII.
Histoire du Chevalier Bayard.
Histoire de Godefroi de Bouillon.
Souvenirs d'Italie.
Souvenirs d'Angleterre.
La Famille Luzy.
Les Soirées artésiennes.
Le petit Savoyard.
Beautés des Leçons de la nature.
Réné.
Le Triomphe de la Piété filiale.

www.ingramcontent.com/pod-product-compliance
Lightning Source LLC
Chambersburg PA
CBHW050331170426
43200CB00009BA/1553